MERIAN *momente*

TOSKANA

THOMAS MIGGE

Zeichenerklärung

 barrierefreie Unterkünfte
 familienfreundlich
🕐 Der ideale Zeitpunkt
 Neu entdeckt
◎ Ziele in der Umgebung
 Faltkarte

Preisklassen

Preise für ein Doppelzimmer mit Frühstück:

| €€€€ ab 300 € | €€€ ab 200 € |
| €€ ab 140 € | € bis 140 € |

Preise für ein dreigängiges Menü:

| €€€€ ab 100 € | €€€ ab 75 € |
| €€ ab 55 € | € bis 55 € |

DIE TOSKANA ENTDECKEN   4

DIE TOSKANA ERLEBEN   20

DIE TOSKANA ERKUNDEN 62

Pisa und der
Nordwesten

Florenz und
der Norden

Arezzo und
der Osten

Siena und
der Süden

TOUREN DURCH DIE TOSKANA 148

DIE TOSKANA ERFASSEN 166

KARTEN UND PLÄNE

Die Renaissancekirche Madonna di San Biagio
am Stadtrand von Montepulciano (▶ S. 123)

DIE TOSKANA
ENTDECKEN

MEINE TOSKANA

*Ein Traum von einer Region. Auch für den Autor,
der in Rom lebt, also knapp zwei bis drei Stunden entfernt.
Immer in den Ferien macht er sich auf, mit Familie und Freunden,
um den Verführungen der Toskana zu erliegen.*

Jedesmal, wenn wir in Rom den Wagen voll packten, mit CDs und Büchern, mit Kleidung, mit der Kaffeemaschine, auf die wir nicht verzichten wollten, herrschte eine ganz besonders ausgelassene Stimmung. »Wir fahren in unseren Toskana-Turm!«, rief die kleine Virginia, mein Patenkind, und sprang vor Freude um das Auto und uns Erwachsenen zwischen die Beine.
Unser Turm war leider nie unser Turm. Doch jedes Jahr mieteten wir ihn. Mehrere Jahre lang. Und immer, wenn wir dort hinfuhren, waren wir einfach nur glücklich. Unser Turm in der Toskana ist ein frei auf einem sanften Hügel stehender Bau aus dem Jahr 1200. Nichts Besonderes. Ein schmuckloser Turm mit einigen wenigen Fenstern, vielleicht ein wenig zu klein, um das Licht hereinzulassen, und einer Außentreppe, die in den

◄ Zypressenreihen und stattliche Gehöfte
prägen die Landschaft bei Cortona (▶ S. 100).

ersten Stock führt, mit dem großen Wohn- und Esszimmer und einem
Kamin. Von diesem Raum aus führte eine steile Holztreppe in drei Stock-
werke, ohne Türen, mit den Schlafzimmern und Bädern. Im Erdgeschoss
befindet sich eine kleine Einliegerwohnung, die wir immer gleich mit-
buchten, denn Freunde gab es jedes Mal, die mitwollten in unseren Turm.
Die Torre Tarugi erhebt sich im Val d'Orcia, einem der schönsten und
malerischsten Täler der gesamten Toskana. Ein Traum von einem Tal. Bei
jedem Wetter. Unvergesslich sind die stürmischen Regentage, die es auch
in der Toskana geben kann, wenn wir uns in diesem uralten historischen
Gemäuer so sicher wie in Abrahams Schoß fühlten.

ZAUBERHAFTE LANDSCHAFTEN, PITTORESKE STÄDTE

Das Val d'Orcia: flache Ebenen, kegelförmige und auch sanft ansteigende
Hügel und nur wenige Bäume. Dazu landwirtschaftlich genutzte Flächen,
tiefbraune Erde und vereinzelte Baumgruppen, die wie von Künstlerhand
mitten in die Felder gesetzt wirken. Eine auffällige Ästhetik, der sich
selbst die kleine Virginia nie entziehen konnte und die sie mit ihren Bunt-
stiften und später mit Aquarellfarben einzufangen versuchte. Maler und
Fotografen ließen und lassen sich immer wieder gerne vom Val d'Orcia
inspirieren. In den touristischen Orten quellen die Andenkenläden über
mit Kalenderbildern, die dieses Tal zeigen.
Übrigens ist das zauberhafte Renaissancestädtchen Pienza im Norden in
nur 20 Minuten zu erreichen. Und dort gibt es auch Geschäfte, vor allem
Lebensmittelhandlungen, und einen Markt, wo wir uns mit leckeren
Würsten und Käse eindeckten, mit frischem Gemüse und Obst.
Im Sommer fuhren wir immer wieder von unserem Turm aus zu den Kon-
zerten im Landgut La Foce. Unsere Freundin Benedetta Origo organisiert
zusammen mit ihrem Sohn, einem Violoncellisten, Aufführungen in ihrer
herrschaftlichen Residenz. Vor den »spettacoli« ein paar Häppchen mit
Prosecco am Buffet, den Blick ins Val d'Orcia gewandt – mit unserem
Turm, den man deutlich in der Abendsonne erkennen kann, der wie ein
Ausrufezeichen gen Himmel wies … und unser Glück war perfekt.
Dann wechselte der Turm seinen Besitzer, und wir konnten ihn nicht
mehr mieten. Und ärgerten uns lange darüber, sehr lange, dass wir nicht
rechtzeitig zugeschlagen hatten, um die Torre Tarugi für uns zu sichern.
Aber damals schreckten wir vor dem Kaufpreis zurück. Dummerweise.

Doch auch ohne Turm kommen wir jedes Jahr wieder. Entweder ich allein, um in einem Ferienhaus zu arbeiten oder auszuspannen, bzw. mit Freunden. An zauberhaften Ferienhäusern herrscht ja in der Toskana kein Mangel. Die Toskana ist chronisch »in« – und out war sie nie. Jedenfalls nicht, seit vor allem stressgeplagte und zivilisationsmüde Deutsche, von den Engländern ganz zu schweigen, sich den Mythos vom toskanischen Landleben erschaffen haben. Ein Mythos, der sich wie ein Virus überträgt. Natürlich ein gutartiger Virus. »Die Toskana? Ah, da war ich schon, da muss ich wieder hin!« Und wehe jenen, die Frankreich vorziehen, die Provence etwa! Verräter sind sie, an einem Mythos, der deutscher nicht sein kann.

AUSSTEIGER UND SCHICKIMICKIS

Was wäre die Toskana ohne die Deutschen? Ohne jene echten und Möchtegern-Aussteiger, die sich zwischen Florenz und Siena und später auch in der Maremma niederließen und die Kunde vom süßen Leben unter toskanischer Sonne über die Alpen ins wolkenverhangene Germanien brachten. Auf diese ersten Aussteiger folgten die Toskana-Schickimickis. Darunter viele Politiker, Politbarden, Industrielle und Künstler. Viele von ihnen wurden zu Hobbywinzern. Sie sorgten mit ihren prall gefüllten Geldbeuteln dafür, dass in nur wenigen Jahren selbst Scheunenruinen superteuer wurden. Das gilt vor allem für das Chianti, das immer noch todschick ist. Hier, aber inzwischen auch im Val d'Orcia, wo sich »unser« Turm erhebt, kommt es einem Lottogewinn gleich, eine Ruine oder ein altes Bauernhaus für einen akzeptablen Preis, jedenfalls für uns Normalsterbliche, zu finden.

Auf die Deutschen folgten gut betuchte Briten und kreierten den Ruf des »Chiantishire«. Viele von ihnen restaurierten marode Zwergörtchen so liebevoll, dass keine Postkarte und kein Foto an die Schönheit der Realität heranreichen kann. So entstand, dank der Ausländer, die Mär von der reichen, der ordentlichen und aufgeräumten Toskana. Kalender- und Hochglanztoskana pur. Auch das ist dieser Landstrich, aber nicht nur. Zum Glück. Allein schon die Größe der Toskana und ihre unterschiedliche geologische Beschaffenheit erlaubt kein Über-den-Kamm-Scheren. Mit etwa 3,7 Mio. Bürgern ist diese Region eine der größten, aber auch am wenigsten besiedelten des italienischen Stiefels. Eine Region von so großen landschaftlichen Gegensätzen, dass es ein gravierender Fehler wäre zu behaupten, die Toskana sei so oder so und nicht anders. Da ist der bergige Apennin mit seinen Beckenlandschaften Garfagnana oder auch Val d'Arno. Da sind die Tuffgebiete im Süden und der Berg Monte Amiata, der sich wie ein isoliert stehender Vulkan in die Höhe reckt. Es gibt herrliche Sandstrände an der Küste und die Maremma, die einzige Gegend der Toskana übrigens, wo man auch ein Häuschen erstehen kann, ohne ein Millionär zu sein. Und dann erst die Inseln, die zum Teil unbewohnt sind und auf denen Tiere leben, die es woanders nicht mehr gibt.

VIELES IST EIN BISSCHEN TEURER ALS ANDERSWO

Zum ersten Mal richtig berühmt wurde die Toskana mit der Renaissance. Mit den Medici-Fürsten, die aus Florenz die Kunstmetropole schlechthin machten. Dass sie skrupellose Herrscher waren, fällt gern unter den Tisch. Heute ist die Toskana auch deshalb so berühmt, weil sich viele große Namen aus Showbiz, Kultur und Politik entweder hier niedergelassen oder in mittelalterlichen Burgen oder liebevoll renovierten Bauernhäusern Ferienresidenzen eingerichtet haben. Darunter Popstars wie Sting, die niederländische Königsfamilie und der britische Dauerthronanwärter Charles und seine Camilla. Viele dieser VIPs arbeiten auch in der Toskana, oder sie tun jedenfalls so. Sie bauen Wein an oder lassen Wein anbauen. Wie Sting und der Fotograf Oliviero Toscani, der durch seine schockierenden Werbefotos für das Kleiderlabel Benetton berühmt und wohlhabend wurde.

Die Präsenz von immer mehr VIPs wirkte und wirkt sich negativ nicht nur auf die Immobilienpreise aus. In der Toskana ist alles ein bisschen teurer als anderswo, insbesondere in Florenz, das alles andere als ein preiswertes Pflaster ist. Aber die toskanische Landschaft ist so ungemein reizvoll, dass man mindestens einmal tief in die Tasche greifen sollte, um hier Ferien zu machen. Und: Es gibt ja auch Unterkünfte, für die kein halbes Monatsgehalt weggeht. Man muss halt nur ein wenig länger suchen und vorbuchen. Und zur Not gibt es ja auch traumhaft gelegene Campingplätze. Ganz zu schweigen vom Wildcampen, das offiziell allerdings verboten ist …

Und es gibt mittelalterliche Türme zum Wohnen. Doch die sind selten und inzwischen alle in privater Hand und werden als Ferienresidenzen genutzt. Dass »mein« Turm irgendwann einmal zum Verkauf anstehen könnte, weil der jetzige Besitzer aufgrund der üblen italienischen Wirtschaftskrise zur Abgabe gezwungen ist, ist nicht mehr als ein schöner Traum. Leider.

DER AUTOR

Thomas Migge, 1960 im grauen Hagen geboren, zog es während seines Studiums ins sonnige Italien, nach Rom. Dort verliebte er sich schnell und blieb. Als Journalist berichtet er aus Italien für deutschsprachige Tageszeitungen und den öffentlich-rechtlichen Rundfunk – über Politik und Kultur und immer wieder auch über das »dolce vita« der Toskana, wo er jedes Jahr Ferien macht.

MERIAN TopTen

Diese Höhepunkte sollten Sie sich bei Ihrem Besuch auf keinen Fall entgehen lassen: Ob der Schiefe Turm von Pisa, die Piazza del Campo in Siena oder die Kunstmetropole Florenz – MERIAN präsentiert Ihnen hier die wichtigsten Sehenswürdigkeiten der Toskana.

1 Florenz
Die Hauptstadt der Toskana und Wiege der Renaissance bietet Kunstgenuss und Atmosphäre en masse für wochenlange Besichtigungstouren (▶ S. 66).

2 Freskenzyklus »Die Legende vom Heiligen Kreuz«, Arezzo
Piero della Francescas Freskenzyklus gilt als eines der Meisterwerke der europäischen Kunstgeschichte (▶ S. 94).

3 Piazza del Campo, Siena
Der fächerförmige Hauptplatz ist auch ohne die historischen Pferderennen des Palio di Siena einer der schönsten Treffpunkte in der Toskana (▶ S. 106).

4 Chianti
Das Mekka aller Weinfreunde, alle paar hundert Meter wartet ein anderer Winzer mit edlen Tropfen zur gemeinsamen Verkostung (▶ S. 111).

5 San Gimignano
Das »Manhattan des Mittelalters« bietet mit seinen Wohntürmen einen der schönsten und besterhaltenen Innenstadtkerne ganz Italiens (▶ S. 114).

6 Pienza
Ein Papst der Renaissance hatte einen Traum: eine ideale Stadt. Auch wenn nicht komplett fertiggestellt, ist der Ort ein Kleinod der Baukunst (▶ S. 116).

⑦ Abbazia di Sant'Antimo

Die kleine romanische Benediktiner-abtei bei Montalcino ist ein Architek-turjuwel, eingebettet in eine traumhaf-te Landschaft und umweht von einem magischen Zauber (▶ S. 122).

⑧ Torre pendente (Schiefer Turm), Pisa

Umfallen wird er nicht mehr, aber im-mer noch ist das weltbekannte Wahr-zeichen von Pisa so schief, dass eine Besteigung ein Erlebnis ist (▶ S. 128).

⑨ Riviera della Versilia

Ideal für den gepflegten und perfekt organisierten Familienbadeurlaub: die Seebäder zwischen dem eleganten Via-reggio und Forte dei Marmi mit ihren feinsandigen Stränden (▶ S. 142).

⑩ Elba

Die Hauptinsel des toskanischen Ar-chipels. Besonders reizvoll ist das ab-wechslungsreiche Eiland außerhalb der eigentlichen Badesaion in den Früh-lings- und Herbstmonaten (▶ S. 162).

MERIAN Momente
Das kleine Glück auf Reisen

Oft sind es die kleinen Momente auf einer Reise, die am stärksten in Erinnerung bleiben – Momente, in denen Sie die leisen, feinen Seiten der Region kennenlernen. Hier geben wir Ihnen Tipps für kleine Auszeiten und neue Einblicke.

Der beste Platz zum Schauen
D 3

Lassen Sie die unverschämt teuren Cafés auf der Piazza della Signoria, wo ein Cappuccino bis zu 8 € kosten kann, links liegen und setzen Sie sich einfach auf die Steinbänke bei der prächtigen Loggia dei Lanzi aus der frühen Renaissance. Von hier aus lässt sich das bunte, geschäftige Treiben auf dem Florentiner Hauptplatz bestens und noch dazu gratis genießen – frühmorgens bis tief in die Nacht hinein. Verboten ist allerdings das Mitbringen von alkoholischen Getränken, aber die braucht man nun wirklich nicht, um diesen besonderen Ort zu genießen.

Florenz | Piazza della Signoria

Das Bilderbuchdorf San Gusmè
 D 5

Eine mit schlanken Zypressen bestandene Straße und an deren Ende das kleine Dorf San Gusmè, bewohnt von gerade einmal 250 Seelen. Ein historisch gewachsenes Zentrum mit alten Gebäuden, die so harmonisch beisammenstehen, dass man den Eindruck gewinnt, hier sei ein Bühnenbildner am Werk gewesen, um einem ein typisch toskanisches Dorf zu präsentieren. In San Gusmè gibt es keine große Kunst und keine prächtigen Paläste wie anderswo, dafür aber toskanische Idylle pur. Ideal für einen Aperitif vor dem Abendessen oder einfach nur zum Träumen und Bummeln.

30 km nordöstl. von Siena, über die SS 73 und die SP 484 (Castelnuovo Berardenga)

3 Auf der Festa dell'Unità 👫
🚩 E 8 und C 4

Erkundigen Sie sich bei Ihrer sommerlichen Toskanareise nach den lokalen Feste dell'Unità, den traditionellen Sommerfesten zunächst der kommunistischen KPI und seit Jahren der italienischen Sozialdemokraten der PD. Sie werden gerade in der Toskana in fast jeder Ortschaft im Juni und Juli abgehalten, manchmal auch noch bis Mitte August. Dann gibt es – natürlich gratis – Musik und Tanz und Jahrmarktzauber. In manchen kleineren Ortschaften finden diese Feste auf dem Dorfplatz statt, der zu diesem Anlass mit bunten Glühbirnen beleuchtet wird. Livemusik hört man immer, vielleicht einen Akkordeonspieler, dazu ein Tanzboden,

und das kleine Glück am Abend ist perfekt. Besonders schön sind diese Feste in kleinen Ortschaften, etwa in Pitigliano oder auch in San Gimignano.

Pitigliano: 112 km südl. von Siena; San Gimignano: 47 km nordwestl. von Siena

4 Auf etruskischen Spuren – entlang der Via Cava 👫 🚩 E 7

Parken Sie Ihren Wagen im malerischen Ort Sorano. Verlassen Sie den Ortskern durch die Porta dei Merli und gehen Sie den Hügel in Richtung des Flusses Lente hinunter. Bei der romanischen Kirchenruine San Rocco beginnt eine Zauberwelt mit etruskischen Gräbern und der fantastischen »Via Cava«. Sie gehört zu einem etruskischen Verkehrsnetz, das die Ortschaften Sovana, Sorano und Pitigliano seit rund 2500 Jahren miteinander verbindet. Die Wege wurden von den Etruskern in den weichen Tuffstein geschlagen, der sich an manchen Stellen bis zu 10 m Höhe rechts und links der Straße erhebt. So sind von Menschenhand geformte, schmale Canyons entstanden, die vom satten Grün der Bäume gekrönt werden. Sicherlich eine der beeindruckendsten Gegenden der Toskana.

www.leviecave.it

5 Eine malerische Straße 📖 E6

Die SS 146, die Landstraße von Pienza nach San Quirico d'Orcia, ist eine der wunderbarsten Straßen der an schönen Strecken sicherlich nicht armen Toskana! Silbriggrüne Olivenbäume stehen auf den ungemein malerischen sanften Hügeln der Crete Senesi, deren lehmiger Boden durch den Regen langsam, aber sicher erodiert, wie von Künstlerhand arrangiert in Gruppen zusammen. Auf anderen Hügeln erheben sich alte Bauernhäuser. Viele von ihnen sind inzwischen restauriert worden und präsentieren sich in ihrer alten Pracht. Man hat eines der fantastischsten Fotomotive der gesamten Toskana vor sich. Diese Straße ist auch mit dem Fahrrad ein Genuss. Und sogar bei Wanderern kommt diese Straße besonders gut an, denn selbst im Hochsommer ist sie nicht stark befahren.

Landstraße SS 146, von Pienza nach San Quirico d'Orcia sind es etwa 10 km

6 Den Sonnenuntergang am Schiefen Turm erleben 📖 A/B 3/4

Campo dei Miracoli in Pisa: einer der zauberhaften Orte der Toskana. Viel weißer Marmor, viel Kunst und eine wirklich gepflegte grüne Wiese als Teppich zum Ausruhen. Warten Sie hier an einem heißen Sommertag auf den Sonnenuntergang. Hier ist das Sitzen auf dem Rasen noch nicht verboten. Wenn die Touristenmassen in ihren Bussen verschwunden sind – das ist in der Regel am späten Nachmittag – und Dom, Baptisterium, der Schiefe Turm und die majestätisch-elegante Mauer des romanischen Friedhofs langsam in tiefrotes Licht getaucht werden, wenn von der Wiese die Frische der kommenden Nacht aufsteigt, wirkt der Campo dei Miracoli wie ein Bühnenbild für die letzte Szene eines Tages.

Pisa | Torre pendente | Campo dei Miracoli | Dez.–Jan. 10–16.30, Nov., Feb. 9.30–17.30, März 9–17.30, April–Sept. 8.30–20, Okt. 9–19 Uhr | Eintritt 15 €

7 Grüne Stadtmauern 👫 📖 B 3

Der ganze Zauber Luccas erschließt sich gratis und mit ein wenig Bewegung: bei einem Spaziergang oder einer Radtour (weniger als 10 €) auf den ehemaligen Stadtmauern, die immer noch das gesamte historische Zentrum umschließen. Von dem mehr als 10 m hohen und mit alten Bäumen dicht bestandenen Spazier- und Radweg aus bieten sich reizvolle Blicke in die barocken Gärten jener Villen, die sich Luccas Adlige direkt unterhalb der Stadtmauern errichten ließen. Die Trasse auf den Stadtmauern ist einer der beliebtesten Treffpunkte der Bewohner von Lucca. Und einer schönsten.

In der Nähe der Bastionen gibt es mehrere Verleihstationen für Fahrräder

8 Unter der Erde 👫 📖 A 2

Die schon im 17. Jh. bekannten, aber erst in den 1970er-Jahren erforschten

Grotte del Vento bei Fornovolasca zählen zu den erstaunlichsten geologischen Phänomenen Italiens. Auf 4 km sind zauberhaft und magisch ausgeleuchtete Höhlensäle mit atemberaubenden Stalaktiten zu sehen. Die Grotten können auf drei geführten Wegen von unterschiedlicher Länge erkundet werden. Sie reichen bis zu 150 m tief ins Erdreich. Auch an heißen Sommertagen ist es hier immer frisch, nehmen Sie also besser einen Pullover mit. Der riesige Saal Baratro dei Giganti ist in Sachen Größe und Vielfalt der Gesteinsformationen atemberaubend eindrucksvoll.

Grotte del Vento | Tel. 05 83 72 20 24 | www.grottedelvento.com | Führungen 10–18 Uhr | Eintritt 5–20 € 50 km nördl. von Lucca

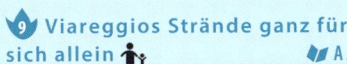

9 Viareggios Strände ganz für sich allein 🏃 A3

Zwischen 18 und 20 Uhr leeren sich die während der Sommermonate tagsüber meist recht belebten Strandbäder des schicken Seebads Viareggio. Die Italiener und viele ausländische Hotelgäste kehren in ihre Unterkünfte zurück, um sich für das spätere Abendessen frisch zu machen und sich ein wenig auszuruhen. Der ideale Zeitpunkt für einen langen Spaziergang direkt am Wasser ist gekommen. Perfekt zum Sonnenuntergang, wenn die Hügel hinter der Küste erst in ein goldenes und dann rotes Licht getaucht werden. Zu dieser Tageszeit geht es einsam an den Stränden zu, und man hat den kilometerlangen Strand fast für sich allein.

Viareggio (30 km westl. von Lucca)

NEU ENTDECKT
Worüber man spricht

Die Toskana befindet sich stetig im Wandel, Sehenswürdigkeiten werden eingeweiht, Attraktionen eröffnen, die Region verändert ihr Gesicht, durch neue Museen, Restaurants und Geschäfte erlangen ganze Landstriche neue Attraktivität. Hier erfahren Sie alles über die jüngsten Entwicklungen – damit Sie keinen dieser aktuell angesagten Orte verpassen.

◀ Die Villa Salviatino (▶ S. 17) mit ihrem traumhaften Park thront hoch über Florenz.

ÜBERNACHTEN

Locanda Rossa ✎ D 8

Viel Natur und großer Pool – In den sanften Hügeln der Maremma findet sich dieses schmucke Landgut mit Park: cooles Design und jeder Komfort, inklusive modernem Spa mit Indoorpool. Die auf dem Anwesen produzierten Olivenöle und der Honig sind ausgezeichnet. In der schicken Osteria mit Weinbar werden lokale Gerichte serviert.

Capalbio | Strada Capalbio–Pescia Fiorentina, 118 | Tel. 0564 89 04 62 | www.locandarossa.com | 12 Zimmer | €€/€€€

Villa Salviatino ✎ D 3

Wohnen wie ein Medici-Fürst – In dieser Villa aus dem 16. Jh. ist das möglich. In den Hügeln bei Florenz gelegen und mit traumhaftem Blick auf die Altstadt, ein Luxushotel, das keine Wünsche offen lässt. Herrlicher Park mit Pool, alle Zimmer sind individuell gestaltet.

Florenz | Via del Salviatino, 21 | Tel. 05 59 04 11 11 | www.salviatino.com | 18 Zimmer | €€€€

ESSEN UND TRINKEN

Agorà ✎ C 3

Neue Top-Adresse in Prato – Minimalistisches Design, eine Weinbar und ein Restaurant. Es gibt einfache, schmackhafte Gerichte der lokalen Küche, tolle Risotti und Suppen (je nach Saison).

Prato | Piazza del Duomo, 44 | Tel. 05 41 82 59 49 | www.agoraenorestaurant.it | €

Il Bucaniere ✎ B 6

Direkt über dem Meer – Restaurant-Loft mit Glaswänden und einer Terrasse zum Essen im Freien. Spannender Mix zwischen Meeres- und Festlandsküche. Chef Fulvietto Pierangelini besitzt auch eine Schweinezucht, seine Wurstwaren sind vorzüglich.

San Vincenzo | Viale Marconi | Tel. 33 58 00 16 95, 33 35 31 55 37 | www.ristorante ilbucaniere.com | €/€€

Cava de' Noveschi ✎ D 5

Im Schatten des Doms – Ein mutiges Unterfangen ist diese Champagnerbar mitten in einer klassischen italienischen Weinregion. Kredenzt werden französische Champagner und Weine kleinerer Winzer. Dazu werden echt toskanische Leckereien von Chef Paolo Bertini persönlich zubereitet.

Siena | Via Monna Agnese, 8 | Tel. 05 77 27 48 78 | www.cavadenoveschi.it

Gucci Museo ✎ D 3

Angesagter Treffpunkt – Lichtdurchflutetes Lokal mit Kaffeebar, das zum schicken Gucci-Museum gehört. Gekocht werden wunderbare toskanische Spezialitäten, vor allem aus der Maremma. Mitten im Stadtzentrum!

Florenz | Piazza della Signoria, 10 | Tel. 05 75 75 92 38 27 | www.gucci museo.com

Osteria Il Papavero   D 4

Ein gastronomischer Geheimtipp – Diese rustikale Trattoria, die liebevoll von einem italienisch-schweizerischen Paar restauriert wurde, befindet sich mitten im kleinen malerischen Dorf Barbischio, nicht weit von Gaiole in Chianti entfernt. Handgemachte Nudeln und Gerichte nach alten Rezepten der Bauern, die in der Umgebung lebten.

Gaiole in Chianti | Località Barbischio, 15 | Tel. 05 77 74 90 63 | www.osterialil papavero.it | €

Petra Azienda Agricola   B 6

Wein und Architektur – Der Schweizer Stararchitekt Mario Botta entwarf den atemberaubend futuristisch wirkenden neuen Weinkeller der Winzerei Petra, der sich harmonisch in die Natur mit Wäldern und Weinbergen einfügt. Besichtigung und Verkostung möglich.

Suvereto | Località San Lorenzo Alto, 131 | Tel. 05 65 84 53 08 | www.petrawine.it

Piazza del Vino   D 3

In einem großen Loft – Weinbar mit Osteria und eine der hippsten Adressen in Florenz. Die meisten hochklassigen Weine der Toskana können auch glasweise probiert werden. Spezialitäten aus ganz Italien, leckere Vorspeisen.

Florenz | Via della Torretta, 18 r | Tel. 0 55 67 14 04 | http://piazzadelvino.weebly. com | €

Picteau Lounge   D 3

Panoramablick – Vielleicht die schönste, kleinste und intimste Bar von Florenz. Nur 14 Plätze bietet die Terrasse des schicken Hotels Lungarno, mit einer tollen Aussicht auf den Arno und den Ponte Vecchio. Nachmittags können Schokospezialitäten von Slitti und Gobino probiert werden, ab dem frühen Abend gilt die Happy Hour. Vor dem Zubettgehen werden die Tees der berühmten Officina Profumo Farmaceutica di Santa Maria Novella serviert.

Florenz | Borgo S. Jacopo, 14 | Tel. 0 55 27 26 49 96 | www.lungarnocollection.com

Se • Sto   D 3

Top-Panorama – Zwei Terrassen, drinnen und draußen, mit einer wirklich umwerfenden Aussicht auf Paläste und

Kirchen. Lunch für nur 28 €, abends wird es etwas kostspieliger. Weinkeller mit mehr als 300 verschiedenen Flaschen. Auf den Tisch kommt internationale Mittelmeerküche vom Feinsten.

Florenz | Piazza Ognissanti, 3 | Tel. 05 52 71 51 | www.sestoonarno.com | €/€€€

La Vecchia Ghiaccera   D 5

Köstliche Panini-Brötchen – Im kleinen Monteriggioni lockt diese Gelateria mit handgemachtem Eis aus biologischen Zutaten. Hinter der Eisdiele wird Salziges zubereitet, lecker sind die Panini-Brötchen mit lokaler Fenchelsalami.

Monteriggioni | Via 1 Maggio, 9 | Mitte März–Nov.

KULTUR UND UNTERHALTUNG

Il Manduca   D 3

Miami-Flair mit Palmen und Pool am Stadtrand von Florenz. »In«-Disco, nur in den Sommermonaten geöffnet. Zwei Levels: unten Bar und Tanzfläche mit internationalen DJs und oben ein Restaurant mit kreativer italienischer Küche. Ein Lokal für Florenzbesucher, die die Nacht zum Tag machen wollen.
Florenz | Via San Biagio a Petriolo, 2 a | Tel. 05534 0119 | www.ilmanduca.com

SPORT UND FREIZEIT

Die wilde Seite Elbas   A/B 7

Seit Kurzem werden auf der Insel Elba kurze und längere thematische Wanderungen und Spaziergänge von Rangern und anderen Guides angeboten: Wandern auf den Spuren Napoleon Bonapartes, dazu ein meditativer Spaziergang, oder man begibt sich auf die Suche nach seltenen Wildkräutern.
www.tuscany-walkingfestival.it, www.aptelba.it

Mit dem historischen Zug   D 5/6

Im Zuckeltempo durch die malerischen Landschaften der Toskana, gezogen von einer Dampflokomotive. Von Siena geht es über San Giovanni d'Asso nach Buonconvento und wieder zurück nach Siena. Ein Spaß für die ganze Familie.
Visione del Mondo Agenzia Viaggi | Siena | Via Camollia, 130 | Tel. 05774 80 03 | http://visionedelmondo.it

Wandern in der Garfagnana   A/B 2

Ein neuntägiger Marsch durch eine wildromantische Landschaft. Die Garfagnana ist garantiert frei vom Massentourismus, bietet tiefe Wälder, herrliche Aussichtspunkte, pittoreske Orte und ausgezeichnete Landküche. Pro Tag wird ca. 6 Stunden gewandert.
Castelnuovo di Garfagnana | Piazza delle Erbe, 1 | Tel. 0583 65169 | www. turismo.garfagnana.eu

⚑ Weitere Neuentdeckungen sind durch dieses Symbol gekennzeichnet.

Moderne Architektur und die Kunst des Weinbaus: Der Winzer Vittorio Moretti beauftragte Mario Botta mit der Planung für den neuen Weinkeller der Petra Azienda Agricola (▶ S. 18).

DIE TOSKANA
ERLEBEN

Restaurant in einer Seitengasse des Thermalbadeorts Bagno Vignoni (▶ S. 120).

ÜBERNACHTEN

Bei Burgherren und in Schlössern, bei Winzern und in Hotels, auf dem Land, in den Bergen, zwischen Weinreben und in historischen Stadtzentren, in Klöstern und am Strand … Die Unterbringungsmöglichkeiten in der Toskana sind äußerst vielseitig.

Die Toskana ist die meistbesuchte Region Italiens. Folglich kann es voll werden, vor allem in den Sommermonaten Juni bis September. Nie so voll wie im historischen Stadtkern von Florenz, aber immerhin. Der Run auf die Schönheit der Toskana hat Folgen für die Suche nach Übernachtungen: Die Preise steigen und steigen. Und das, obwohl Italien in einer tiefen Wirtschaftskrise steckt und unter einer chronischen Rezession leidet. Die Touristen haben ja Geld, denkt man sich und schiebt jedes Jahr die Beträge ein wenig in die Höhe.

Sicherlich, überall kann man auch Unterkünfte finden, vom Hotel bis zum B & B, die immer noch ein gutes oder sogar hervorragendes Preis-Leistungs-Verhältnis bieten, aber dafür muss man schon ein wenig suchen oder die richtigen Tipps bekommen. Wichtig: Sie sollten immer nach dem Frühstück fragen. Ist es im Preis inbegriffen oder nicht?

◄ Kochkurs mit Burgherrin Aurora Baccheschi Berti im Castello di Vicarello (► S. 23).

Eine besonders familienfreundliche und erholsame Unterbringung in der landschaftlich reizvollen Toskana ist der Urlaub auf dem Bauernhof. »Agriturismo« heißt das Zauberwort – in vielen Fällen mit Pool, viel Grün und Ruhe, mit auf dem eigenen Grundstück angebautem Obst und Gemüse und Mittag- oder Abendessen mit den Eigentümern oder von diesen persönlich zubereitet. Wer auch ohne Pool und anderen Komfort-Schnickschnack wie Jacuzzi auskommen kann, für den ist ein »agriturismo« eine wirklich günstige Alternative. In vielen Fällen nennen sich Unterkünfte auf dem Land auch »rustici« oder »fattorie«. Fast immer bekommt der Toskanabesucher vom bäuerlichen Lärm nichts mit, denn die Gäste sind meist in Gebäuden untergebracht, die für sich allein stehen.

BEI WINZERN UND BURGHERREN

Reizvoll ist für Weinfreunde die Unterbringung beim Weinbauern. Nicht wenige toskanische Winzer, vor allem im Chianti, aber auch anderswo, bieten Gästezimmer an, oftmals in herrlichen Landhäusern und Schlössern. Das hat natürlich seinen Preis, aber neben dem Pool-Komfort ist der persönliche Kontakt zum Winzer und seinen Produkten garantiert. Einen besonderen Genuss bieten toskanische Schlösser und Burgen. Die Region verfügt über ein reichhaltiges Angebot an mittelalterlichen und anderen herrschaftlichen Residenzen zum Schlafen und Wohnen. Ein besonderes Erlebnis verspricht auch die Übernachtung im Kloster (► S. 26).

BESONDERE EMPFEHLUNGEN

I Bossi ♞   🍴 E 4/5

Fürstlich auf dem Land – Residieren in einem über 1000 Jahre alten Landpalazzo, der so groß ist, dass man sich dort verlaufen kann. Mit historischen Gästezimmern, Wandmalereien und antiken Möbeln. Besonders schön: die historischen Zimmer mit Blick in den Park im Haupthaus. Hier wohnt man fürstlich. Modern geht es in den neuen Dependancen im Grünen zu. Frühstück auf Wunsch am Pool, mit frisch gebackenem Kuchen von Herzogin Francesca Albergotti, die auch Kochkurse in ihrer urgemütlichen Küche organisiert. Dazu ein geometrischer italienischer, ein englischer Landschaftsgarten und Wald zum Wandern. Ideal für Reisende mit Kindern, die Ruhe in der Natur suchen.
Arezzo | Località Gragnone, 44/46 | Tel. 0575 36 56 42 | www.villaibossi.com | 8 Zimmer | €€/€€€

Castello di Vicarello   🍴 D 7

Einfach umwerfend! – Das vielleicht suggestivste und romantischste Hotel der Toskana ist eine Privatresidenz mit nur wenigen Suiten und liegt einsam auf einem Hügel, umgeben von dichten

Wäldern und ohne ein störendes Haus oder Geräusch! Die Suiten sind großzügig, individuell, liebevoll, luxuriös und mit wirklich jedem Komfort eingerichtet. Ein Pool in einem Olivenhain, der zweite mit Spa und Panoramablick in ein grünes Tal. Burgherrin Aurora Baccheschi Berti und ihr Mann Carlo statteten sämtliche Räume mit antiquarischen Kostbarkeiten aus Asien aus, die sie von ihren zahlreichen Reisen mit nach Italien brachten. Aurora kocht auf Gästewunsch und serviert abends auf einer herrlichen und nur mit Kerzen beleuchteten Terrasse. Eine sicherlich teure, aber unvergessliche Unterkunft!
Poggi del Sasso | Cinigiano | Tel. 05 64 99 07 18 | www.castellodivicarello.eu | 8 Suiten | €€€€

La Foce 👫🚩 E6

Ferienhäuser mit Traumblick – Die prächtige Barockresidenz La Foce mit Panoramapark (Besichtigung möglich) lockt in der hügeligen und fast verkehrsfreien Landschaft des Val d'Orcia mit luxuriös restaurierten ehemaligen kleinen und mittelgroßen Bauernhäusern, die angemietet werden können. Einige bieten einen umwerfenden Blick ins Tal und verfügen über private Pools mit Garten. Besonders reizvoll! Die Eigentümer der Ferienhäuser, die Familie Origo, veranstalten im Sommer ein Festival mit klassischer Musik. Vor den Konzerten Büfett mit Prosecco im Park.
🕐 Mieten Sie sich hier ein, wenn im Juli das sommerliche Klassikmusikfestival stattfindet (www.itslafoce.org).
Chianciano Terme | Strada della Vittoria, 61 | Tel. 05 78 69 10 1 | www.lafoce.com | 10 Ferienhäuser, reizvoll auch das B & B | €€/€€€€

Four Seasons Hotel Firenze D3

Fürstlicher Luxus – Ein komplett erhaltener und sorgfältig restaurierter Palast aus dem 18. Jh. mit Deckenfresken, Stuckaturen und antiken Möbeln. Mitten in der Stadt gelegen, mit Luxuszimmern, einem 2000-qm-Wellnessbereich, dem größten der Toskana, und dem Charme einer echten Adelsresidenz. Unbestritten die beste und zur Renaissancestadt passendste Unterkunft. Frühstücksbüfett je nach Zimmertarif.
Florenz | Borgo Pinto, 99 | Tel. 05 52 62 61 | www.fourseasons.com | 117 Zimmer | ♿ | €€€€

Grand Hotel Continental D5

Fürstlicher Charme – Luxushotel der besonderen Art im zentralen Palazzo Gori Pannilini. Die prachtvolle Residenz war ein Geschenk von Papst Alexander VII. an seine Nichte Olimpia. Geräumige Zimmer, von denen einige, zur verkehrsberuhigten Straße hin, mit Fresken geschmückt und mit historischem Mobiliar ausgestattet sind. Das elegante hauseigene Restaurant **Sapordivino**, mit exzellentem Weinkeller, gilt als eines der besten Sienas.
Siena | Via Banchi di Sopra, 85 | Tel. 05 77 56 01 1 | www.grandhotelcontinental siena.com | 20 Zimmer, 6 Suiten | ♿ | €€€/€€€€

Riva Lofts Florence D3

Stylish entspannen – Mit dem Rad sind es immer am Arno entlang keine 10 Minuten, mit dem Wagen keine 5 Minuten ins historische Zentrum von Florenz. Diese minimalistisch-eleganten Lofts im französischen Stil – eher ungewöhnlich für die Toskana – in einem renovierten Altbau direkt am Ar

Das aus dem 15. Jh. stammende Landgut La Foce (▶ S. 24) auf einem Hügel über dem Val d'Orcia wurde behutsam restauriert und erfüllt nun jeden Wunsch der Gäste nach toskanischem Idyll.

no bieten exklusive Ruhe, viel Design und Entspannung ohne Autolärm. Im Garten lockt ein Swimmingpool. Frühstücksbüfett inklusive.

Florenz | Via Bacco Bandinella, 98 | Tel. 05 57 13 02 72 | www.rivalofts.com | 9 Loftsuiten | ♿ | €€€

Le tre stanze 🚻🚩   📖 D 3

Retro und trendy – Wohnen mitten im Zentrum von Florenz bei dem Schweizer Bildhauer Patrick-John Steiner in einer szenografisch ungemein schick restaurierten Wohnung mit Bohemienambiente. Kristalllüster, Vintagemöbel und allerlei Komfort prägen das Haus. Für Florenz eine ungewöhnliche Unterkunft, denn Trend-B & Bs dieser Art sind in Italien immer noch eine Seltenheit. Es gibt kein Frühstück, man geht einfach in die Kaffeebar um die Ecke.

Florenz | Via dell'Oriuolo, 43 | Tel. 0 55 29 28 29, mobil 32 02 12 87 56 | www.letre stanze.it | 3 Zimmer | €

Weitere empfehlenswerte Adressen finden Sie im Kapitel DIE TOSKANA ERKUNDEN.

Preise für ein Doppelzimmer mit Frühstück:

€€€€ ab 300 €	€€€ ab 200 €
€€ ab 140 €	€ bis 140 €

Im Fokus
Übernachten in Klöstern

In uraltem Gemäuer, auf den Spuren von Heiligen und anderen frommen Männern und Frauen. Die Toskana ist wohl diejenige Region Italiens mit den meisten Unterkünften in Klöstern und Abteien – ideal für Ruhe suchende Gäste.

Sanfte Hügel mit kleinen Dörfern, uralte Kirchen, Zypressen, und fertig ist die Postkartenidylle, die in der Toskana kein leeres Versprechen bleibt, sondern an zahllosen Orten konkrete Realität ist. In dieses Bild passen auch malerische Klöster, deren Gründung häufig ins tiefe Mittelalter zurückreicht. Immer noch von Ordensleuten bewohnt, wirken diese Anwesen in der toskanischen Landschaft ungemein pittoresk und fast schon romantisch. Und: Man kann dort auch wohnen. Eine Tatsache, der gerade in der Toskana eine besondere Bedeutung zukommt. 15 der zahlreichen Ordensgemeinschaften beherbergen hinter ihren oftmals dicken Mauern auch zahlende Gäste, ohne dass man sich auf ein Noviziat vorbereiten muss oder Verwandte im Kloster besuchen will. Immer gilt hingegen, dass man sich bestimmten Klosterregeln anpassen muss. Am besten erkundigt man sich vorher, was genau erlaubt oder untersagt ist.

Eine der prächtigsten Klosteranlagen der Toskana ist die Abbazia di Monte Oliveto Maggiore, ein Bauwerk, das sich auf einem Hügel erhebt und

◀ Frühstücksraum im Convento Santuario
di Santa Catarina Alma Domus (▶ S. 27).

von zahllosen schlanken Zypressen umgeben ist. Wie Wachsoldaten stehen sie um das Kloster herum. Es heißt, dass bei den Benediktinern Einzel- und Gruppenreisende nur zur »geistigen Einkehr« als Gäste erwünscht sind. Aber nicht verzagen und nachfragen: Wenn Platz ist, also vor allem außerhalb der sommerlichen Hochsaison, nimmt man gern auch normale Touristen bei sich auf, die sich jedoch als gläubige Christen zu erkennen geben sollten.

MIT DER GANZEN FAMILIE

Franziskanisch einfach und auch in heißen Sommern frisch geht es mitten im Wald und in luftiger Höhe auf rund 1300 m zu, im Convento Santuario de la Verna. Das an Kunst, Geschichte und franziskanischen Reliquien reiche Kloster besitzt innerhalb seiner Mauern eine sogenannte »foresteria«, eine Herberge für Fremde. Hier werden ausschließlich Familien untergebracht, die Vorlage eines Familienbuchs ist nicht erforderlich. Man braucht also nicht nachzuweisen, dass man verheiratet ist und die Kids getauft sind. Die Teilnahme am religiösen Tagesablauf ist zwar erwünscht, aber nicht unbedingt Pflicht. So manche Familie, die sich hier zum ersten Mal einem solchen Rhythmus aussetzt, ist hinterher begeistert.

Eine der schönsten Kirchen der Toskana gehört zur Abbazia di Sant'Antimo. Einer frommen Legende zufolge geht diese Kirchengründung von 881 auf Karl den Großen zurück, der an diesem Ort bei seiner Rückkehr von Rom ins Frankenreich vorbeikam. Fakt ist, dass das Gotteshaus eines der schönsten Beispiele italienischer Romanik darstellt. Die Alabasterkapitelle der Säulen im Inneren sind voller Fabelfiguren und religiöser Szenen. Die kleine »foresteria« bei der Kirche, gelegen in zauberhafter Landschaft, bietet Gästezimmer für Einzel- und Gruppenreisende. Besonders schön: Die Mahlzeiten können zusammen mit den Geistlichen eingenommen werden. Von der Herberge in die Kirche und zum Gottesdienst, der mit gregorianischen Gesängen live begleitet wird, ist es nur ein Katzensprung.

Das Kloster Convento Santuario di Santa Caterina Alma Domus erhebt sich mit seiner eleganten Renaissancefassade mitten in Siena. Bis zur zentralen Piazza del Campo, dem wichtigsten Treffpunkt der Stadt mit vielen Kaffeebars, sind es keine zehn Minuten Fußweg durch das mittelalterliche Gassengewirr. 28 Gästezimmer stellen die Dominikanerinnen in den ehemaligen und modern restaurierten Werkstätten des Klosters aus dem

14. Jh. zur Wollherstellung zur Verfügung. Eine ideale Lösung für Siena-besucher, die nicht allzu tief in ihre Geldbörse greifen wollen.

Nicht weit von Siena entfernt bieten Benediktinerinnen Unterkünfte an. Ihr riesiges, auf einem Hügel errichtetes Kloster Monastero della Madonna della Visitazione wurde 1063 gegründet. Nach einer wechselvollen Geschichte leben seit 1977 wieder einige Nonnen in dieser Anlage, die einen Besuch wert ist. Zur Verfügung stehen Einzel- und Doppelbettzimmer.

Ganz und gar nicht städtisch geht es in der Einsiedelei Eremo Le Celle zu. 1211 soll sich an der Stelle dieser noch heute mitten in der Natur und im Wald gelegenen Anlage der hl. Franziskus zur Meditation zurückgezogen haben. Die Einsiedelei wurde 1231 gegründet und gilt als Geheimtipp.

KAPUZINER, DOMINIKANER, BENEDIKTINER, ZISTERZIENSER …

Einfache Steinbauten, einige wenige Barockgemälde in der Kapelle und einfache Mönchszellen: Die Kapuzinermönche bieten Urlaubern in einem Haus namens Eremo di San Michele eine einsam gelegene alte, aber liebevoll restaurierte Unterkunft mit vier Gästezimmern und einfachem Komfort an. Das Haus eignet sich perfekt als Feriendomizil für eine Familie.

Mitten im pittoresken Cortona hingegen erhebt sich, etwas erhöht über der Altstadt, das Monastero della Santissima Trinità aus dem 13. Jh. Die freundlichen Zisterzienserinnen bieten ihren Gästen in der Klosterherberge hübsche und komfortable Zimmer. Offiziell heißt es, dass man nur Reisende beherbergt, die sich zu religiöser Einkehr dort aufhalten wollen, aber wenn dazu auch eine Stadtbesichtigung und ein Restaurantbesuch gehören, ist das für die frommen Damen kein Problem.

Etwas außerhalb von Florenz, im schicken Ferienort Fiesole, errichteten sich die Dominikaner im frühen 15. Jh. das Convento di San Domenico. Hier lebte lange Zeit der bedeutende Renaissancemaler Beato Angelico (1400–1455). In einem Flügel der im 17. Jh. fertiggestellten Klosteranlage werden zahlende Gäste in elf Einzel- und zwei Doppelbettzimmern untergebracht. Die Bäder muss man sich allerdings mit anderen Gästen teilen, und das Frühstück wird nicht im Haus zubereitet. Dafür wohnt man aber preisgünstig und relativ nah zum teuren Tourismusmagneten Florenz. Und: Kaffeebars findet man in italienischen Ortschaften ja quasi immer gleich in der Nachbarschaft.

Direkt in Florenz öffnen die Benediktinerinnen des Monastero di Santa Marta jenen Touristen die Pforten ihrer »foresteria«, die auch Stille und Einkehr suchen. Karl V. ließ das Kloster aus dem 14. Jh. bei der Belagerung der Stadt zerstören, später wurde es wieder rekonstruiert.

In der Hafenstadt Livorno thront auf einem Hügel die riesige Anlage der Abbazia Santuario di Montenero. Hier leben Benediktiner in einem prächtigen Gebäude aus dem 18. Jh. mit viel Kunst. Gläubige verehren dort seit Jahrhunderten die Madonna di Montenero. Zahllose Votivgaben zeugen von der Hochachtung der Gläubigen für die Muttergottes. Zahlende Gäste werden in komfortablen Zimmern mit eigenen Bädern untergebracht. Wer die Erfahrung des Klosterlebens zusammen mit Dominikanerinnen erleben will, ist im Monastero della Santa Maria della Neve e di San Domenico in Pratovecchio bei Arezzo gut aufgehoben. 1565 gegründet, erhielt diese beeindruckende Klosteranlage ihr heutiges Aussehen im 18. Jh. Der herrschaftliche Innenhof stammt noch aus dem 16. Jh. Hier kann man sich zum Lesen oder einfach zum Meditieren zurückziehen. Nicht selten gesellt sich eine der Ordensfrauen zu den Besuchern.

INFORMATIONEN

Abbazia di Monte Oliveto Maggiore
Asciano | Località Chiusure | Tel. 0577 707611 | www.monteolivetomaggiore.it

Abbazia di Sant'Antimo
Montalcino | Castelnuovo dell'Abata | Tel. 0577835659 | www.antimo.it

Abbazia Santuario di Montenero
Livorno | Piazza di Montenero, 9 | Tel. 0586579627 | www.santuario montenero.org

Convento di San Domenico
Fiesole | Piazza San Domenico | Tel. 055598837 | http://sandomenicodi fiesole.op.org

Convento Santuario di Santa Caterina Alma Domus
Siena | Via Camporegio, 31 | Tel. 0577 4177 | www.hotelmadomus.it

Convento Santuario de la Verna
Chiusi della Verna | Via del Santuario, 45 | Tel. 0575 5341 | www.santuariolaverna.org

Eremo Le Celle
Cortona | Strada dei Cappuccini, 1 | Tel. 0575603362 | www.lecelle.it

Eremo di San Michele
▶ Eremo Le Celle

Monastero della Madonna della Visitazione
Siena | Località Acquacalda, Via Bologna, 3 | Tel. 0577535 34 | www.monas teri.org

Monastero della Santa Maria della Neve e di San Domenico
Pratovecchio | Piazza Jacopo Landino, 25 | Tel. 057558774 | www.monastero dominicane.org

Monastero di Santa Marta
Florenz | Via Santa Marta, 7 | Tel. 05548 9089 | santamarta@email.it

Monastero della Santissima Trinità
Cortona | Via San Niccolò, 2 | Tel. 0575 603345 | www.cistercensicortona.it

ESSEN UND TRINKEN

Die toskanische Küche präsentiert sich ursprünglich und ohne gastronomischen Schnickschnack, aber originell. Sie ist in aller Regel leicht und fettarm. Stets erkennt man einen Touch bodenständiger Bäuerlichkeit.

Wichtig ist vor allem das **Olivenöl**. Das toskanische Öl gilt wegen seines niedrigen Säuregehalts und seines vollen aber feinen Geschmacks als das beste der Welt. Die Königin der toskanischen Fleischspezialitäten ist die »bistecca Fiorentina«. Das ist ein Beefsteak am Knochen. Besonders zart ist es, wenn es vom weißen Rind aus dem Chiana-Tal stammt. Man brät es ohne Salz, Gewürze und Fett auf der Glut eines Holzkohlengrills. Eine echte Spezialität an der Küste sind die »triglie alla Livornese«. Das sind frische Seebarben in einer Sauce aus Tomaten und Olivenöl mit Kräutern. Probieren sollten Sie auch die ungemein schmackhafte Fischsuppe »cacciucco«. Toskanabesucher, die im Frühjahr anreisen, haben die Möglichkeit, »anguille«, fangfrische Aale, zu probieren. Ein Leckerbissen! Restaurants und Trattorien bieten in der Regel eine reiche Auswahl an regionaltypischen Vorspeisen aus Gemüse und Fisch sowie an Nudelge-

◄ Der Schafmilchkäse Pecorino hat eine Rei-
fezeit von drei Monaten bis zu einem Jahr.

richten. Eines der bekanntesten Pastarezepte der Toskana sind die »pappardelle alla lepre«, handgemachte Nudeln mit Kaninchenfleisch.
Als Dessert essen die Toskaner gern ihren typischen »panforte«, einen
deftigen Pfefferkuchen aus Butter, Mehl, Eiern, kandierten Früchten und
vielen Mandeln. Andere Nachtisch- und Tortenklassiker der Toskana
sind der »buccellato«, ein Hefekranz aus Lucca und Umgebung, sowie der
»zuccotto«, ein halb gefrorener Dessertkuchen.
Nach dem Essen trinkt man gern ein Gläschen Vin Santo, einen süßen
Dessertwein, in den kleine Gebäckstücke, die sogenannten »biscotti di
Prato« oder allgemeiner die »cantucci«, getunkt werden.

EIN KÄSEPARADIES

Wer seine Mahlzeit nicht mit Süßem, sondern mit **Käse** abschließen will,
hat die Qual der Wahl. Vom milden und frischen Quarkkäse Ricotta über
den weichen und verführerisch sahnigen Blauschimmelkäse Gorgonzola
bis zum in verschiedenen Härtegraden erhältlichen Schafskäse Pecorino
gibt es mehr als 150 unterschiedliche Käsesorten. Eine Spezialität in Pienza und Umgebung ist der Marzolino. Dieser Frischkäse präsentiert sich
häufig mit einer hellen Rinde. Hat er eine rötliche Rinde, eignet er sich
ausgezeichnet als würziger Reibkäse zu einem Nudelgericht.

OHNE BROT GEHT ES NICHT

Ein toskanisches Essen ohne **Brot** ist unvorstellbar. Das Landbrot, das in
den meisten Restaurants serviert wird, hat eine knackige Kruste und einen weichen Kern, denn es wird aus nicht zu feinem Mehl gebacken.
Meistens ist es typischerweise ungesalzen. Es ist kein Frevel, wenn man
sich dieses leckere Brot selbst nachsalzt.
Die Kulturlandschaft Toskana gilt zu Recht als Italiens wichtigstes Weinanbaugebiet. Heute werden auf der etwa 72 000 ha großen Rebfläche ca.
2,7 Mio. hl **Wein** angebaut. Fast die Hälfte davon entfällt auf Marken mit
den Qualitäts- und Herkunftssiegeln DOC und DOCG. Doch auch die
Tropfen ohne diese Label sind in der Regel ausgezeichnet. Von allen Weinen ist wohl der Chianti der bekannteste. Er kommt aus der Region zwischen Florenz und Siena, vornehmlich aus den drei Gemeinden Gaiole,
Castellina und Radda. Der Chianti putto stammt von den Hügeln um
Rufina, Arezzo, Siena, Pisa, Florenz und südlich von Pistoia.

In den rustikalen Gemäuern des Restaurants I Pescatori (▶ S. 33) im mittelalterlichen Küsten-städtchen Orbetello stehen fangfrische Fische und Meeresfrüchte im Mittelpunkt.

BESONDERE EMPFEHLUNGEN
RESTAURANTS

L'Abbazia 🚩   ⚑ D 6

Feinschmeckertempel – Das Burgho-tel Castello di Velona liegt einsam im Grünen und bietet eine tolle Aussicht über das Val d'Orcia. Zum Luxushotel mit Pool gehört ein ausgezeichnetes Restaurant, in dem Chef Paolo Arna-boldi eine italienisch-kreative Küche aufbietet, die den Umweg lohnt.

Località Velona | Castelnuovo di Abate (Montalcino) | Tel. 05 77 83 55 53 | www.castellodivelona.it | €€/€€€€

Il Canto – Certosa di Maggiano ⚑ D 7

Einfach top! – Paolo Lopriore gilt als einer der kreativsten Küchenchefs Itali-ens. Seine hoch dekorierten Gerichte sind aber nicht jedermanns Sache. Wer aber das Besondere sucht und offen für gastronomische Überraschungen ist, sollte sich ein Dinner in diesem zau-berhaften Ex-Kloster gönnen. Ständig wechselnde Gerichte, denn Lopriores Fantasie scheint grenzenlos zu sein.

Siena | Strada di Certosa, 82/86 | Tel. 05 77 28 81 82 | www.certosadimaggiano. com | Mo, Di geschl. | €€€€

Il Cibreo   D3

Traditionsküche vom Feinsten – Die ausgezeichneten Mahlzeiten von Fabio Picchi basieren auf Gerichten der einfachen Florentiner Küche. Suppen sind seine ganz große Spezialität. Ein elegantes Lokal, in dem deftige, aber zugleich verfeinerte Gerichte serviert werden, so die köstliche »minestra piazzese«, eine Gemüsesuppe mit Kapaunfleisch, Wurst, Brot und Parmesankäse.

Florenz | Via Andrea del Verrocchio, 8 r | Tel. 0552341100 | www.cibreo.it | Mo geschl. | €€/€€€

Il Pelagio   D3

Eleganz und Tradition – Im eleganten Hotel Four Seasons findet sich auch eines der schicksten und besten Restaurants. Chef Vito Mollica präsentiert – nur mit den feinsten Zutaten aus der Toskana – eine modernisierte Traditionsküche. Das zarte gebratene Ferkel mit Apfelcreme, geschmorten Zwiebeln und Schwarzkohl zergeht auf der Zunge. Ob Pasta, Fisch oder Fleisch: Alles ist ein Gedicht. Ganz zu schweigen von den Desserts! Das »morbido« aus Zitrone mit Mandelgebäck und Basilikumeis ist umwerfend. Exzellenter Weinkeller.

Florenz | Borgo Pinti, 99 | Tel. 055262 6450 | www.fourseasons.com | mittags und So geschl. | €€/€€€€

Il Pellicano   C8

Umwerfend in jeder Hinsicht – Hier stimmt einfach alles. Dieses Restaurant in der zauberhaften Landschaft des Argentario bietet Natur, Eleganz und fantastische Gerichte. Sommers isst man unterm Sternenhimmel mit Blick auf das Meer. Chef Antonello Guida zaubert kreative Köstlichkeiten wie einen unver- gesslichen gerösteten Hummer in Marsalawein mit Couscous aus Nussöl. Oder probieren Sie das feine Austernrisotto mit Thunfischtartar. Feinschmecker werden begeistert sein. Allerdings ist der Gaumenspaß nicht billig. Die Weinliste mit vielen toskanischen Tropfen umfasst nahezu ganz Italien.

Porto Ercole | Località Sbarcatello | Tel. 0564858275 | www.pellicanohotel.com | nur abends | €€€

I Pescatori   C8

Fischgerichte direkt am Ufer – Nach einem Tag Wandern, Baden oder Radeln im Naturpark der Lagune von Orbetello bietet es sich an, hier fangfrische Fischspezialitäten zu verkosten. Einfaches lebhaftes Lokal, das von Fischern betrieben und bekocht wird. Reservieren sollte man zum Sonnenuntergang, der vom Lokal aus, das in einer alten spanischen Festung direkt am Meer untergebracht ist, zauberhaft sein kann.

Orbetello | Via G. Leopardi, 14 (23 km westl. von Capalbio) | Tel. 0564860611 | www.ristoranteipescatori.it | €

Trattoria da Fiorella   E6

Bei Mamma! – Mutter Fiorella und Schwägerin Paolo kochen wie daheim: Alles ist authentisch »casalinga«, es schmeckt, und man fühlt sich so richtig wohl! Handgemachte Nudeln, saisonal angepasste Gerichte, gute Landweine.

Pienza | Via Condotti, 11 | Tel. 057874 9095 | Mi geschl. | €

Weitere empfehlenswerte Adressen finden Sie im Kapitel **DIE TOSKANA ERKUNDEN.**

Preise für ein dreigängiges Menü:

€€€€	ab 100 €	€€€	ab 75 €
€€	ab 55 €	€	bis 55 €

Grüner reisen
Urlaub nachhaltig genießen

Wer zu Hause umweltbewusst lebt, möchte vielleicht auch im Urlaub Menschen unterstützen, denen ein verantwortungsvoller Umgang mit der Natur am Herzen liegt. Empfehlenswerte Projekte, mit denen Sie sich und der Umwelt einen Gefallen tun können, finden Sie hier.

Italien und auch die Toskana sind alles andere als für ihr Umweltbewusstsein bekannt. Man sollte nicht vergessen, dass Italien immer noch eines der wenigen europäischen Länder ist, in dem die Partei der Grünen ein chronisches Mauerblümchendasein fristet. Doch seit einiger Zeit, nicht zuletzt auch wegen der vielen kritischen Urlauber aus dem Norden, tut sich etwas, zumindest in der Toskana. Die grüne Bewegung wird auch dort, langsam aber sicher, immer stärker, und man sieht beispielsweise immer weniger Eltern, die vor ihren Kindern Zigarettenpackungen und anderen Kleinmüll auf den Bürgersteig werfen.

Doch es handelt sich um ein ökologisches Bewusstsein »all'italiana«. Der Zusatz »all'italiana« bezieht sich auf die beiden Seiten der ökologischen Medaille in Italien. Denn, um das Negative gleich anzusprechen: Die organisierte Kriminlität, die Mafia, ist schnell auf den neuen Zug des ökologischen Zeitgeists aufgesprungen. Sie vertreibt Produkte als »umweltschonend«, als »aus biologischem Anbau« und »umweltfreundlich«, die es in Wirklichkeit gar nicht sind und stattdessen aus China und anderen Staaten stammen, in denen Produkte und Lebensmittel nicht geprüft und unter falschen Gütesiegeln in Europa vermarktet werden. Hinzu kommt die von der Mafia verursachte Umweltverschmutzung, Stichwort: illegale Müllkippen in landwirtschaftlichen Anbaugebieten.

Der Toskanareisende kann sich vor solchen Betrügereien schützen, wenn er bei lokalen Produzenten kauft. Dort kann man sich etwa sicher sein, keinen dioxinverseuchten Käse zu erhalten. Hinzu kommen Umweltzertifikate von relativ vertrauenswürdigen Institutionen wie der Umweltstiftung FEE (Foundation for Environmental Education in Rom) oder die Strandbulletins von Umweltorganisationen wie Legambiente, die jedes Jahr jene Strände auszeichnen, an denen Sand und Wasser absolut rein sind. Für diejenigen von Ihnen, die eine Ferienwohnung angemietet haben, ist es sicherlich wichtig zu wissen, wo man in der Nähe Bioobst und -gemüse einkaufen kann. Auf folgenden Websites finden Sie – sofern Sie ein wenig Italienisch verstehen – die Antworten auf diese Frage: www.mondobio.net bzw. www.giardinauta.it.

ÜBERNACHTEN

Agriturismo Bio Il Fondaccio ⚓ C3

Sergio und Roberto Falzari übernahmen den Hof nicht weit von Vinci von ihren Eltern. Sie führten einen radikalen Kurswechsel durch und stellten auf hundertprozentige biologische Landwirtschaft um. Die Brüder experimentieren auch mit neuesten Technologien für erneuerbare Energieressourcen. Ihre Weine sind rein biodynamisch angebaut, in der Toskana immer noch eine Seltenheit. Die Produkte sind wirklich gut, und nicht wenige Italiener aus der näheren Umgebung kaufen bei Sergio und Roberto ihre Lebensmittel ein.

Auf dem schönen Hof stehen Gästen gemütliche, komplett eingerichtete Ferienwohnungen zur Verfügung, für die nur lokales Baumaterial genutzt wurde. In deutscher Sprache werden Degustationen und Kurse zum Thema und bio-dynamische Landwirtschaft angeboten. Im schönen Garten gibt es einen Pool.
Vinci | Via del Fondaccio, 19 | Tel. 33 97 27 58 06 | www.bioferienhausfondaccio.com | 6 Ferienwohnungen | €

Bio Agriturismo Il Cerreto ⚓ C5

Hier geht es anthroposophisch zu. Poala und Carlo Boci Brinio bauen Obst und Gemüse nach den Prinzipien der sogenannten homöodynamischen Landwirtschaft an, die sich auf den Anthroposophen Rudolf Steiner bezieht. Das ist im Grunde nichts anderes als biodynamische Landwirtschaft ohne künstlichen Dünger und Gifte. Die Gäste des Paares profitieren davon. Alte Gebäude, darunter ein Turm aus dem Jahr 1700, wurden komfortabel nach den Kriterien von Ökohäusern umgebaut, also ohne giftige Farben und Lacke. Der Pool wird komplett von Wasserpflanzen gereinigt.

Nichts wird hier verschwendet, Wiederverwertung ist das oberste Prinzip. Das gilt für sämtliche Bereiche dieses Agriturismo. Im Lokal kommen eigene Produkte auf den Tisch, und wer eine Ferienwohnung bucht, kann sich vor Ort mit Lebensmitteln versorgen.

Pomarance | Località Il Cerreto | Tel. 058 8642 13 | www.bioagriturismoilcerreto.it | 5 Zimmer, 7 Ferienwohnungen | €/€€

La Cerreta ⚓ B 6

Eigentlich war die bäuerliche Architektur a priori ökologisch, benutzten Bauern doch nur lokale und natürliche Produkte. An diesem Prinzip richteten sich die Eigentümer dieses Biobauernhofs aus, die auf ihren 70 ha Land in den waldreichen Hügeln der Maremma vier kleine und größere Bauernhäuser so restaurierten, wie es ihre Vorfahren vor mehr als 100 Jahren getan hätten – ohne Kunstleim und synthetische Stoffe. Das Resultat: Ferien auf dem Bauernhof wie anno dazumal, allerdings mit modernem Einrichtungskomfort. Das gleiche Prinzip gilt auch für die hausgemachten Weine, das Brot oder die Wurst- und Käsewaren, die man vor Ort zur Eigenbenutzung kaufen kann. Die Terme di Sassetta, 49,5 °C heiß und sehr reich an Mineralien, liegt gleich uns Eck – ideal für Toskanabesucher mit Atemwegsbeschwerden.

Sassetta | Via Campagna Sud, 143 | Località Pian delle Vigne | Tel. 05 6579 43 52 | www.lacerreta.it | 4 Ferienhäuser | €/€€

Poderi Arcangelo ⚓ C 4

Kein Metall, keine synthetischen Kleber und Räume, die nach den Prinzipien des Feng Shui gestaltet wurden. Sogar elektromagnetische Felder werden neu-

tralisiert. Die Familie Mora meint es mit grün und alternativ wirklich ernst, eine Seltenheit in der Toskana. Ihr Gutshof ist nahezu komplett nach ökologischen Prinzipien organisiert. Sensible Toskanabesucher profitieren davon. Das Anwesen besteht aus vier Gebäuden, die in früheren Jahrhunderten zu einem Kloster gehörten. Die Weine und das hauseigene Olivenöl schmecken wunderbar. Im Restaurant, unbedingt zu empfehlen, werden ausschließlich biodynamische Produkte serviert.

San Gimignano | Località Capezzano | Tel. 0577 94 44 04 | www.poderiarcangelo.it | 23 Zimmer | €/€€

La Rubareccia 👫 ⚓ C 7

Imogen Gruben bewirtschaftet seit 1980 einen kleinen Hof in traumhafter Lage in der Maremma, nicht weit vom Meer entfernt. Gewohnt wird mitten in der Natur, fast kann man schon von Wildnis sprechen. Die Ferienwohnungen und Ferienhäuser sind liebevoll eingerichtet, man fühlt sich gleich wie zu Hause. Das Olivenöl schmeckt herzhaft. Ideal für Kinder: Es gibt Hunde und Katzen, Hühner und Pferde und einen großen Garten zum Herumtollen. Imogen steht ihren kleinen und große Gästen auch als Heilpraktikerin und klassische Homöopathin zur Verfügung. Einziger Nachteil: Die Bettwäsche muss man selbst mitbringen.

Caldana | La Rubareccia | Tel. 05 668 14 78 | www.toskana-biohof.de | 2 Ferienwohnungen, 2 Ferienhäuser | €

ESSEN UND TRINKEN

La Raccolta ⚓ D 3

Hundertprozentig vegetarisch, vegan und makrobiotisch – eine seltene Perle im sonst recht deftigen Gastropanorama von Florenz. Das Menü wechselt täglich. Kein Produkt ist tiefgefroren, alles ist frisch. Auch für Feinschmecker, die glutenfrei essen wollen oder müssen, ist das die richtige Adresse. Im benachbarten Laden werden biologische und biodynamische Lebensmittel aus der Toskana angeboten.

Florenz | Via Giacomo Leopradi, 2 r | Tel. 05 52 47 90 68 | www.laraccolta.it | Mo geschl. | €

Fattoria San Martino E 6

Das vegetarische und vegane Restaurant dieses stylish-fotogenen Biolandguts ist eines der besten der Toskana. Immer sind die Zutaten garantiert aus dem eigenen Garten oder von befreundeten Bauern. Sogar das Mehl stammt aus eigener Produktion. Sämtliche Gerichte werden frisch zubereitet. Bier und Wein kommen ebenfalls aus biologischem Anbau. Und wer hier gleich übernachten will: Es gibt geschmackvolle komfortable Gästezimmer und im Park einen Biosee ohne Chlor. Stattdessen übernehmen Wasserpflanzen die Gewässerreinigung.

Montepulciano | Via Martiena, 3 | www.fattoriasanmartino.it | nur Do–So | €

AKTIVITÄTEN

Landleben auf dem Bio-Bauernhof Podere Il Casale E 6

Hier können Sie sich ausruhen, aber auch mit anpacken: bei der Weinernte und beim Käsemachen. Ideal auch für Kinder, die richtiges Landleben erleben wollen, mit Schweinen und Hühnern, einem Pony, einem Esel und sechs Pfauen. Die hofeigene Käserei erlaubt es mitzuerleben, wie aus Milch ein herzhafter Schafs- und Ziegenkäse wird. Wer konkret mitarbeiten will, erhält einen Nachlass beim Zimmerpreis. Il Casale bietet für die Toskana ein ausgezeichnetes Preis-Leistungs-Verhältnis.

Podere Il Casale | Monticchiello | Wolfram Sauter | www.bio-toskana.de | €

Agriturismo, also Ferien auf dem Land, liegt voll im Trend. Auf dem Biobauernhof La Cerreta (▶ S. 36) kann man nicht nur hauseigene Produkte kosten, sondern auch Reiten lernen.

EINKAUFEN

Attraktive Shoppingangebote findet man auf den bunten Märkten ebenso wie in noblen Boutiquen: Im Vordergrund stehen Kunsthandwerk, Antiquitäten, Designerschnäppchen oder wunderschöne Mitbringsel für das leibliche Wohl.

Wie in fast allen historischen Altstadtkernen Italiens finden sich auch in der Stadt am Arno zahlreiche Handwerkerfamilien. In den Gassen bei Santo Spirito, dem Ponte Vecchio und der Via Tornabuoni hört man das Hämmern und Sägen von Tischlern und Schreinern. Viele dieser Werkstätten restaurieren und verkaufen **antiquarische Möbel**. Die Restaurierungsstudios von Florenz sind Fundgruben des zum Teil anspruchsvollen Secondhand: Möbel und Lampen, Bücher, alte Schlösser, antike Keramikschalen und dekorative Scherben, barocke Türklinken aus heruntergekommenen Villen … Ganz generell informiert die Website www.artex.firenze.it ausgezeichnet über Kunsthandwerk in Florenz und der Toskana und führt zu den interessantesten Adressen.

Zur Florentiner Handwerkstradition gehören auch die sogenannten Pietra-dura-Tische und -Tischchen, die zumeist aus Marmoreinlegearbeiten

◄ In Florenz werden noch viele Möbel in
kleinen Werkstätten von Hand restauriert.

gefertigt sind. 1735 wurde bei Florenz Gironi, Italiens älteste Porzellan-
manufaktur, eröffnet – noch heute ein Symbol anspruchsvollster Hand-
werkstechnik, teuer und begehrt. Unter dem vielen Kitsch, der in Florenz
und anderen toskanischen Städten als »originale della Toscana« ange-
priesen wird, der in der Regel aber aus Asien stammt, kann man auch
sehr reizvolle Mitbringsel finden. In Florenz haben **Stickereiarbeiten** eine
lange Tradition. Solche Stickereien werden auch zur Verzierung von Baby-
kleidung herangezogen.

PAPIER- UND LEDERTRADITION

Die »carta marmorizzata« wurde schon vor Jahrhunderten erfunden. Auf
das Papier werden wunderbare Farben aus geheim gehaltenen Zutaten
nach einem Bad mit Pinseln und Kämmen verwischt aufgetragen. Mit
diesen Marmormustern werden Briefbögen und Schachteln sowie kostbare Bucheinbände überzogen. Auch die **Lederverarbeitung** ist uralt, und
so kann der Besucher in zahlreichen kleinen Handwerksläden selbst
kleinste Büchlein finden, die von Hand in weiches Leder eingebunden
sind. Florenz ist außerdem berühmt für seinen **Schmuck**, z. B. auf dem
Ponte Vecchio, wo so mancher Juwelier seit über 100 Jahren ansässig ist.
Selbst in den kleinsten Ortschafen der Toskana findet man Kunsthandwerk der toskanischen »civiltà del cotto«, der Kunst des gebrannten Tons.
Krüge und Tassen, Teller und dekorative Blumentöpfe: ideal zum Mit-nach-
Hause-nehmen, wenn man denn mit dem Wagen anreist. Zentren der Ke-
ramikproduktion sind Arezzo, Florenz, Cortona, Siena und Grosseto.
In vielen toskanischen Kleinstädten findet der Besucher noch **traditionelles lokales Kunsthandwerk**. So wird vor allem in Volterra der helle
und, wenn er hauchdünn geschnitten ist, fast schon lichtdurchlässige Ala-
bastermarmor verarbeitet. Auf Schmiedearbeiten hat man sich seit Jahrhunderten in Gallicano in der Garfagnana spezialisiert. Glasverarbeitung
auf höchstem Niveau hat in Colle Val d'Elsa Tradition, und wer auf der
Suche nach grünem Glas ist, sollte in Empoli vorbeischauen.
Man könnte eine Reise durch die Toskana auch ganz ohne die Besichtigung von Kunstwerken organisieren und stattdessen ein **Weingut** nach
dem anderen abfahren. Traditionelle Winzer mit großen Namen liegen
nicht weit von jenen entfernt, die sich mit dem Hinweis »Tafelwein« zu-
frieden geben, weil ihre Traubenmischungen nicht den strengen italieni-

schen DOC- und DOCG-Qualitätsbestimmungen folgen, die aber dennoch hochinteressante und hervorragende Weine abfüllen.

Weniger romantisch als in alten Handwerksläden und auf Weingütern geht es hingegen in modernen Malls zu. Und von denen gibt es seit einigen Jahren gerade in der Toskana immer mehr. Outlet heißt das neue Zauberwort, um vor allem Touristen anzulocken. Und wer modebewusst ist und Schnäppchen sucht, der sollte diese Outlets nicht verpassen.

BESONDERE EMPFEHLUNGEN

ANTIQUITÄTEN

Fiera Antiquaria　　　　🏷 E 4/5

Einer der besten Antiquitätenmärkte Italiens, an jedem ersten Wochenende im Monat. Das Interessante an diesem Markt: Hier werden Objekte für jeden Geldbeutel angeboten. Vom billigen Krimskrams bis zu wirklich antiquarischen Kunstobjekten und historischen Möbeln, die Hunderte Jahre alt sind. Besonders reizvoll sind Händler, die alte Kupferstiche im Angebot haben. Hier kann man einen kleinen Stich aus dem 17. Jh., ein wirklich leichtes Toskana-Mitbringsel, schon für 10 € ergattern.
Arezzo | in der Altstadt | Tel. 0575182 2944 | www.fieraantiquaria.org

DELIKATESSEN

Gastronomia Dario & Anna　🏷 E 4/5

Ein Delikatessenparadies! Mit rund 200 verschiedenen Käsesorten, nicht nur aus Italien, und den besten Wurstleckereien der Toskana, auch von der rein toskanischen Schweinerasse Cinta senese. Ideal zum Verkosten vor allem wenig bekannter Köstlichkeiten.
Arezzo | Via Vittorio Veneto, 14 | Tel. 0575902473

Torrefazione Caffè Slitti　　🏷 C 3

Ein Schokoladenparadies, bei dem selbst manche Diätfanatiker schwach

werden. Die Spezialität dieses international bekannten Chocolatiers sind Werkzeuge aus Schokolade! Reichhaltiges Angebot, insbesondere zu Ostern und Weihnachten. Ein Umweg zu diesem Geschäft lohnt, Slitti bietet in seinen Glasauslagen so verführerische »dolci« an, dass noch niemand, versichert er glaubhaft, sein Süßigkeitenparadies ohne ein Produkt verlassen hat.
Cintolese | Monsummano Terme | Via Francesca Sud Cintolese, 1268/1272 | Tel. 0572640240 | www.cioccolatoe caffeslitti.com

GESCHENKE

Officina Profumo-Farmaceutica di Santa Maria Novella　　　🏷 D 3

Bereits 1612 wurde dieses Geschäft gegründet. Als sogenannte »farmacia«, wo man Medikamente und Duftwasser kaufte. Noch heute sind die wohltuenden Verdauungselixiere und betörenden Düfte dieses Traditionshauses sehr gefragt. Nicht gerade preiswert, dafür aber garantiert »bio« und aus edelsten Zutaten. Der »Alchermes« beispielsweise ist ein Likör aus Orangenschalen, exotischen Gewürzen und Rosenwasser. Die Florentiner würzen damit auch ihre klassische Nachspeise »zuppa inglese«. Das elegante Geschäft präsentiert seine Produkte in hohen Glasvitrinen. Als Mitbringsel empfiehlt sich der

Liebhaber toskanischer Tropfen sollten die Florentiner Weinbar Alessi (▶ S. 41) keinesfalls auslassen. Das Sortiment ist eindrucksvoll und fachkundige Beratung inbegriffen.

in Tüten abgepackte Potpourri: getrocknete Gewürze und Blüten, die daheim einen zarten Duft erzeugen.
Florenz | Via della Scala, 16 | Tel. 0 55 21 62 76 | www.smnovella.com

WEIN

Alessi ⚑ D 3

Einer der am besten sortierten Weinläden in Florenz. Bis unter die Decke stehen die Regale voller Flaschen. Neben allen wirklich guten Marken aus der Toskana und Italien gibt es auch eine reiche Kuchenauswahl. Weinfreunde kommen hier voll und ganz auf ihre Kosten, denn bei Alessi, und das überaus freundliche Personal hilft bei der Suche, lassen sich auch Tropfen von Winzern finden, die nur wenige Flaschen abfüllen und als Geheimtipp gelten. Einheimische schauen gern am späten Nachmittag zu einem »bicchierino«, einem Gläschen, vorbei.

Florenz | Via delle Oche, 27–31 r | Tel. 0 55 21 49 66 | www.alessiwine.com

Enoteca Italiana ⚑ D 5

Immer voll mit Weinliebhabern und die beste Adresse in Siena, wahrscheinlich sogar eine der besten Italiens, um wirklich alle wichtigen und guten Weine der Anbauregion Toskana zu testen und zu erwerben. Szenografisch eindrucksvoll in den Verteidigungsanlagen der Stadt untergebracht. Ein beliebter Treff für alle, die dem Rebensaft zugetan sind, und ein Lokal, in dem auch viele offene Weine vor Ort verkostet werden können. Zu den Degustationen werden Wurst und Käse serviert.
Siena | Fortezza Medicea | Piazza Libertà, 1 | Tel. 05 77 22 88 11 | www.enoteca-italiana.it | Mo–Sa 12–24 Uhr

Weitere Geschäfte und Märkte finden Sie im Kapitel DIE TOSKANA ERKUNDEN.

SPORT UND STRÄNDE

Golfen, wandern oder Rad fahren durch die herrliche Landschaft, schwimmen und Wassersport im Meer, Volleyball spielen oder einfach nur am Strand in der Sonne lümmeln: Die Toskana bietet eine Menge für Sportsfreunde und Aktivurlauber.

Wer an die Toskana und an Sport denkt, dem fällt in der Regel zuallererst das Meer ein: Schwimmen, Segeln, Wasserski und Strände. Das stimmt, denn die Region mit ihrer rund 350 km langen Küste bietet breite und familienfreundliche Sandstrände, wie etwa in den schicken Badeorten Forte dei Marmi und Viareggio oder auf der Insel Elba. Wunderschön sind auch die Strandabschnitte in den Naturschutzparks – wie an der Riviera degli Etruschi, wo sich Felsen und Pinienwälder, die bis an die Küste heranreichen, miteinander abwechseln.

Mondän geht es dagegen in den Seglerhochburgen wie Punta Ala zu. Hier gibt sich der italienische und internationale Jacht-Jetset ein Stelldichein. Ein wenig verschlafen und ohne jede Schickeria verbringt man seinen Strandurlaub in so manchen Küstenorten in der Maremma, in Castiglione della Pescaia beispielsweise.

◀ Mit dem Fahrrad auf den Stadtmauern
von Pienza (▶ MERIAN TopTen, S. 116).

Doch die Toskana hat noch viel mehr an sportlichen oder entspannenden Aktivitäten zu bieten, die nichts mit dem Meer zu tun haben.

DIE REGION IST EIN WAHRES KURPARADIES!

Geboten wird ein sehr breites Spektrum an Möglichkeiten: von gratis Kuren mitten in der Natur und unter freiem Himmel bis luxuriös in mondänen Thermenhotels wie in Saturnia oder in Wellnessoasen, die in zahlreichen Städten wie auch in vielen luxuriösen Hotels angeboten werden. Die Region eignet sich auch perfekt zum Wandern. Das wurde aber erst vor wenigen Jahren erkannt. Auch wenn es in Italien einen sogenannten italienischen Alpenverein gibt, der sogar eine Niederlassung in der Toskana besitzt, ist das Wandern noch kein Massenphänomen. Seit einigen Jahren sind es daher vor allem ausländische Besucher, die in der Toskana auf Wandertour gehen. Die Regionalverwaltung richtet deshalb immer neue Wanderwege ein, die in der Regel gut ausgeschildert sind. Unerlässlich sind allerdings gute Wanderkarten, denn immer wieder kommt es vor, dass wichtige Hinweisschilder fehlen.

ANGELN

An stillen und kleinen Seen oder auch im Meer: Angeln ist ein Sport, der sich in der Toskana einiger Beliebtheit erfreut. Und: In der Toskana findet man immer noch Gewässer, wo man fast allein angeln kann. Die Genehmigungen sind auch von Deutschland aus, via Mail, bei den zuständigen italienischen Behörden zu erhalten.

www.regione.toscana.it/cittadini/ambiente/caccia-e-pesca

FAHRRAD FAHREN

Die Toskana bietet zahlreiche Fahrradwanderwege. Beispielsweise im landschaftlich spektakulären **Val d'Orcia** südöstlich von Siena: ein Paradies für Mountainbiker, aber auch für Sonntagsfahrer, die sich einfach nur ein biss-

chen bewegen wollen. Nirgendwo sind die Hügel zu hoch oder zu anstrengend. Auch die **Crete Senesi** sind ein guter Tipp. Verschiedene italienische, aber auch deutsche Anbieter organisieren Gruppentouren mit Fahrrädern. Eine gute Adresse ist **Biking Tuscany** (in Zusammenarbeit mit der Nationalakademie für Mountainbiking), www.bikingtuscany.it. Infos erhält man auch bei **Toskanatour** (www.toskanatour.de).

GOLF

Toskanische Golfplätze wirken aufgrund ihrer landschaftlichen Reize oft wie kleine Himmelreiche auf Erden. Zwölf an der Zahl gibt es in den verschiedensten Gegenden, auch auf der Insel Elba. In einigen Fällen gehören zu den Plätzen komfortable Hotels. Auch wer nicht in diesen Unterkünften nächtigt, kann gegen Gebühr dort golfen.

Argentario Resort Golf & Spa 🏌 C 8
Porto Ercole (Grosseto) | Via Acquedotto Leopoldino | Tel. 05 64 18 28 40 00 | www.argentariogolfresortspa.it

Golf Club Castelfarfi 🏌 C 4
Montaione | Località Castelfarfi | Tel. 05 71 89 10 00 | www.castelfarfi.it

Golf Club Poggio dei Medici 🏌 D 3
Scarperia (Firenze) | Via San Gavino | Tel. 05 58 43 55 62 | www.golfpoggiodei medici.com

Golf Club Punta Ala 🏌 B 7
Punta Ala | Via del Golf, 1 | Tel. 05 64 92 21 21 | www.golfpuntaala.it

Golf Club Toscana 🏌 C 6
Gavorrano | Località Il Pelagone | Tel. 05 66 82 04 71 | www.golfclubtoscana.com

Club dell'Ugolino 🏌 D 4
Impruneta | Strada Chiantigiana, 3 | Tel. 05 52 30 10 09 | www.golfugolino.it

GROTTEN- UND HÖHLEN-WANDERUNGEN 🚶

Die Toskana bietet ein über 250 km langes unterirdisches Wegenetz mit ungefähr 1500 Grotten, Höhlen und unter der Erde gelegenen Naturgalerien. Ausführliche Infos für familiengerechte Besichtigungen und unterirdische Wanderungen für erfahrene Grottengänger gibt es unter: www.turismo.in toscana.it (nur auf Italienisch). In der Rubrik »download« das Stichwort »toscana underground« eingeben und das entsprechende PDF herunterladen.

KUREN

Wie nur wenige andere Regionen Italiens bietet die Toskana ein sehr reiches Thermenangebot, von kostenlosen Naturwannen, in denen es sich schon die Etrusker und die alten Römern gut gehen ließen (bei Saturnia in der Südtoskana) bis zu luxuriösen Thermenhotels mit Fünf-Sterne-Service (ebenfalls bei Saturnia gelegen). Jede Provinz der Region Toskana bietet Kurmöglichkeiten. Hier nur eine kleine Auswahl von uralten Thermenorten:

Cascate del Molino 🏌 D 7
Gratistherme unter freiem Himmel schon seit etruskischen Zeiten, in der Nähe der Ortschaft Saturnia (gut ausgeschildert von Saturnia aus). Besonders reizvoll in der Vor- und Nebensaison, denn im Juli und August kann es voll werden. In der Regel geht es hier allerdings auch in der Hochsaison am späten Nachmittag wieder ruhiger zu.
Manciano | Località Saturnia | www.cascate-del-molino.info

Terme di Saturnia 🏌 D 7
Eines der besten Thermenhotels ganz Italiens. Mit allem Komfort, tollen Gästezimmern und einem umfassenden Kurangebot. Beliebt bei Stars und Promis aus Rom und Florenz. Zauberhaft in der Landschaft gelegen.
Manciano | Località Saturnia | www.termedisaturnia.it

Terme di Bagno Vignoni 🏌 E 6
Hier kurten schon mittelalterliche Heilige und Medici-Fürsten. Die alte Therme liegt pittoresk mitten im kleinen Weiler. Besonders verführerisch ist dieser alte Ort an Regen- und Nebeltagen.

San Quirico d'Orcia (Siena) | Località Bagno Vignoni | www.termedibagno vignoni.it

Sorgente die Bagnacci   ✒ D 6
Eine große Naturwanne, in der sich bereits die alten Römer suhlten.
San Giovanni d'Asso | Località Lucignano d'Asso | www.comune.sangiovannid asso.siena.it

Terme di Montecatini   ✒ C 3
Wohl Italiens schönste Therme! Alles hier ist im Zuckerbäckerstil der italienischen Belle Époque errichtet: historische Thermengebäude in einer zauberhaften Parkanlage.
Montecatini Terme | www.termemonte catini.it

REITEN
Der Reitsport ist in der Toskana, einer traditionell ländlichen und bäuerlichen Region, traditionell weit verbreitet. Es finden sich zahlreiche Hotels und Agriturismi, wo man auch reiten kann. Pferderennen haben ebenfalls eine lange Tradition, vor allem in Florenz, Pisa, Siena, Grosseto und Montecatini.

Centro Ippico della Berardenga ✒ D 5
Ferien auf dem Reiterhof oder auch als zahlender Gast. Sehr familiär.
Castelnuovo Berardenga | Tel. 33 98 31 85 19 | www.chiantiriding.it

Centro Ippico Toscana Cavallo
Maremma   ✒ C 6
Reitferien auf einem Agriturismo in der wilden Natur der Maremma.
Massa Marittima | Località Montepozzali, 10 | Tel. 05 66 91 94 10 | www. centro-ippico-cavallomaremma.it

Ippodromo Le Cascine/
Le Mulina   ✒ D 3
Für Galopp- und Trabrennen.
Florenz | Via Pegaso, 1 | Tel. 05 55 42 2 60 76 | www.ippodromofiorentini.it

Ippodromo Ardenza   ✒ A 4
Für Galopprennen.
Livorno | Via dei Pensieri, 46 | Tel. 05 86 81 44 81 | www.labronica.it

WANDERN
Dazu lädt die malerische Landschaft mit ihren sanften Hügeln und immer wieder neuen Eindrücken förmlich ein. Der italienische Alpenverein hat ein Faltblatt »Trekking in der Toskana« herausgegeben, das gute Wanderwege aufzeigt. Besonders reizvoll sind die mehrtägigen Ausflüge. Informationen zu Bergwanderungen in der herrlichen Natur der Garfagnana findet man unter www.turismo.garfagnana.eu.it/fare/Gar fagnana-Trekking.html; zu Touren in den Apuanischen Alpen unter www. parcapuane.it. Wanderkarten im Maßstab 1 : 25 000 gibt es von Edizioni Multigraphic, www.edizionimultigraphic.it.

Club Alpino Italiano CAI,
Sektion Florenz   ✒ D 3
Florenz | Via del Mezzetta, 2 m | Tel. 05 56 12 04 67 | www.caifirenze.it

WASSERSPORT 👫
Segeln und Tauchen lernen in der Toskana? Warum nicht und ideal für Kinder! Segelkurse, auch für die ganze Familie, werden auf Elba angeboten. Wegen seiner an Tieren und Pflanzen reichen Tauchgründe ist das Meer bei der Insel Giglio bekannt, weshalb sich hier auch gute Tauchschulen finden.

Segelschule Casa di Vela 🚩 A 7

Elba | Portoferraio | Località lo Schiopparello | Tel. 0565 93 32 65 | www.casadivela.it

Segelschule Club del Mare 🚩 A 7

Es besteht eine Zusammenarbeit mit dem Olympischen Komitee Italiens. Elba | Marina di Campo | www.club delmare.it

Tauchschule Sea Life Toscana Corso Sub 🚩 C 3

Prato | Via del Castagno, 51 | Tel. 0 57 41 82 18 51 | www.sealifetoscana.it

Allgemeine Informationen zu Tauchkursen und organisierten Tauchgängen findet man unter www.sub.it/diving_ center_regione_toscana.html.

STRÄNDE AM FESTLAND

Capalbio 🚩 D 8

Gut organisierter Strand, mit einem Bereich, für den man nichts bezahlen muss. Berühmt als Lieblingsort der linken Intellektuellenschickeria. Sehr gepflegt und gut zu erreichen.

Castiglioncello 🚩 B 5

Kleinere Badebuchten, die selbst im Hochsommer nicht immer überlaufen sind. Besonders reizvoll: Es gibt schmale Sand- und Felsenstrände mit Pinienwäldern, die bis zum Strand wachsen, sowie kleine und intime Badebuchten, die nur zu Fuß zu erreichen sind.

Castiglione della Pescaia 🚩 C 7

Historischer Fischerhafen, mit einem kleinen, aber gut organisierten Sandstrand in Ortsnähe mit direkter Anbindung zu Lokalen und Kaffeebars.

Forte dei Marmi 🧍 🚩 A 3

Früher sonnten sich in den hervorragend organisierten Strandbädern die Familien von Thomas Mann und von FIAT-Gründer Agnelli, heute kommt das italienische Bürgertum. Sehr familienfreundlich! 4 km Sandstrand mit gut ausgestatteten Kabinen. Nicht ganz preiswert, aber sehr gepflegt.

Marina di Castagneto-Donoratico, Marina di Cecina, San Vincenzo
🚩 B 5/6

Dichte Pinienwälder reichen bis an die langen Sandstrände. Gut ausgestattete Campingplätze machen selbst im sonst kostspieligen Italien den Strandurlaub preiswert. Die meisten Strandabschnitten sind nur zu Fuß zu erreichen.

Punta Ala 🚩 B 7

Immer noch ein Jetset-Badeort, umgeben von einer fantastischen Küstenlandschaft, die durch Sandstrände und schier unendliche Pinienwälder bis ans Meer fasziniert. Ein sehr malerisch gelegenes Fleckchen.

Vada 🚩 B 5

Bekannt für seinen 5 km langen feinsandigen und fast weißen Strand, der ein wenig an die Südsee erinnert. Vielleicht einer der schönsten Strände der Toskana, vor allem unter der Woche empfohlen. Italienische Familien sind erst ab Freitagnachmittag anzutreffen.

Viareggio 🧍 🚩 A 3

Nicht nur berühmt wegen seines Karnevals, sondern vor allem wegen seines feinsandigen und – perfekt für Kinder und Wasserscheue – ganz flach abfallenden Strandes. Beliebt bei Familien.

Badefreuden am Strand von Cavoli (▶ S. 47): Herrliche Buchten gibt es auf Elba (▶ MERIAN TopTen, S. 162) viele, außerhalb der Hochsaison findet man auch genug freie Stellen.

STRÄNDE AUF ELBA

Biodola ▶ A 7

Fast noch ein Geheimtipp in den Sommermonaten, hierher verirren sich in der Regel nur wenige Touristen. Vor allem vormittags und unter der Woche ist das einer der schönsten Strände Elbas, nur wenige Kilometer westlich von Portoferraio gelegen.

Cavoli ▶ A 7

Vor allem von jungen Leuten von der Insel und vom Festland gern besucht. Abends wird hier auch gegrillt, Gitarre gespielt und getanzt.

Fetovaia ▶ A 7

Hier schwimmt man in kristallklarem Wasser in einer Granitbucht, die zu den schönsten des toskanischen Archipels gehört. Landschaftlich herb und wild, bequem zu Fuß zu erreichen.

Porto Azzurro ▶ B 7

Die Natur ist an diesem Strand nahezu unberührt, und die in Italien weit verbreiteten illegalen Strandmüllkippen finden Sie hier nicht. Es kann gegen Nachmittag sehr romantisch sein, weil hier nur wenige Leute herkommen.

Scaglieri ▶ A 7

Nur wenig frequentiert, das gilt auch in den Sommermonaten. Vor allem unter der Woche empfohlen, denn Familien tauchen in der Regel erst ab Freitagnachmittag auf. An Wochenenden mag es etwas voller werden.

Terranera ▶ B 7

Fast rabenschwarzer und sehr pittoresker Sand zeichnet diese ungewöhnliche Bucht aus. Stark bevölkert, vor allem von Familien. Außerhalb der Saison kann es hier sehr ruhig zugehen.

FESTE FEIERN

Toskana bedeutet nicht nur Wein und Olivenöl, sondern genauso traditionelle Feste und verschiedene Festivals, die sich auch international sehen lassen können und eine herrliche Abwechslung zum ruhigen Ferienbetrieb sind.

Generell existiert in ganz Italien eine überaus reichhaltige Festkultur, aber in der Toskana scheint es noch mehr Anlässe für Feierlichkeiten zu geben als anderswo. Das erklärt sich aus der Geschichte dieser Region. Jahrhundertelang existierten hier freie Städte auf engstem Raum nebeneinander, die in Sachen Kultur, Wirtschaft, politischem Einfluss und auch in ihren Feierlichkeiten miteinander in Konkurrenz standen. Die Festtage, vor allem Wettspiele, bei denen es um Kraft und Ausdauer geht, werden vor dem Hintergrund eines chronisch kriegerischen Zustands zwischen den unabhängigen Stadtstaaten verständlich. Bei Wettkämpfen konnten sich die Besten auszeichnen und hatten in der Folge gute Chancen, militärisch wichtige Ränge innerhalb der Stadtverteidigung zu erhalten.
Fast alle traditionellen Feste, die noch heute Turniere beinhalten, haben diesen mehr oder weniger kriegerischen historischen Zusammenhang.

◀ Bei der Giostra del Saracino (▶ S. 51)
in Arezzo lebt das Mittelalter wieder auf.

Das gilt vor allem für den **Calcio Storico** in Florenz, ein besonders brutales historisches Fußballspiel (▶ S. 54), sowie die mittelalterliche **Giostra del Saracino** in Arezzo, bei der sich junge Männer auf der prächtigen Piazza Grande als präzise Ringstecher beweisen können. Überregional bekannt ist auch der **Palio di Siena** auf der Piazza del Campo, der als eines der härtesten Pferderennen der Welt gilt.

Die toskanische Festkultur teilt sich vor allem in drei Kategorien: religiös begründete Feste wie der feierliche Umzug Il Volto Santo in Lucca, bei dem ein kostbares altes Kruzifix durch die Stadt getragen wird, historisch begründete Feste und zahlreiche Musikfestivals.

VIELERORTS STEHT DIE MUSIK IM ZENTRUM

Besonders die dritte Festkultur ist noch jung. Sie entstand in ihrer heutigen Form nach dem Zweiten Weltkrieg, als sich zunehmend gut betuchte Norditaliener und Ausländer in der Toskana nieder- und sich von der Landschaft inspirieren ließen. Unter ihnen befand sich auch der wohl bedeutendste deutsche Komponist des 20. Jh., Hans Werner Henze (1926–2012). Obwohl in Rom lebend, wählte er die kleine Ortschaft Montepulciano in der Toskana dazu aus, Gastgeber des 1976 von ihm gegründeten, jährlich stattfindenden Festival Cantiere Internazionale d'Arte zu sein. Ein Musikfestival für Nachwuchssänger, Schauspieler, Musiker, Regisseure, Dirigenten und Komponisten. Seit dem Jahr 2005 wird diese Veranstaltungsreihe von einer Stiftung organisiert. Festivalleiter ist derzeit der 1960 geborene deutsche Komponist Detlev Glanert.

Ob in Kleinstädten wie Siena oder in Landvillen wie La Foce: Die musikalische Festivalkultur der Toskana wird von Jahr zu Jahr reicher. Das gilt hauptsächlich für private Ausrichter, denn alles, was rein staatlich oder regional finanziert wird, steht angesichts des radikalen Sparkurses der Politik in Rom und Florenz vor dem finanziellen Aus.

FEBRUAR

Carnevale di Viareggio

Von wegen Venedig! Italiens ausgelassenster Karneval findet am Meer im Badeort Viareggio statt!
Am und um den Faschingsdienstag
www.viareggio.ilcarnevale.com

MÄRZ

Antiche Camelie Lucchesia, Sant'Andrea Compito (Lucca)

Ein Festival nur für die Kamelie, die in und bei Lucca die bevorzugte Pflanze ist und von zahlreichen Gärtnereien angebaut wird.

Der jahrhundertealte Wettkampf Il Palio (▶ S. 52) ist der Höhepunkt des Jahres in Siena. Nachdem der beste Reiter der 17 Stadtteile ermittelt ist, wird ausgelassen gefeiert.

Mitte März
www.camelielucchesia.it

MÄRZ/APRIL

Lo scopio del carro, Florenz

Unter der Begleitung eines Feuerwerks wird ein großer Karren vor den Dom gerollt und explodiert dort. Hintergrund des Rituals: die Befreiung von den Ungläubigen, den Mauren, die im Mittelalter schon mal toskanische Küsten in Angst und Schrecken versetzten. Ostersonntag
www.duomofirenze.it/feste/pasqua.htm

APRIL

Castagneto a Tavola, Castagneto Carducci (Livorno)

Castagneto ist stolz auf eine besondere gastronomische Spezialität, die bei diesem Essfestival in allen nur denkbaren Formen zubereitet wird. Dass es sich dabei um den Kopf des Wildschweins handelt, der – so ist es hier Tradition – im Rahmen von volkstümlichen Festmahlen verzehrt wird, stört nur die wenigen toskanischen Vegetarier!
In der 2. Aprilhälfte
www.castagnetotavola.it

MAI/AUGUST

Balestra del Girifalco, Massa Marittima (Grosseto)

Nach einem Umzug in historischen Gewändern, mit Fahnenschwingern und Falknern, treten die besten Schützen der drei uralten Stadtteile, die sogenannten »terzieri«, mit ihren Armbrüsten gegeneinander an.

Ende Mai/Ende August
www.scietaterzierimassetani.it

JUNI

Regata Storica e Luminara di San Ranieri, Pisa

Volkstümliches Wettrennen mit Booten auf dem Arno. Am Abend zuvor wird das Flussufer von Tausenden von Kerzen erleuchtet.

16. und 17. Juni
www.comune.pisa.it

Calcio Storico Fiorentino, Florenz

Bei diesem mittelalterlichen Fußballspiel in historischen Kostümen geht es recht rau zu, und die Spieler des siegreichen Teams werden in Florenz wie moderne Fußballstars verehrt (▶ S. 54).

24. Juni und an zwei weiteren Tagen, die von Jahr zu Jahr definiert werden
www.calciostoricofiorentino.it

Il Gioco del Ponte, Pisa

Es geht um eine Brücke und einen rund 7 t schweren Karren, der von einem Flussufer zum anderen gedrückt wird.

Letzter Sonntag im Juni
www.giocodelpontedipisa.it

JUNI/AUGUST

Estate Fiesolana, Fiesole

Ein römisches Freilufttheater, ein lauer Sommerabend und die funkelnden Sterne dazu. Auf der Bühne gibt es Musik, Theater und Film zu sehen.

Anfang Juni bis Anfang August
www.estatefiesolana.it

JUNI/SEPTEMBER

Giostra del Saracino, Arezzo

Mittelalterlicher Umzug durch das historische Zentrum von Arezzo. Im Anschluss daran steht ein Ringstechen mit Reitern auf dem Programm.

Meist Mitte Juni und Anfang September
www.giostradelsaracino.arezzo.it

JULI

Palio Marinaro, Livorno

Acht historische Stadtviertel treten mit jeweils fünf Ruderern gegeneinander an. Rund um das Rennen finden ausgelassene Volksfeste statt.

Anfang Juli
www.paliomarinaro.com

Incontri in Terra di Siena, La Foce (Siena)

Klassische Musik in einem fürstlichen Landgut im Val d'Orcia, einem der schönsten Täler der Toskana. Vor den Konzerten: Aperitif und Buffet im Park der Hausherrin. Sehr intim, sehr schick und gerade bei ausländischen Toskanagästen sehr angesagt (▶ S. 24).

www.itslafoce.org

Cantiere Internazionale d'Arte, Montepulciano (Siena)

Das vom deutschen Komponisten Hans Werner Henze 1975 gegründete Musik- und Theaterfestival ist immer noch eine der interessantesten Veranstaltungsreihen im toskanischen Musiksommer.

Mitte Juli
www.fondazionecantiere.it

Festival Opera Barga, Barga (Lucca)
Seit einigen Jahrzehnten von in Italien lebenden Briten organisiert, bietet dieses kleine, aber feine Festival im malerischen Barga mit seiner eindrucksvollen Kathedrale, Barockoper und -musik.
Juli
www.operabarga.it

Giostra dell'Orso, Pistoia
Der Bär muss erlegt werden. 12 Reiter wollen das unter dem Jubel der gesamten Bevölkerung bewerkstelligen. Der Bär ist allerdings nicht mehr echt.
2. Julihälfte
www.giostradellorso.it

JULI/AUGUST
Il Palio, Siena
Heftig umstritten bei Tierschützern, bei den Sienesen das zentrale Fest. Wenn Reiter der einzelnen historischen Stadtviertel, der »contrade«, um den Campo-Platz um die Wette rennen, geht es um Schnelligkeit und Durchsetzungskraft.
Anfang Juli/Mitte August
www.ilpalio.org

Teatro Povero, Montichiello (Siena)
Seit mehr als 20 Jahren verfassen und inszenieren die wenigen Bewohner dieser kleinen malerischen Ortschaft eigene Theaterstücke, die in Montichiello selbst zur Aufführung kommen.
Mitte Juli–Mitte August
www.teatropovero.it

Festival Pucciniano, Torre del Lago (Lucca)
Aufgeführt wird nur Puccini, und zwar gar nicht so schlecht, wenn man davon absieht, dass, open-air eben, der Sound elektronisch verstärkt werden muss.

Juli–August
www.puccinifestival.it

AUGUST
Campionato della Bugia, Le Piastre (Pistoia)
Einer Legende zufolge vertrieben sich die Bewohner dieser kleinen Ortschaft die Zeit im Winter mit dem Erzählen von Lügen. Daraus wurde vor einigen Jahren eines der kuriosesten Festivals Italiens. Der beste Lügner wird von allen Anwesenden bestimmt.
Mitte August
www.labugia.it

Bravio delle Botti, Montepulciano (Siena)
Montepulciano liegt auf einem steilen Hügel. Bei diesem legendären Wettkampf versuchen acht Mannschaften ein 100 kg schweres Weinfass vom Tal aus auf den auf der Hügelspitze gelegenen Hauptplatz zu rollen.
Vorletzter Samstag im August
www.braviodellebotti.com

Sagra del Tordo, Montalcino (Siena)
In Erinnerung an das Ende der Jagdsaison im Mittelalter gibt es eine wilde Hetzjagd auf eine Wildschweinattrappe.
Letzter Sonntag im Oktober
www.comunedimontalcino.it/sagradel
tordo/home.html

SEPTEMBER
Il Volto Santo, Lucca
Das Volto Santo ist ein wunderschönes Kruzifix aus dem 15. Jh., das im Rahmen einer suggestiven Lichterprozession durch die Altstadt getragen wird.
13. September
www.luccaturismo.it

Im Fokus
Calcio Storico: Fußball oder Rauferei?

Nichts für zarte Seelen. Der historische Fußball, eine Art Urbolzspiel, ist eine Sache für harte Kerle und für diejenigen, die es beim Sport deftig mögen. Immer wieder scharf kritisiert, lebt diese Sportart heute in leicht domestizierter Form fort.

Florenz, Stadt der feinen Künste, der großen Literaten wie Dante und die Stadt der brutalen Kerle, die sich die Köpfe einschlagen. Und das beim Fußball, der ja eigentlich von Schiedsrichtern streng reglementiert wird. Doch beim Florentiner Fußball ist alles anders und fast alles erlaubt. Jedes Jahr tragen in der Arnostadt vier Teams ein Turnier aus. Im sogenannten Calcio Storico, dem historischen Fußball, der mit unserem heutigen Ballspiel so viel zu tun hat wie ein Hai mit einem Delfin. Es geht um Tore, klar, um Ruhm, aber auch um viel Gewalt, nicht selten brechen die Nasen, und es fließt Blut. Ein Spieler gibt erst dann auf, wenn er mit einer Bahre vom Spielfeld getragen wird.

Die Regeln sind einfach, sehr einfach. Jede Mannschaft hat 27 Mann. Echte Kerle. Sie ähneln in ihrem bulligen Körperbau besonders kräftigen Rugbyspielern. Die einzelnen Teams repräsentieren die vier historischen Altstadtviertel. Die Roten kommen aus Santa Maria Novella, die Blauen aus Santa Croce, die Grünen aus San Giovanni und die Weißen aus Santo

◀ Wilde Kämpfe beim Finale des Calcio
Storico auf der Piazza Santa Croce.

Spirito. Das Spielfeld besteht aus Sand, ist ungefähr 60 x 30 m groß und wird extra für die Spiele eingerichtet. Nur an den Stadträndern gibt es zum Trainieren Sandplätze, doch die offiziellen Spiele finden mitten in der Stadt Florenz statt – zum staunenden Erschrecken der Touristen und zur großen Freude traditionsbewusster Florentiner.

An den Grundlinien des Sandplatzes werden Netze angebracht. Das sind die Tore. Darin muss der Ball untergebracht werden, wie, das ist vollkommen egal. Man darf schießen, werfen, rempeln, zuschlagen, niederringen etc. Verboten sind nur Angriffe auf einen gegnerischen Spieler von hinten und Tritte gegen den Kopf. Nur ein Mann darf den anderen bekämpfen, um es mal so zu sagen, also nicht zwei auf einen. Ansonsten …

Die Spieldauer beträgt 50 Minuten – ohne Pause und ohne die Möglichkeit eines Spielerwechsels. Unterbrechungen gibt es nur dann, wenn einer der Spieler so sehr außer Gefecht gesetzt worden ist, dass tatsächlich ein Arzt einschreiten muss.

DAS BLUTIGSTE MANNSCHAFTSSPIEL DER WELT

Während des Spiels wird im wahrsten Sinne des Wortes um den Ball gekämpft. Man boxt, man ringt, man wirft sich auf den Gegner. Dabei werden die historischen und an Renaissancegewänder erinnernden Kleidungsstücke regelmäßig zerrissen. Einige Spieler büßen ihr Gewand auch ein und spielen mit nacktem Oberkörper oder ohne Hose weiter. Das Ganze erinnert ein wenig an eine Schlacht. Vornehme Florentiner wollen von dieser historischen Sportart nichts wissen. Sie ignorieren sie, wohl wissend, dass der historische Fußball ebenso zu ihrer Stadt gehört wie die berühmte Domkuppel Brunelleschis.

Die Spieler des Calco Storico sind hoch trainierte Muskelprotze, die in ihren Stadtvierteln von vielen Menschen wie Helden verehrt werden. Keine Florentiner Mamma möchte allerdings ihren Sohn in einer der Mannschaften spielen sehen, weil sie um dessen körperliche Unversehrtheit fürchtet. Doch die Spieler sind Idole für echte Florentiner Männlichkeit. Vor allem unter jungen Männern.

Der Calco Storico entstand Ende des 15. Jh., also mitten in der kunstsinnigen Renaissance, die allerdings auch eine Zeit brutaler Kriege zwischen den toskanischen Stadtstaaten war. Eine Zeit, in der junge Männer auf kommende Schlachten vorbereitet wurden. Diese aggressive Form der sportlichen Betätigung war eine Möglichkeit, seine Männlichkeit und seinen Mut unter Beweis zu stellen. Die damaligen Spieler waren Aristokraten. In der Renaissance konnten es sich die Söhne der wichtigsten Familien also nicht erlauben, sich vornehm vom Fußball zurückzuhalten. Das wäre seinerzeit absolut imageschädigend gewesen. Heute sind es Handwerker und Arbeiter, die sich auf dem Spielfeld die Köpfe einschlagen. Wie z. B. der 45-jährige Maurizio Bonfiglio. Der Mann mit dem Körper eines Bodyguards hat nach dem Spiel blaue Augen. Seine Nase ist von verschiedenen Brüchen ganz dick geworden. Seine breiten Schultern sind Furcht einflößend. Der Muskelkraft und Skrupellosigkeit solcher Spieler ist es zu verdanken, dass 2006 ein Spiel zwischen Weißen und Blauen unterbrochen werden musste. Der Grund: Es war zu brutal geworden. Der Schiedsrichter schritt ein und rief laut »Stop, ragazzi!«.

ENDLOSER STREIT UM NEUE REGELN

Doch der Ausruf »Schluss, Jungs!« beendete nur das Spiel. Fast eine Stunde lang prügelten die gegnerischen Teams nach dem offiziellen Spielende aufeinander ein – zur großen Freude der Fans des Calco Storico. Die Stadtverwaltung erstattete Anzeige gegen die prügelnden Spieler, die niemand voneinander zu trennen wagte. Einige der Verfahren laufen heute noch. Im Jahr 2007 fiel das traditionelle Fußballspiel der Brutalos aus, und man versuchte strengere Verhaltensregeln einzuführen – gegen die sich die Traditionalisten, darunter sämtliche Spieler, entschieden wehrten. Doch ohne Erfolg. Jetzt dürfen Männer, die älter als 40 Jahre sind, nicht mehr mitspielen. Auf diese Weise hofft man, dass die übelsten Schläger ausgeschlossen werden und ihren negativen Einfluss nicht mehr auf Jüngere ausüben. »Negative Vorbilder« hieß es in den Medien. Auch vorbestrafte Spieler sind heute ebenfalls nicht mehr zugelassen.

Die Folge der Regeln: Die Florentiner interessierten sich nicht mehr für die Spiele. 2010 fand sogar, aus Protest gegen das Regelwerk, nur noch ein Schaukampf statt. Das grüne Team zog sich nach 2006 ganz von den Turnieren zurück. Aus Protest gegen die, so hieß es, »Domestizierung des historischen Fußballs«. 2010 übernahm der lokale Politiker und leidenschaftliche Fan des Calco Storico Michele Pierguidi die Organisation der Spiele. Er lockerte die Regeln wieder auf und machte sie damit wieder attraktiver. Wer in den letzten fünf Jahren nicht vorbestraft war und nachweisen kann, voll gesund zu sein, darf mitspielen. Das bedeutet, dass die besten Spieler der Stadt, egal um was für Typen es sich handelt, wieder mitmachen dürfen. Jetzt sind auch alle vier Mannschaften wieder dabei.

Pierguidi weiß, dass Brutalität im Sport bei immer mehr Leuten gut an-kommt. Es sei doch ähnlich wie bei den blutigen Käfigkämpfen, die in den USA so erfolgreich seien, argumentiert er. Und so will der gewiefte Politiker TV-Rechte verkaufen und daneben mit Merchandising Geld verdienen. Für ihn muss es, so will es ja auch die Tradition, bei den Spielen hart hergehen, hart aber fair. Spektakulär aber nicht skandalös.

Dass nicht alle Spieler des Calcio Storico einfache Hardliner sind, beweist Niccolò Falleri. Der 27-Jährige studiert Architektur und sieht, wenn man ihn außerhalb des Trainings trifft, wie ein sicherlich kräftig gebauter, aber gar nicht böser Junge aus. Sein Körper ist nicht mit Tattoos überzogen, und auf die Frage nach eventuellen Vorstrafen lacht er laut auf. Seine Mit-spieler sind Arbeiter, Möbelpacker, Handwerker. »Tolle Jungs«, meint er, »mit denen ich durch dick und dünn gehen kann.« Doch seine Mutter findet die Tatsache, dass ihr Sohn beim Calco Storico mitmacht, gar nicht toll. »Liebe Mamma«, sagt Niccolò, »das ist doch nur Sport«, aber Frau Mamma hat Angst um die Knochen ihres Sohnes, denn viele der anderen Mitstreiter sind einen Kopf größer als der zukünftige Architekt.

EIN WEISSES KALB FÜR DIE SIEGER

Vor den eigentlichen Spielen, bevor also das Blut fließt, findet ein histori-scher Umzug statt. Farbenfrohe Kostüme, Fahnenschwinger, Männer und Frauen wie aus einem Renaissancegemälde begrüßen Spieler und Publikum. Und: Sie präsentieren die zu gewinnende Trophäe. Das ist ge-mäß der Überlieferung ein weißes Kalb. Das Turnier erstreckt sich über mehrere Tage, das Endspiel findet traditionell am 24. Juni, dem Tag des Schutzheiligen San Giovanni, statt. Die Siegermannschaft wird nach der großen Rauferei das Kalb durch die Straßen der Stadt ins eigene Viertel ziehen. Und dann wird ausgiebig gefeiert. So sehr, dass die Stadtpolizei immer präsent ist, um die durch den stark fließenden Wein hitzig gewor-denen Gemüter unter Kontrolle zu halten. Am nächsten Morgen, am Tag nach der Entscheidungsschlacht, gibt es dann dicke Köpfe vom Alkohol, und Spielleiter Pierguidi dankt dem Himmel, dass es nach dem Finale keine Prügelei auf dem Sandfeld gegeben hat.

INFORMATIONEN

Calcio Storico fiorentino

Tradizioni Popolari Fiorentine |
Florenz | Piazzetta di Parte Guelfa, 1 |
www.calciostoricofiorentino.it

MIT ALLEN SINNEN
Die Toskana spüren & erleben

*Reisen – das bedeutet aufregende Gerüche und neue Geschmacks-
erlebnisse, intensive Farben, unbekannte Klänge und unerwartete
Einsichten; denn unterwegs ist Ihr Geist auf besondere Art und Weise
geschärft. Also, lassen Sie sich mit unseren Empfehlungen auf das
Leben vor Ort ein, fordern Sie Ihre Sinne heraus und erleben Sie
Inspiration. Es wird Ihnen unter die Haut gehen!*

◄ Vergnügliche Weinlese (▶ S. 59) auf dem Gut Badia a Coltibuono in Gaiole in Chianti.

ESSEN UND TRINKEN

Kochen 👫   📖 C 4

Man nehme ein altes Weingut in malerischer Landschaft, mit einem Pool und schlanken Zypressen, komfortablen Ferienwohnungen im Gutsgebäude und in Einzelhäusern, viel Ruhe und natürliche Zutaten aus dem Garten sowie eine erfahrene Köchin, und schon kann es mit dem toskanischen Kochkurs losgehen. Auf dem Landgut Il Poggio beispielsweise, wo die Kochkurse den Wünschen der Gäste individuell angepasst werden. Ein Pastakurs? Nur vegetarisch oder die ganze Bandbreite der reichen regionalen Kochkünste? Bitte schön!

Azienda Agricola il Poggio | Sughera di Montaione | Via Sughera | Tel. 057167 7071 | www.ilpoggiosughera.com

»Vendemmia!« 👫

Von der Traube zum Wein – von der Weinlese bis zum abendlichen Genuss mit anderen Gästen und dem Hausherrn. Die Weinernte in der Toskana ist ein ganz besonderes Erlebnis. Sicherlich ein wenig anstrengend, aber ausgesprochen sinnlich: angefangen vom Abzupfen der reifen knackigen Trauben bis zum Genuss der Weine aus den Vorjahren. Mehr als ein Dutzend Weingüter bieten Gästen tageweise die Möglichkeit, an der »vendemmia« teilzunehmen.

www.toscanago.com/firenze/articoli/541-partecipa-alla-vendemmia-in-toscana

HANDWERK UND KUNST

Sich als Bildhauer betätigen   📖 B 5

Bildhauerei im Land der Etrusker? Mit dem deutschen Künstler Thomas Reu-

ter ist das im Örtchen Querceto möglich. Die Teilnehmer besichtigen dabei uralte etruskische Ortschaften, lassen sich von der Antike und der Natur ins-

pirieren, und dann macht man sich mit Hammer und Meißel an die Arbeit …

Schöpferische Pause – Bildhauen in der Toskana | Thomas Reuter | Tel. in Deutschland 09331633 | E-Mail: info@ thomasreuter-bildhauer.de

MUSIK

Lauschen   📖 D 5

Sommerfestivals gibt es eine Vielzahl in der Toskana. Doch die Settimana Musicale Senese in Siena, immer im Juli, ist ein ganz besonderer Leckerbissen. In alten Kirchen, Theatern und Palästen wird Musik von der Renaissance bis ins 20. Jh. geboten, mit international bekannten Interpreten.

Siena | www.chigiana.it

Singen   📖 C 5

Warum sich nicht von der kunstreichen Umgebung auch musikalisch inspirieren lassen. Immerhin wurden im Florenz der Medici die ersten Opern der Geschichte, von Cesti und Monteverdi, uraufgeführt. Wie wäre es also mit einem Kreativurlaub Singen plus Ausflüge in die Region? Die Musikpädagogen Birgit und Karsten von Lüpke verbinden Gesangsunterricht und Freizeit.

Casoe d'Elsa | Singen in der Toskana | www.singen-in-der-toskana.de

AKTIVITÄTEN UND SPORT

Joggen   C 8

Laufen, tief atmen und dabei eine wildromantische Landschaft zwischen Hügeln und Meer erleben. 6 km ist der Tombolo della Feniglia lang, einer der

schönsten toskanischen Wander- und Joggingwege auf der Halbinsel Ansedonia. Ausgangspunkt ist die Hafenstadt Porto Ercole. Der Weg führt durch die wunderbare Natur und vorbei an herrschaftlichen Villen.

Einfach drauf losfahren   D 5

Mieten Sie sich eine Vespa, beispielsweise in Siena. Am besten morgens, sodass Sie den ganzen Tag Zeit haben, und dann fahren Sie drauflos – ohne viel nachzudenken über die Route. In den Süden Sienas etwa, und nehmen Sie die nicht asphaltierten kleinen Landstraßen. Lassen Sie sich überraschen, wo Sie am Ende landen, wen Sie treffen.

Vielleicht einen Winzer, der Sie zu einem Glas Wein einlädt. Oder einen romantischen Landgasthof …

Perozzi Automotocicli | Via dei Gazzani, 16 | Tel. 0577 28 83 87 | www.perozzi.it

Segeltörn im Mittelmeer

Entweder selbst als Freizeitkapitän oder mit einem Skipper: Ein Tages- oder mehrtägiger Jachttörn zu den Inseln des toskanischen Archipels, auf der Suche nach einsamen Badestränden oder versteckten Badegrotten, ist eines der ganz besonderen Reiseerlebnisse. Unberührte Natur und garantiert abgeschieden.

Infos z. B. bei Mare e Venti | www.mareeventi.com

RUHE UND ENTSPANNUNG

Einsamkeit total   südl. C 8

Der toskanische Archipel bietet verschiedene Inseln, doch die kleine Insel Giannutri, komplett ein Naturschutzpark, ist wohl die einzige, die noch garantiert Einsamkeit bietet, auch in der Hochsaison. Mit wenig Touristen, so gut wie keinem Lärm und jungfräulicher Natur. Ferien auf Giannutri sind ein Naturerlebnis pur. Das einzige Hotel der Insel: Le Dimore di Mimmina, Tel. 05 75 41 09 82, www.ledimoremimmina.com. Es gibt nur einige wenige Ferienhäuschen, Info: Agenzia Immobiliare Brandaglia, www.brandaglia.com.

In der Luft gleiten

Ohne Lärm und ganz von oben die Toskana genießen: Wie wär's mit einem Trip mit dem Heißluftballon über der Maremma mit ihren Stränden, dem tiefblauen Meer und den grünen Hügeln mit malerischen Ortschaften …

In balloon | www.voloinmongolfiera.it

WELLNESS

Kuren unter freiem Himmel 👫 ✔ D7

Thermenhotels aller Preisklassen gibt es en masse in der Toskana. Doch was kann schöner sein, als an einem warmen Tag mitten in der Natur und umsonst in eine der natürlich entstandenen Kalkwannen mit 38 Grad heißem Wasser zu steigen, über einem nur der azurblaue Himmel? Bei den Cascate del Molino ist das möglich. Im frühen Frühling oder im späten Herbst kann man ganz unter sich sein, im Sommer ist es dagegen oft voll. Die terrassenförmigen Thermalkrater werden seit der Etruskerzeit genutzt.

Terme di Saturnia | Cascate del Molino | Località Saturnia | Manciano | alle ganzjährig geöffnet

Wellnessoase 👫 ✔ D3

Das ultimative Wellnessangebot, nicht preiswert, dafür aber umfassend, findet sich mitten in Florenz, untergebracht in historischen Gemäuern. Nach dem stundenlangen Kunstgenuss kann man sich hier so richtig verwöhnen lassen – in dem mit rund 2000 qm größten Spa der Region. Das Massage- und Kosmetikangebot ist hier schier grenzenlos. Dampfbäder und Fitnesssaal, Indoor- und Outdoorpool sind traumhaft gelegen und eingerichtet. Spezialangebote gibt es, ganz trendy, sogar für wellnessbewusste Kids und Teens.

Four Seasons Hotel Florenz | Borgo Pinti, 99 | Tel. 05 52 62 61 | www.foursea sons.com/florence | Preise auf Anfrage

Gratis baden in den Sinterbecken der Terme di Saturnia (▶ S. 44): Dort strömt 38 °C warmes, schwefelhaltiges Wasser des Monte Amiata die Cascate del Mulino hinab.

Herrlich sitzt es sich im Straßencafé auf der Piazza Grande in Montepulciano (▶ S. 122).

DIE TOSKANA
ERKUNDEN

FLORENZ UND DER NORDEN

Die Königin der Kunstmetropolen und Wiege der Renaissance ist heute ein Shopping- und Feinschmeckerparadies – umgeben von reizvollen Landschaften, prächtigen Weingütern, malerischen Orten und bezaubernden Medici-Villen.

Die Wiege der Renaissance. Das neue Athen am Arno. Die Medici und ihre Lust an der Kunst, auch als politisches Verführungsmittel, um eine kulturelle Identität zu schaffen, um Freund und Feind zu beeindrucken und zu blenden … Alles wurde bereits gesagt über diese Stadt. Alles und zu viel, sodass sich viele Reisende angesichts dieses Überschwangs an Worten, vor allem aber aufgrund der vielen Kunst fast erschlagen fühlen. Deshalb sollte man erst einmal tief durchatmen, wenn man in Florenz angekommen ist, und einen kleinen Spaziergang machen. Am besten auf die Piazza della Signoria, das Herz der Stadt, mit dem Rathaus und den Uffizien.

EINE ÜBERBORDENDE FÜLLE AN KUNSTWERKEN

Michelangelos David – eine Kopie allerdings, das Original steht im Akademiemuseum – schaut über uns hinweg. Auch die anderen Nackedeis,

◀ Auf dem Ponte Vecchio (▶ S. 68) befinden sich seit dem 14. Jh. kleine Läden.

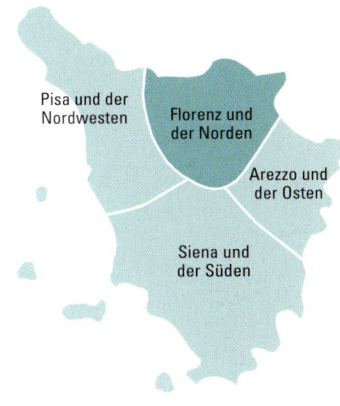

Männer und Frauen, von Renaissancebildhauern, die auf dem Platz und unter der Loggia stehen, blicken uns nie an. Sie sind ein wenig wie die Stadt selbst, die sich immer wieder unserem erfassenden Blick zu entziehen scheint.

Florenz ist klein, aber die Stadt am Arno lässt sich nur schwer fassen. Immer wieder hat man den Eindruck, nur an der Oberfläche gekratzt, nur einen Bruchteil seiner immensen Kulturschätze gesehen zu haben. Dieser Eindruck trügt nicht, denn wohl nur wenige andere Orte weltweit bergen so viele Meisterwerke wie Florenz. Es gibt sogar eine Pathologie, die mit dieser immensen Kunstpräsenz in Verbindung gebracht wird: eine Ohnmacht, die immer dann eintritt, wenn man das Gefühl hat, die ganze Pracht nicht mehr fassen zu können. Ein Phänomen, das als Stendhal-Syndrom bezeichnet wird. Deshalb ein Ratschlag: Suchen Sie sich nur einige wenige der kulturellen Höhepunkte aus und nehmen Sie sich dafür so viel Zeit, wie Sie brauchen!

ZUM AUSGLEICH INS WUNDERVOLLE UMLAND …

Florenz bietet Kunst aus dem späten Mittelalter, der Renaissance und des Zeitalters des Barock. Sie können öffentliche Museen, private Sammlungen, auch Villen, die in schönen Parks liegen, und zahllose Kirchen besuchen. An jeder Ecke bietet diese Stadt Highlights der Kunstgeschichte.

Und wem das alles zu viel wird, der ist in weniger als eineinhalb Stunden in tiefen Wäldern, in der Natur, in großer Einsamkeit und Stille. Bei den Einsiedeleien und Klöstern in der nördlichen Toskana. Oder, nicht ganz so abgeschieden, dafür aber extrem wohltuend, in den prächtigen Thermen von Montecatini Terme, den vielleicht schönsten Europas, sicherlich aber Italiens. Auch ein Ausflug nach Prato und Pistoia ist ratsam, wenn einem in Florenz das sogenannte Stendhal-Syndrom droht, das Zuviel an Kunst, das zu Kopfschmerzen, Schwindelgefühl und sogar Ohnmacht führen kann. In Pistoia lockt neben lokaler Kunst auch eine Vielzahl von Chocolatiers mit süßen Verführungen …

FLORENZ ⭐

Stadtplan ▶ Klappe hinten
366 000 Einwohner

🔖 D3

SEHENSWERTES

① Basilica della SS. Annunziata

Die 1250 als Oratorium errichtete Kirche erhielt ihre heutige Gestalt zwischen dem 15. und 18. Jh. Großartig ist der elegante Säulengang an der klar gegliederten und für die Florentiner Renaissancearchitektur typischen Fassade. Im barocken Kirchenschiff mit seinen verschiedenfarbigen Marmorverkleidungen finden sich beachtliche Werke von Rosso Fiorentino, Pontormo, Andrea del Sarto u. a. Direkt bei der Basilika erhebt sich das **Ospedale degli Innocenti**, Europas erstes Waisenheim und einer der ersten signifikanten Bauten der italienischen Renaissance, nach einem Projekt von Filippo Brunelleschi. Die Hauptfassade mit neun Bögen ist mit Terrakotten von Andrea Della Robbia geschmückt. Die **Pinacoteca** beherbergt eine kleine, sehr feine Sammlung von Renaissancemeistern wie Sandro Botticelli oder Domenico Ghirlandaio.
Via Cesare Battista, 6, Piazza SS. Annunziata, 12 | tgl. 7.30–12.30, 16–18.30 Uhr | Eintritt Pinacoteca 3 €

② Battistero di San Giovanni

Diese Taufkapelle beweist, dass das italienische Mittelalter künstlerisch betrachtet gar nicht düster war. Der achteckige Bau aus dem 11. bis 13. Jh. präsentiert sich mit fast schon spätantiker Eleganz und ist Zeugnis für die neuesten Thesen zur Entstehung der Renaissance weit vor dem 14. Jh. Die vor Kurzem restaurierten drei Bronzeportale gelten als absolute Meisterwerke der Schmiedetechnik. Die Szenen aus dem Neuen Testament sind das Werk von Andrea Pisano und Lorenzo Ghiberti. Der streng gegliederte Innenraum zeigt Mosaiken der venezianischen Schule aus dem 13. und 14. Jh.
Piazza San Giovanni | Mo–Mi, So 11.15–19, Do–Sa 8.30–23 Uhr | Eintritt 10 € (mit Dom, Kuppel und Glockenturm)

③ Biblioteca Medicea Laurenziana

Zwischen 1519 und 1534 entwarf Michelangelo Buonarroti diesen klar gegliederten eleganten Renaissancebau. Die Bibliothek gilt als eine der weltweit wichtigsten Sammlungen alter Handschriften, Drucke und ägyptischer Papyri. Das Vestibül, die Prachttreppe und der Lesesaal faszinieren durch ihre chromatische Klarheit in Weiß und Grau. Der bis auf die architektonischen Dekorationselemente, ansonsten eher schmucklose Lesesaal erinnert an eine Kirche. Die Treppe im Eingangsbereich ist mit ihrer Dreiteilung in Haupt- und Nebenstiegen eine erste Vorwegnahme barocker Prachtaufgänge.
Piazza di San Lorenzo, 9 | Mo–Fr 9.30–13.30 Uhr | Eintritt frei

④ Campanile del Giotto

Der fast 85 m hohe, frei neben dem Dom stehende Glockenturm wurde nach einem Entwurf von Giotto und Andrea Pisano errichtet. Die elegante Gliederung des Turms, die reiche Dekorationsplastik und die polychromen Marmorverkleidungen machen diesen Turm sicherlich zu einem einzigartigen Meisterwerk seiner Art. Die Skulpturen und Reliefs stammen von Andrea Pisano, Luca della Robbia, Donatello u. a. Es handelt sich allerdings um Ko-

Blick in die oktagonale Kuppel des Baptisteriums San Giovanni (▶ S. 66). An der Gestaltung des grandiosen Mosaikzyklus wirkten so berühmte Künstler wie Giotto oder Cimabue mit.

pien, die Originale kann man im Museo dell'Opera del Duomo bestaunen.
Piazza San Giovanni | tgl. 8.30–19.30 Uhr | Eintritt 10 € (mit Dom, Kuppel und Battistero)

5 Cappella Brancacci

Im Kloster **Santa Maria del Carmine** findet sich in dieser Kapelle einer der wichtigsten und schönsten Freskenzyklen der italienischen Renaissance. Masaccio und Masolino da Panicale gestalteten in den Jahren zwischen 1424 und 1428 die Geschichte des Apostels Petrus und der Genesis.

Piazza del Carmine, 14 | Mo, Mi–Sa 10–17, So 13–17 Uhr | Eintritt 6 €

6 Cenacolo del Conservatorio di Fuligno

Eine nur wenig besuchte Kunstperle. Zunächst wurde das 1845 wieder entdeckte Wandbild im Refektorium des Convento di Sant'Onofrio Raffael zugeschrieben. Inzwischen sind sich die Experten aber einig: Das Bild des letzten Abendmahls um 1490 gilt als eines der Meisterwerke des Perugino.

Via Faenza, 40 | Di, Do, Sa 9–13 Uhr | Eintritt frei

7 Duomo (Basilica di Santa Maria del Fiore)

Auch wenn die in ihrem Stil an Giottos Glockenturm erinnernde Fassade aus dem 19. Jh. stammt, ist der Dom eines der beeindruckendsten Bauwerke der Stadt. Die Kirche wird von Brunelleschis zu Anfang des 15. Jh. konzipierter Kuppel – 54 m im Durchmesser – gekrönt. Sie war zu ihrer Zeit die weltweit größte ihrer Art und gilt noch heute als größte gemauerte Kuppel überhaupt. Im dreischiffigen gewaltigen Innenraum des Doms finden sich Malereien und Skulpturen von Renaissancemeistern wie Bicci di Lorenzo. Drei Glasfenster entwarf Lorenzo Ghiberti.
Piazza San Giovanni | Mo–Mi, Fr 10–17, Do 10–16/17, Sa 10–16.45, So 13.30–16.45 Uhr, Kuppel Mo–Fr 8.30–19, Sa 8.30–17.40 Uhr | Eintritt 10 € (mit Dom, Kuppel und Battistero)

8 Giardino di Boboli 👫👫

Eines der schönsten Beispiele italienischer Gartenkunst. Hinter der mächtigen und abweisend wirkenden Fassade des Palazzo Pitti laden 4,5 ha Grün mit Alleen, diversen Blickpunkten, einem Amphitheater des 18. Jh., Skulpturen, u. a. von Giambologna, Brunnen und ein Porzellanmuseum mit den Geschirrschätzen der Medici zum Verweilen ein. Ideal für eine Mittagspause.
Piazza Pitti, 1 | Nov.–Feb. tgl. 8.15–16.30, März 8.15–17.30, April, Mai, Sept., Okt. 8.15–18.30, Juni–Aug. 8.15–19.30 Uhr | Eintritt 7 €

9 Palazzo Medici-Riccardi

Baumeister Michelozzo errichtete ab 1444 diesen Prototyp einer städtischen Renaissanceresidenz. Ein strenger und rechteckiger Fassadenblock, der ein wenig abweisend wirkt. Auf harmonische Weise werden mittelalterliche und Renaissanceelemente miteinander verbunden. Durch den eleganten Innenhof erreicht man die **Cappella dei Magi**. Die Kapelle ist das Meisterwerk Michelozzos und somit der frühen Renaissance. Die Fresken stammen von Benozzo Gozzoli (Mitte 15. Jh.) und stellen den Reiterzug der Heiligen Drei Könige dar, denen der Maler die Gesichter der Familie Medici gab.
Via Camillo Cavour, 3 | Do–Di 9–18 Uhr | Eintritt 7 €

10 Palazzo Vecchio

Bis zu ihrem Umzug in den Palazzo Pitti regierten von hier aus die Medici. Heute hat in dem streng gotischen Palast der Florentiner Bürgermeister seinen Amtssitz. Der Turm ist 94 m hoch und stolzes Zeichen städtischer Bürgermacht. Umwerfend: der **Salone dei Cinquecento**. Der 54 m lange, 23 m breite und 18 m hohe Zentralsaal ist einer der größten Europas. Zu sehen sind hier der »Genius des Sieges«, eine Skulpturengruppe Michelangelos, und Wandmalereien Vasaris.
Piazza della Signoria | tgl. 9–19 Uhr | Eintritt 10 €

11 Piazzale Michelangelo

Der wahrscheinlich schönste Aussichtspunkt auf Florenz! Für Fotofreunde: Das beste Licht ist frühmorgens oder kurz vor Sonnenuntergang.

12 Ponte Vecchio

Diese 1345 errichtete Brücke dient nicht nur als Verbindungsglied zwischen den Flussufern des Arno, sondern auch als Zentrum des Florentiner Schmuckhandels. Nicht nur Kitschläden, sondern auch Traditionsgeschäfte haben hier ihren Sitz.

⑬ Santa Croce

In dieser Franziskanerkirche malte Giotto die Cappella Peruzzi und die Cappella Bardi aus. Sehenswert: das benachbarte **Museo dell'Opera di Santa Croce**. Die darin enthaltene Pazzi-Kapelle aus dem frühen 15. Jh. gilt als ein Meisterwerk Brunelleschis.

Piazza Santa Croce, 16 | Mo–Sa 9.30–17, So, feiertags 14–17, So 12–17 Uhr | Eintritt 6 €

⑭ San Lorenzo

1460 entwarf Filippo Brunelleschi diese klassische Renaissancekirche. Beachtenswert: Donatellos Bronzekanzeln (Mitte 15. Jh.) sowie die Cappelle Medicee, in denen Medici-Fürsten ihre letzte Ruhe fanden. Während die Cappella dei Principi durch ihren üppigen mehrfarbigen Marmorschmuck und ihre Grandiosität fasziniert, zeigt die Sagrestia Nuovo, ein Prototyp der manieristischen Architektur, Grabmäler von Michelangelo. Eines stellt Lorenzo, Herzog von Urbini, sitzend und nachdenklich zu seiner Rechten schauend dar, flankiert von einer nackten Frauenfigur (Aurora) und einem ebenso unbekleideten Mann (Dämmerung).

Piazza di San Lorenzo, 9 | tgl. 10–17 Uhr | Eintritt 3,50 €

– Cappelle Medicee | Piazza Madonna degli Aldobrandini, 6 | tgl. 8.15–13.15 Uhr | Eintritt 6 €

⑮ San Miniato al Monte

Zusammen mit dem Baptisterium am Dom ist diese Kirche ein Hauptwerk der romanischen Baukunst in Florenz. Errichtet zwischen 1018 und 1207, mit

Früher oder später wird jeder auf die Piazza della Signoria (▶ S. 64) mit dem Reiterstandbild von Cosimo I. de' Medici stoßen. Hier schlug jahrhundertelang das politische Herz der Stadt.

einer eindrucksvollen Fassade aus weißem und grünem Marmor. Im Innern sind ein reicher marmorner Intarsienfußboden sowie Fresken von Taddeo Gaddi aus dem Jahr 1341 zu bestaunen.
Viale delle Porte Sante, 34 | tgl. 8–13, 15.30–19 Uhr | Eintritt frei

16 Santa Maria Novella

Die mittelalterliche Kirche erhielt ihre elegante Renaissancefassade von Alberti (Mitte 15. Jh.). Grandios sind die Fresken in der Cappella Strozzi von Filippo Lippi. Domenico Ghirlandaio malte die Apsis aus. Unbedingt sehenswert: Im Klosterhof **Chiostro Verde** hinterließ Paolo Uccello das eindrucksvolle Wandbild »Sintflut«.
Piazza di Santa Maria Novella | Mo–Fr, 9–17.30, Sa 9–17, So 12–17 (Juli–Sept.), 13–17 Uhr (Okt.–Juni) | Eintritt 5 €

MUSEEN

17 Corridoio Vasariano

Einer der faszinierendsten Orte in Florenz. Oberhalb der überdachten Brücke Ponte Vecchio (▶ S. 68) ließ Architekt Vasari 1565 diesen Korridor anlegen, der über den Saal 25 der Uffizien zu erreichen ist. Der Gang führt bis zum Palazzo Pitti und beherbergt eine der wichtigsten Porträtsammlungen Europas, mit Meisterwerken von Andrea del

Sarto, Bernini, Annibale Carracci, Rubens, Rembrandt, Van Dyck u. a.
Derzeit wegen Renovierung geschl., Anfragen an firenzemusei@operalaboratori. com und info@polomuseale.firenze.it

18 Galleria dell'Accademia

In diesem Museum gibt es nicht nur den wohl am meisten fotografierten Nackedei der europäischen Kunstgeschichte zu bestaunen: Michelangelos David, 1501 bis 1506 entstanden. Hier befindet sich das Original, auf der Piazza della Signora steht eine wetterfeste Kopie. Das Akademiemuseum bietet auch eine fantastische Gemäldesammlung mit Meistern der Renaissance. Sehenswert sind ebenfalls die sogenannten byzantinischen Säle mit Florentiner Malerei des 11. bis 13. Jh.
Via Ricasoli, 58–60 | Di–So 8.15–18.50 Uhr | Eintritt 6,50 €

19 Galleria degli Uffizi

Das wahrscheinlich schönste Verwaltungsgebäude der Welt! Im Jahr 1560 von Giorgio Vasari als zentrale Administration der Großherzöge der Toskana entworfen. Heute dient das Bauwerk der Spätrenaissance als Pinakothek. Eine zeitlich und stilistisch geordnete Sammlung, die zu einem Teil in prächtigen historischen Sälen gezeigt wird. Der Besucher taucht mit Cimabue, Piero Lorenzetti, Giotto und Duccio in die Kunst der frühen Renaissance ein und sieht, wie sich diese Künstler langsam, aber sicher von der steifen Bilderwelt mittelalterlicher Traditionen befreiten. Die Klassiker der frühen Renaissance sind ab Saal 7 zu sehen. In Saal 10 drängelt man sich vor Sandro Botticellis »Geburt der Venus«, es sei denn, man

Der beste Platz zum Schauen

Setzen Sie sich auf der Piazza della Signoria einfach auf eine der Steinbänke bei der Loggia dei Lanzi und genießen Sie das bunte Treiben auf dem Florentiner Hauptplatz (▶ S. 12).

Die auf Schildkröten gestützten Marmorobelisken auf der Piazza di Santa Maria Novella mit der gleichnamigen Kirche (▶ S. 70) sind Arbeiten von Giambologna.

gehört zu den allerersten Morgenbesuchern des Museums. Die Uffizien repräsentieren den raffinierten Geschmack der Familie Medici, die nicht nur italienische Meister der Renaissance, des Manierismus und des Barock, sondern auch Dürer, Holbein, Rubens, Rembrandt und andere Maler aus den Ländern nördlich der Alpen sammelten. Vom Kunst-Tsunami kann man sich schließlich auf der Loggia dei Lanzi im Café der Uffizien erholen.

🕐 Buchen Sie eine Besichtigung ganz früh am Morgen – nur so können Sie sicher sein, die Säle halbwegs allein zu durchstreifen.

Piazzale degli Uffizi, 6 | www.uffizi. firenze.it | Di–So 8.15–18.50 Uhr | Eintritt 6,50 €

20 Museo di Casa Martelli

Die Familie Martelli vermachte der Stadt einen ganzen Palazzo, mit Möbeln, Gemälden und Einrichtungsgegenständen. Ein Blick hinter die Kulissen in Räume, die originalgetreu im Stil des Barock und des Neoklassizismus eingerichtet sind.

Via Zannetti, 8 | nur Do nachmittags und Sa vormittags nach Reservierung: Tel. 05529 48 83 | Eintritt frei

21 Museo Ferragamo

Schuhmacher Ferragamo stammt zwar aus Neapel und machte als Emigrant in den USA, vor allem in Hollywood, Karriere, aber sein Name ist eng mit Florenz verbunden, wo er sich im Jahr 1927 niederließ. Über einer Ferragamo-Boutique im Palazzo Spini-Feroni zeigt das Museum Schuhklassiker für Schuhfetischisten, darunter das Paar für Elizabeth Taylor als Kleopatra im gleichnamigen Film von DeMille.

Piazza Santa Trinità 5 r | tgl. 10–19.30 Uhr | Eintritt 6 €

㉒ Museo Horne

Ende des 19. Jh. erwarb der reiche englische Architekt Herbert Percy Horne den **Palazzo Corsi Alberto** aus dem 15. Jh. und restaurierte ihn komplett. In dem originalgetreu wiederhergestellten Palast brachte Horne seine immense Privatsammlung von Renaissancekunst unter. Nach seinem Tod vermachte er alles dem Staat. Die Kollektion umfasst Werke von Massaccio, Filippino Lippi, Giambologna u. a.

Via dè Benci, 6 | Mo–Sa 9–13 Uhr | Eintritt 6 €

㉓ Museo Nazionale del Bargello

Ein Tempel schöner Körper: Meisterwerke Florentiner Bildhauerei des 15. bis 18. Jh. werden in diesem mittelalterlichen Bauwerk aus dem 13. Jh. gezeigt, darunter Arbeiten von Michelangelo, Donatello, Giambologna und Cellini. Die weltweit einmalige Sammlung stellt die Evolution der Bildhauerkunst von Renaissance bis zum Barock anhand unschätzbarer Meisterwerke dar. Beachtenswert ist auch die Zusammenstellung von Glasterrakotten von Giovanni und Andrea Della Robbia.

Via del Proconcolo, 4 | tgl. 8.15–17 Uhr, 1., 3. und 5. So sowie 2. und 4. Mo im Monat geschl. | Eintritt 4 €

㉔ Museo di Palazzo Davanzati

Bevor die Medici zu Fürsten wurden, regierten im 14. Jh. reiche Bürger die Stadt Florenz. Darunter auch die Davizzi, die als Wolltuchhändler zu Wohlstand gekommen waren. Dieser Museumspalast bieten einen interessanten Einblick in das Innenleben eines Wohnhauses aus der Blütezeit der Stadt.

Via Porta Rossa, 13 | tgl. 8.15–13.50 Uhr | Eintritt 2 €

Der monumentale Renaissancebau des Palazzo Pitti (▶ S. 73) beherbergt heute u. a. die Galleria Palatina mit wertvollen Exponaten aus der Gemäldesammlung der Medici.

㉕ Museo di San Marco

Fra Angelico wurde schon kurz nach seinem Tod 1455 »Beato«, Seliger, genannt. Doch der Mönch und Maler wurde ganz offiziell erst 1982 von Papst Johannes Paul II. selig gesprochen. In diesem Mitte des 15. Jh. von Michelozzo ausgebauten Dominikanerkloster bekommt man einen hervorragenden Einblick in das Schaffen dieses Renaissancemalers, der verschiedene Räumlichkeiten ausmalte. Mit Fresken, die ihn als einen der wichtigsten Meister seiner Zeit in Sachen Perspektive und der individuellen Darstellung des Menschen vorstellen.

Piazza San Marco, 3 | Mo–Fr 8.15–13.50, Sa, So 8.15–16.50 Uhr | Eintritt 4 €

Museo Stibbert ▸ Klappe hinten, nördl. d 1

Frederick Stibbert (1838–1906) war einer jener zahlreichen kunstsinnigen und wohlhabenden Briten, die sich um die Wende vom 19. zum 20. Jh. als Sammler in Florenz niederließen. Die von ihm zusammengetragene Kollektion alter Waffen aus verschiedenen Jahrhunderten und Kulturkreisen, z. B. Stoffe, Möbel, Porzellan etc., untergebracht in einer prächtigen Villa auf dem Hügel Colle di Montughi am Stadtrand, ist ein Leckerbissen für Freunde vielseitiger Ausstellungen.

Via F. Stibbert, 26 | Mo–Mi 10–14, Fr–So 10–18 Uhr | Eintritt 8 €

㉖ Museo della Storia della Scienza 👫

Unbegreiflicherweise nur selten besucht und doch eines der interessantesten Florentiner Museen. Zwei Säle sind Galileo Galilei gewidmet. Ausgestellt werden wissenschaftliche Originalinstrumente dieses wissenschaftlichen Genies. Spannend ist auch die Sammlung alter Prismen, optischer Geräte und Sternensysteme mit der Erde als Zentrum des Universums. Die zahlreichen wissenschaftlichen Raritäten aus Renaissance und Barock werden vielfach interaktiv und multimedial erklärt.

Piazza dè Giudici, 1 | Mi–Mo 9.30–18, Di 9.30–13 Uhr | Eintritt 9 €

㉗ Palazzo Pitti

Wahrscheinlich entwarf Brunelleschi diese städtische Palastanlage mit ihrer abweisenden Fassade um 1458. Seit 1649 residierten hier die Medici als Großherzöge der Toskana. In den zum Teil prachtvoll gestalteten und ausgeschmückten Sälen sind insgesamt fünf Museen untergebracht: die Galleria Palatina, die Galerie für moderne Kunst, das Silber-, das Kutschen- und das Kleidermuseum sowie die Schenkung Contini Bonacossi. Für den Florenzbesucher sind vor allem zwei Museen von Interesse. Die **Galleria Palatina** zeigt in den von Pietro da Cortona herrlich ausgemalten Sälen Meisterwerke der Malerei aus dem 16. und 17. Jh. – von Tizian, Salvator Rosa, Tintoretto, Rubens, Murillo, Raffael und anderen Malerfürsten. Die Bilder hängen, so wie es für eine fürstliche Galerie üblich war, dicht neben- und übereinander. Das **Silbermuseum** stellt eine der weltweit reichsten Sammlungen barocker Silberkunst aus. Beachtenswert sind auch die aktuellen Kunstausstellungen.

Piazza Pitti, 1
– Galleria Palatina | Di–So 8.15–18.50 Uhr | Eintritt 8,50 €
– Museo degli Argenti | Di–So 8.15–16.30 Uhr | Eintritt 7 €

ÜBERNACHTEN

Antica Dimora Johlea
▶ Klappe hinten, nördl. d 1

Gepflegte Stadtunterkunft – Himmelbetten und alte Möbel, komfortable Zimmer, elegante Gemütlichkeit und eine Dachterrasse mit umwerfendem Blick auf Kuppeln und Dächer. Dieses B & B gilt als eines der besten der Stadt, bei einem ausgezeichneten Preis-Leistungs-Verhältnis. Rund fünf Minuten Fußweg vom Dom entfernt gelegen. Das Frühstücksbüfett ist inklusive.
Via San Gallo, 80 | Tel. 05 54 63 32 92 | www.johanna.it | 6 Zimmer | €/€€

28 Four Seasons Hotel ▶ S. 24

29 Galery Art Hotel
Trendy im Turm – Mitten im Zentrum erhebt sich das Designhotel der Familie Ferravamo. Sehr stylish, minimalistisch und elegant. Mit einem alten Turm, auf dessen Dach eine Suite mit Panoramaterrasse zur Verfügung steht. Der Blick auf den Dom und die Kuppel ist umwerfend! Eine der für Stilfans besten Adressen der Stadt. Luxuskomfort.
Vicolo dell'Oro, 5 | Tel. 05 52 72 63 | www.lungarnocollection.com | 72 Zimmer | €€€/€€€€

30 Hotel Mona Lisa
Sehr stilvoll – Wohnen in einem städtischen Renaissancepalast. Mit kleinem Park mit geometrisch angelegtem Garten all'italiano. Die zum Teil mit antiquarischen Möbeln und Kunstwerken eingerichteten Räume sind groß, luxuriös und komfortabel. Besonders zu empfehlen: die Zimmer mit Blick in den Garten. Sehr schön ist die Hotelbar in einem alten Beichtstuhl aus dem 16. Jh.
Borgo Pinti, 27 | Tel. 05 52 47 97 51 | www.monalisa.it | 45 Zimmer | €€€

Riva Lofts Florence ▶ S. 24

31 Le tre stanze ▶ S. 25

Villa Salviatino 🚩 D 3
Wohnen wie ein Medici-Fürst – In dieser Villa aus dem 16. Jh. ist das möglich. In den Hügeln bei Florenz gelegen und mit traumhaftem Blick auf die Altstadt, ein Luxushotel, das keine Wünsche offen lässt. Herrlicher Park mit Pool, alle Zimmer sind individuell gestaltet.
Via del Salviatino, 21 | Tel. 05 59 04 11 11 | www.salviatino.com | 18 Zimmer | €€€€

ESSEN UND TRINKEN
RESTAURANTS

32 Il Cibreo ▶ S. 33

33 Enoteca Pinchiorri
Der Feinschmeckertempel – Ohne Jackett und Krawatte sollte man hier nicht auftauchen. Bei Annie Feolde und Giorgio Pinchiorri geht es sehr elegant zu. Ihr Restaurant gilt als das beste von Florenz und als eines der ausgezeichnetsten in ganz Italien. Geboten wird kreative Küche, die auf toskanischen Traditionen basiert. Schon bei den »amuse bouche« läuft einem das Wasser im Munde zusammen. Fantastischer Weinkeller!
Via Ghibellina, 87 | Tel. 05 52 42 777 | www.enotecapinchiorri.com | So–Mi nur abends | €€€€

34 Nerbone
Für zwischendurch – Ein schnelles und vor allem schmackhaftes Mittagessen zwischen den Besichtigungster-

minen? Eccolo! Serviert werden Mammas Spezialitäten: einfach, lecker und preiswert. Ein fantastisches Preis-Leistungs-Verhältnis. Auf den Tisch kommen nur regionale Leckereien.

Mercato Generale | Piazza del Mercato Generale | Tel. 0 55 21 99 49 | So geschl., nur mittags | €

㉟ Pane e Vino

Klassisch italienisch – Bei Gilberto und Ubaldo landen Leckereien aus ganz Italien auf den Tellern. Zart auf der Zunge zergehen die frischen Burrata-Käse, die man hier unbedingt probieren sollte. Lecker sind auch die Salate und Nudelgerichte. Gute Weinkarte.

Piazza del Cestello, 3 | Tel. 0 55 24 76 9 56 | www.ristorantepaneevino.it | nur abends | €€

㊱ Il Pelagio ▶ S. 33

㊲ Al Tranvai

Mammas Küche – Am volkstümlichen Tasso-Platz geht es einfach und sehr lecker zu. Zu probieren gibt es Gerichte wie bei einer Florentiner Mamma daheim. Wie etwa die frittierte Polenta mit Speck, die echte »ribollita«-Suppe mit Bohnen und Kohl, mit Parmesan im Ofen überbacken und mit Brot serviert. Oder das schmackhafte »peposo«: ein würziges Schmorgericht aus Kalbs- und Schweinefüßen, Rindfleisch, Chili und viel Gemüse.

Piazza Tasso, 14 r | Tel. 0 55 22 51 97 | So und Mo mittags geschl. | €/€€

㊳ Tripperia il Magazzino

Eine echte Florentiner Spezialität! – »trippa« heißt im Italienischen Darm, eine echte Spezialität am Arno. Hier

Wollen Sie's wagen?

Obwohl sonst kunst- und feinsinnige Menschen – echte Florentiner lieben deftige »trippe«. Das sind Kutteln, die, perfekt gesäubert, gekocht und in kurze Streifen geschnitten, die lokale Spezialität sind. Mit frischen Tomaten oder auch Wildschweinsoße und dazu einem Glas rotem Landwein sind sie ein Hochgenuss. Überwinden Sie Ihre Scheu und probieren Sie sie einmal! Die »trippe« schmecken zart und »duften« nicht, na ja, Sie wissen schon … Verschiedene Florentiner Trattorien, dort, wo es noch garantiert traditionell zugeht, servieren diese Spezialität. Der Mut zahlt sich aus: Die »trippe« sind herzhaft lecker!

kann man sie probieren. Zum Beispiel mit einer herzhaften Soße aus frischen Tomaten, mit Basilikum und Pfeffer.

Piazza della Passera, 2/3 | Tel. 0 55 21 59 69 | €

WEINBARS

㊴ Fuoriporta

Man trifft sich beim Vinai – »Vinai«, das waren und sind Weinlokale, wo auch Essen serviert wird. Traditionelle Treffpunkte für Jung und Alt und ohne den Design-Schnickschnack moderner Weinbars. Dieses Lokal im schönen Viertel San Niccolò verfügt über 600 verschiedene Sorten. Zum Wein gibt es leckere Wurst- und Käseplatten sowie warme Gerichte, etwa die Pastete aus Scamorza-Käse mit Speck.

Via del Monte alle Croci, 10 r | Tel. 0 55 2 34 24 83 | €/€€

Das traditionsreiche Caffè Rivoire (▶ S. 78) mit seiner Terrasse an der Piazza della Signoria wurde bereits 1872 eröffnet – die heiße Schokolade schmeckt nach wie vor vorzüglich.

Piazza del Vino 🚩

▶ Klappe hinten, westl. f 2

In einem großen Loft – Weinbar mit Osteria und eine der hippsten Adressen in Florenz. Die meisten hochklassigen Weine der Toskana können auch glasweise probiert werden. Spezialitäten aus ganz Italien, leckere Vorspeisen.

Via della Torretta, 18 r | Tel. 055 671404 | http://piazzadelvino.weebly.com | €

40 Ristorante dei Frescobaldi

Enoteca mit eigenen Weinen – Die Tropfen aller Weine dieses berühmten italienischen Winzers aus der Toskana können hier glasweise verkostet werden. Sympathische Atmosphäre. Dazu gibt es kleine Häppchen und »primi«, erste Gänge, wie gefüllte Nudeln mit Ricotta-Käse und Birnen oder Stockfischfilets mit Kohlcreme.

Via de Magazzini 2–4 r | Tel. 055 28 4724 | www.deifrescobaldi.it | So und Mo mittags geschl. | €/€€

41 Se · Sto 🚩

Top-Panorama – Zwei Terrassen, drinnen und draußen, mit einer wirklich umwerfenden Aussicht auf Paläste und Kirchen. Lunch für nur 28 €, abends wird es etwas kostspieliger. Weinkeller mit mehr als 300 verschiedenen Flaschen. Auf den Tisch kommt internationale Mittelmeerküche vom Feinsten.

Piazza Ognissanti, 3 | Tel. 05527151 | www.sestoonarno.com | €/€€€

42 Zanobini

Weinparadies – Diese Weinbar existiert seit 1944. Die Eigentümer sind seit Generationen Weinhändler. Ideal für einen schnellen, aber leckeren Imbiss mit regionalem Aufschnitt, Käse, Gemüsesuppen und Nudelgerichten. Im Keller des Zanobini warten mehr als 2500 (!) verschiedene Etiketten.

Via Sant'Antonio, 47 r | Tel. 055239 6850 | So geschl. | €

CAFFÈ, GELATERIE UND PASTICCERIE

43 Caffè Giocosa Roberto Cavalli 🚩

Haute Couture in Schokolade – Der Stardesigner liebt »la cioccolata«, und so war es nur selbstverständlich, sich einen eigenen Laden zu kreieren. Im Giocosa kann man seinen Kaffee trinken und dazu feinste Schokolade verkosten. Ideal für ein stilsicheres Päuschen. Neben »dolci« gibt es auch »salati«.

Via della Spada, 10 r | Tel. 0552776328 | www.caffegiocosa.it | So geschl.

44 Cioccolateria Vestri

Die reine Hölle für Diätfanatiker! – Seit 1960 wird hier Konfektgeschichte geschrieben. Feinste Schokoladen-, Konfekt- und Speiseeiskompositionen.

Borgo degli Albizi, 11 r | Tel. 0552340374 | www.vestri.it | So und Aug. geschl.

45 Giubbe Rosse

Traditionskaffeehaus – Hier gehen seit Ende des 19. Jh. Schriftsteller und Journalisten ein und aus. Noch heute eine der wichtigsten Florentiner Adressen der intellektuellen Schickeria. Schönes Café mit ausgezeichnetem Cappuccino. Hier wurde 1909 mit einem Manifest offiziell die kulturpolitische Bewegung des Futurismus geboren.

Piazza della Repubblica, 13–14 r | Tel. 05521 22 80 | www.giubberosse.it | Mo geschl.

46 Grom

Fantastisch gutes Eis – Die Florentiner Niederlassung der bewährten Eisdiele aus Mailand. Nur natürliche Zutaten, keine Farb- oder Konservierungsstoffe und viele Geschmackssorten, die einen gern in der Warteschlange vor der Kasse ausharren lassen.

Via del Campanile, 2 | Tel. 0552161 58 | www.grom.it

47 Gucci Museo 🚩

Angesagter Treffpunkt – Lichtdurchflutetes Lokal mit Kaffeebar, das zum schicken Gucci-Museum gehört. Wer »international food« erwartet, wird enttäuscht: gekocht werden wunderbare toskanische Spezialitäten, vor allem aus der Maremma. Mitten im Zentrum!

Piazza della Signoria, 10 | Tel. 0557592 3827 | www.guccimuseo.com

48 Procacci

Original aus den 1920er-Jahren – Eine Florentiner Institution, in der leckere »panini«, also belegte Brötchen, zubereitet werden. Besonders zu empfehlen: die Brötchen mit Trüffel. Ideal für eine stilvolle Siesta. Gute Wein- und toskanische Delikatessenauswahl.

Via Tornabuoni, 64 r | Tel. 0552116 56 | www.procacci1885.it | So geschl.

49 Rivoire

Teuer, aber in einmaliger Position – Direkt an der Piazza della Signoria! Ein Café aus dem späten 19. Jh., wo sich bereits Generationen von Florentinern mit Kaffee und Schokolade versorgten. Ausgezeichnete Kuchen und Gebäckteilchen. Umwerfend: der Profiterole und der Cappuccino!

Piazza della Signoria, 4 r | Tel. 0 55 21 44 12 | www.rivoire.it | Mo geschl.

50 La Terrazza/La Rinascente 🚩

Mit Panoramablick – Café auf dem Dach des Luxuskaufhauses La Rinascente mitten in der Stadt. Man genießt eine traumhafte Aussicht auf den Dom und die Kuppel.

🕐 Besonders schön zum Sonnenuntergang! Wahrscheinlich gibt es keinen besseren Ort, um einen Tag in Florenz ausklingen zu lassen …

Piazza della Repubblica, 1 | Tel. 0 55 28 36 12

51 La via del tè

Teeladen plus Café – Er gilt vielen als der beste Italiens. Serviert werden über 100 Teesorten und -mischungen aus aller Welt. Darunter auch einige, die Preise wie ganze Mittagessen haben. Alles, was man verkosten kann, ist auch käuflich zu erwerben. Mittags gibt es einige wenige Speisen.

Piazza Ghiberti, 22/23 t | Tel. 0 55 21 27 97 | www.laviadel.te.it | So, Mo geschl.

BARS

52 Picteau Lounge 🚩

Tolle Aussicht auf der Hotelterrasse – Vielleicht die schönste, kleinste und intimste Bar von Florenz. Nur 14 Plätze bietet die Terrasse des schicken Hotels

Lungarno, mit einem tollen Panoramablick auf den Arno und den Ponte Vecchio. Nachmittags können Schokospezialitäten von Slitti und Gobino probiert werden, ab dem frühen Abend gilt die Happy Hour. Vor dem Zubettgehen werden die Tees der berühmten Officina Profumo Farmaceutica di Santa Maria Novella (▶ S. 40) serviert.

Borgo San Jacopo, 14 | Tel. 0 55 27 26 49 96 | www.lungarnocollection.com

53 Spazio K

Direkt am Arno – Das Open-Air-Lokal befindet sich direkt am Flussufer. Mondän-romantische Atmosphäre.

Lungarno Cristoforo Colombo | mobil 33 94 74 73 45

EINKAUFEN

BÜCHER

54 Alinari

Der Buchladen zum gleichnamigen Fotomuseum dieses Unternehmens, das seit dem späten 19. Jh. existiert. Viele historische Fotobücher.

Largo Fratelli Alinari, 15 | Tel. 05 52 39 51 | www.alinari.it

55 Babele

Alle kostbaren Publikationen des Liebhaberverlags Franco Maria Ricci. Große Auswahl an Kunstbüchern.

Via delle Belle Donne, 41 r | Tel. 0 55 28 33 12 | www.babelefirenze.com

DELIKATESSEN

56 La Bottega dell'Olio

Alles aus Olivenöl – aus der Toskana natürlich: Öle, klar, aber auch Seifen und eingelegtes Gemüse …

Piazza del Limbo, 4 r | Tel. 05 52 67 04 68 | www.labottegadellaoliofirenze.it

57 I sapori del Chianti

Weine, Speiseöle, Würste, Marmeladen etc. Hier trifft man auf eine ausgezeichnete Auswahl toskanischer Spezialitäten aus dem Chianti.

Via dei Servi, 10 r | Tel. 0 55 23 82 0 71

GESCHENKE

58 Ducci

Seit der Renaissance werden in der Toskana Marmor und Holz kunsthandwerklich verarbeitet. In diesem Laden lebt die Tradition fort. Kurios: das fast echt aussehende Obst aus Stein.

Lungarno Corsini, 24 r | Tel. 0 55 21 45 50 | www.duccishop.com

59 Millesimi

Die größte Weinhandlung in Florenz. Kenner finden hier nahezu alle Weine der Region! Verkostungen finden in der hauseigenen Enoteca statt.

Borgo Tegolaio, 33 r | Tel. 0 55 26 54 1 82

60 Officina Profumo-Farmaceutica di Santa Maria Novella ▶ S. 40

61 Pegna

Käse, Bonbons, Kuchen, Tees etc. Seit 1860 existiert dieses Lebensmittel- und Delikatessengeschäft, bei dem die Florentiner immer dann einkaufen, wenn besondere Gelegenheiten anstehen.

Via dello Studio, 8 | Tel. 0 55 28 27 01 | www.pegnafirenze.com

KUNSTHANDWERK

62 La Botteghina del Ceramista

Herrliche handgeformte und -bemalte Keramikobjekte. Auch Kopien kostbarer Kunstwerke der Renaissance.

Via Guelfa, 5 | Tel. 0 55 28 73 67 | www.labotteghinadelceramista.it

63 Il Papiro

Marmoriertes Papier, von Hand gefertigt und gefärbt, ist ein Klassiker. Hier gibt es davon eine reiche Auswahl.

Piazza del Duomo, 24 r | Tel. 0 55 28 16 28 | www.ilpapirofirenze.it

64 Sbigoli Terrecotte

Tonwaren haben in der Toskana eine lange Tradition. Besonders schöne Keramiken lassen sich in diesem Geschäft finden. Viel klassischer Dekor.

Via San Egidio, 4 r | Tel. 0 55 24 79 7 13 | www.sbigoliterrecotte.it

LEDERWAREN

65 Il Bisonte

Handtaschen für sie und ihn, von Hand gefertigt und sehr langlebig. Ganz auf Taschen aller Art spezialisiert.

Via del Parione, 31 r | Tel. 0 55 21 57 22 | www.ilbisonte.com

66 Ferragamo

Das Nonplusultra in Sachen eleganter Schuhmode für Frauen. Im Flagshipstore im Palazzo Spini Ferroni finden sich auch Schuhe für Männer und andere Lederwaren.

Via Tornabuoni, 4–14 r | Tel. 0 55 29 21 23 | www.salvatoreferragamo.com

67 Madova

Das Lederhandschuh-Mekka von Florenz für jeden Geschmack.

Via Dè Guicciardini, 1 | Tel. 0 55 23 9 65 26 | www.madova.it

MÄRKTE

68 Fierucola

Biolebensmittel aus der Toskana an der Piazza Santo Spirito! Dieser Markt findet am dritten Sonntag im Monat statt.

69 Mercato del Antiquariato

Am zweiten Sonntag im Monat wird auf der Piazza Santo Spirito ein gut sortierter Antiquitätenmarkt abgehalten.

70 Mercato delle Pulci

Auf der Piazza dei Ciompi. Vielleicht der beste Trödelmarkt in Florenz.
Mo–Sa

71 Mercato San Lorenzo

Bei der gleichnamigen Kirche: Leder- und Modewaren, teilweise zu erstaunlich niedrigen Preisen.
Mo–Sa

PARFÜM
60 Officina Profumo-Farmaceutica di Santa Maria Novella ▶ S. 40

72 Profumeria Inglese

Als in der ersten Hälfte des 19. Jh. reihenweise italienbegeisterte Briten in die Toskana kamen, ließ sich der britische Apotheker Henry Roberts in Florenz nieder. Sein Geschäft, das die besten Düfte Englands und des Kontinents vertrieb, wurde gleich zum guten Salon der englisch-italienischen Society. Man kam nach Florenz und kaufte bei »Mister Henry« ein. Immer noch interessant: das reiche Angebot erlesener und selten zu findender Parfüms.
Via Tornabuoni, 97r | Tel. 055 28 97 48 | www.profumeriainglese.it

SCHMUCK
73 Alisi

Die Schmuckdesignerin Susanna Alisi verbindet klassische Formen der Renaissance mit modernem Design und hält eine große Auswahl an Manschettenknöpfen bereit.

Via Porta Rossa, 60r | Tel. 055 21 82 31 | www.alisigioelli.com

74 Parenti

Ringe aus Baccarat, Jugendstilohrringe und -armbänder und Tiffany-Schmuck aus den Fifties. Hier gibt es Schmuck-Oldtimer vom Feinsten.
Via dè Tornabuoni, 93 | Tel. 055 21 44 38 | www.parentifirenze.it

75 Ponte Vecchio

Von wegen Nippes! Die alte Brücke beherbergt seit Jahrhunderten Juweliere und Schmuckläden der A-Klasse. In den Auslagen der dicht aneinander gedrängten Shops liegen beeindruckende Stücke, aber es finden sich auch erschwingliche Ringe und Manschettenknöpfe.

WEIN
76 Alessi ▶ S. 41

KULTUR UND UNTERHALTUNG
CLUBS
Il Manduca ▶ Klappe hinten, nördl. d 1
Miami-Flair mit Palmen und Pool am Stadtrand von Florenz. Die In-Disco ist nur in den Sommermonaten geöffnet. Zwei Levels: unten Bar und Tanzfläche mit internationalen DJs, oben ein Restaurant mit kreativer italienischer Küche. Ein Lokal für Florenzbesucher, die die Nacht zum Tag machen wollen.
Via San Biagio a Petrioli, 2a | Tel. 05534 0119 | wwww.ilmanduca.com

Teenax ▶ Klappe hinten, nordöstl. a 1
Livekonzerte, angesagte DJs, Zusammenarbeit mit den besten Londoner Clubs: die heißeste Adresse der Stadt.
Via Pratese, 46 | mobil 335 523 59 22 | www.tenax.org

Ein wahres Kleinod: Schon beim Betreten der historischen Apotheke Officina Profumo-Farmaceutiva di Santa Maria Novella (▶ S. 40) wird man betört von den Kräuterdüften der Toskana.

SERVICE

AUSKUNFT

Firenzeturismo/Zentrales Tourismusbüro
Via Manzoni, 16 | Tel. 0 55 29 08 32/-3 | www.firenzeturismo.it

Comune di Firenze
Piazza Stazione, 4 a | Tel. 0 55 21 22 45, 05 52 72 82 08 | Mo–Sa 8.30–19, So, feiertags 8.30–14 Uhr

ANKUNFT/ABFAHRT

Bahnhof
Fahrkartenbuchung: www.trenitalia.it (auch in Englisch) | Auskunft: Tel. 1 99 89 20 21

FAHRRADVERLEIH

Alinari rental
Fahrräder und Mopeds.
Via San Zanobi, 38 r | Tel. 0 55 28 05 00 | www.alinarirental.com

Florence by bike
Via San Zanobi, 54 r | Tel. 0 55 48 89 92 | www.florencebybike.it

Florent
Elektrische Fahrräder.
Mobil 39 35 51 86 56, 33 38 23 89 95

FIRENZE CARD
Sie umfasst 60 Museen, Kirchen und andere kostenpflichtige Sehenswürdigkeiten sowie die kostenlose Benutzung aller öffentlichen Verkehrsmittel.
3 Tage (72 Std.): 72 €

Ziele in der Umgebung

◎ BADIA A COLTIBUONO   🔖 D 4
Unbestritten einer der stimmungsvollsten Orte der Toskana. Postkartenidylle pur! Und doch: Alles ist echt. Im 8. Jh. wurde die fast 700 m hoch gelegene Abtei zum ersten Mal urkundlich erwähnt. Um das Jahr 1000 soll hier der erste

Chianti angebaut worden sein. Die noch heute zu besichtigende Kirche stammt aus dem 11. Jh., als das Kloster Eigentum des Ordens der Vallombrosianer wurde. Neben ausgezeichnetem Wein und Olivenöl erwarten den Gast ein B & B vom Feinsten in komfortablen und atmosphärisch ausgestatteten ehemaligen Klosterzellen und Ferienwohnungen, ein Pool im klassisch italienischen Garten, reizvolle Wanderwege und Kochkurse – und Florenz ist mit dem Wagen schnell zu erreichen.

Gaiole in Chianti | Località Badia a Coltibuono | Tel. 0577744 81 | www.colti buono.com | Direktverkauf 9–19 Uhr, Mo geschl. | €€/€€€
66 km südl. von Florenz

ESSEN UND TRINKEN

Osteria Il Papavero 🚩

Ein gastronomischer Geheimtipp – Diese rustikale Trattoria, die liebevoll von einem italienisch-schweizerischen Paar restauriert wurde, befindet sich mitten im kleinen malerischen Dorf Barbischio, nicht weit von Gaiole in Chianti. Es gibt handgemachte Nudeln und Gerichte nach alten Rezepten der Bauern, die in der Umgebung lebten.

Gaiole in Chianti | Località Barbischio, 15 | Tel. 0577749063 | www.osteriail papavero.it | €

◉ **FIESOLE** 🏖 D 3
15 000 Einwohner

Etruskisch, römisch, und der Maler Beato Angelico war hier Dominikanerabt. Unter den Medici wurde der Ort zur begehrten Sommerfrische. Zu besichtigen gibt es den **Dom**, ein Werk der Romanik, mit der von dem Renaissancemaler Cosimo Rosselli im späten 15. Jh. ausgemalten Cappella Salutati und schönen Statuen seines Zeitgenossen Mino da Fiesole. Renaissancebau-

Die auf den Hügeln nördlich von Florenz gelegene Kleinstadt Fiesole (▶ S. 82), eine etruskische Gründung, besitzt ein gut erhaltenes römisches Theater aus dem 1. Jh. n. Chr.

meister Brunelleschi soll das Innere der Benediktinerabtei **Badia Fiesolana** entworfen haben. In der archäologischen Zone gibt es ein **römisches Theater** mit 3000 Plätzen zu sehen, das noch heute für sommerliche Veranstaltungen genutzt wird. Das **Museo Bandini** beherbergt eine kleine, aber feine Sammlung mit Renaissancegemälden. Beachtliche Werke der Renaissance finden sich auch in der stimmungsvollen Klosterkirche **San Francesco**. Abfahrt mit dem Bus Nr. 7 von der Piazza San Marco.

8 km nördl. von Florenz

SERVICE

AUSKUNFT

Ufficio Turismo

Via Portigiani, 3 | www.fiesoleforyou.it

◎ MEDICI-VILLEN

Wer es sich erlauben konnte, besaß seit der Renaissance eine Villa für die Sommerfrische im Grünen. Die Medici bewohnten als Fürsten von Florenz natürlich die schönsten Anlagen. Einen Vormittag oder Nachmittag sollte man für eine Villentour schon einplanen.

Der Einlass für alle Villen schließt ½–1 Std. früher (www.polomuseale.firenze.it)

Villa La Magia   C 3

Eine Villa mit wechselvoller Geschichte, wechselten doch häufiger ihre Besitzer. Barock gestaltete Innenräume und klassisch-italienischer Garten.

Quarrata Postoia | Via Vecchia Fiorentina I Tronco, 63 | Tel. 0 57 3 77 45 00 | www.villa magia.com | Besichtigung auf Anfrage

Villa Medicea di Castello   D 3

In der herrschaftlichen Renaissancevilla, ausgemalt von Volterrano im 17. Jh.,

ist heute die Sprachakademie Accademia della Crusca untergebracht. Italienischer Garten mit Wasserspielen.

Florenz | Via di Castello, 47 (7 km nordwestl. vom Zentrum) | Tel. 0 55 45 26 91 | Öffnungszeiten wie Poggia a Caiano

Villa Medicea La Petraia   D 3

Um einen mittelalterlichen Turm herum wurde hier eine Renaissancevilla errichtet. Die Fresken im Innern sind von Volterrano (1648). Sehr schön sind die Repräsentationsräume. Prächtiger Garten auf drei Bodenniveaus.

Florenz | Via della Petraia, 40 (7 km nordwestl. vom Zentrum) | Tel. 0 55 45 26 91 (um Reservierung wird gebeten) | Öffnungszeiten wie Poggia a Caiano

Villa di Poggio a Caiano   C 3

Errichtet Ende des 15 Jh. nach einem Entwurf von Giuliano da Sangallo für Lorenzo il Magnifico. Sie ist die vielleicht prächtigste Sommervilla von allen. Herrliche Fresken von Andrea del Sarto, Pontormo, Allori u. a. Andrea Sansovino schuf das beeindruckende Basrelief an der Außenfassade.

Poggio a Caiano (18 km nordwestl. von Florenz) | Tel. 0 55 87 70 12 (für Reservierungen) | Nov.–Feb. 8.15–16.30, März 8.15–17.30, April, Mai, Sept. 8.15–18.30, Juni–Aug. 8.15–19.30, Okt. 8.15–18.30 Uhr, 2. und 3. Mo im Monat geschl.

◎ PRATO   C 3

180 000 Einwohner

Seit dem Mittelalter steht Prato für Textilien. Seit Jahrhunderten werden hier Stoffe wiederverwertet und neu produziert. Der Handel mit Stoffen wird heute aber zu großen Teilen von chinesischen Einwanderern organisiert.

Das Stadtzentrum wird durch Gebäude der Gotik und frühen Renaissance bestimmt. Der romanische **Dom** aus dem 12./13. Jh. gilt als einer der schönsten Mittelitaliens mit atemberaubend schönen Fresken von Filippo Lippi (15. Jh.). Im **Dommuseum** befindet sich, neben Gemälden von Lippi, Uccello, Dolci u. a. Donatellos »Tanz der Putten«, eines der schönsten Basreliefs der Renaissance. Das **Museo d'Arte contemporanea Luigi Pecci** ist eines der interessantesten der Toskana für zeitgenössische Kunst.

ESSEN UND TRINKEN

Agorà

Neue Top-Adresse – Minimalistisches Design, eine Weinbar und ein Restaurant. Es gibt einfache und schmackhafte Gerichte der lokalen Küche, tolle Risotti und Suppen (je nach Saison). Piazza del Duomo, 44 | Tel. 0574182 5949 | www.agoraenorestaurant.it | €

SERVICE

AUSKUNFT
PratoTurismo
Piazza Buonamici, 7 | Tel. 057424112 | www.pratoturismo.it

PISTOIA   C3
Stadtplan ▶ S. 85
91000 Einwohner
Natürlich eine Römergründung. Bevor Pistoia 1251 von Florenz erobert wurde, war die Handelsstadt frei und regierte sich selbst. Anschließend konnte sich Pistoia wieder selbst verwalten, doch ab 1530 gehörte die Stadt endgültig zum Herzogtum der Medici. Das historische Zentrum gilt als eines der am besten erhaltenen der Toskana.

SEHENSWERTES

❶ Battistero di San Giovanni

Grün-weißer Marmor und feinste Gotik machen dieses achteckige Bauwerk des 14. Jh., nach einem Entwurf von Andrea Pisano errichtet, zu einem architektonischen Juwel. Auch das Innere der Taufkapelle ist reich dekoriert.
Piazza del Duomo | Di, Mi, Fr 10.30–12.30, 15–17, Sa, So 10–13, 15–18 Uhr

❷ Duomo di San Zeno

Der romanische Dom mit seinem fast 70 m hohen Glockenturm ist ein Meisterwerk der mittelalterlichen romanischen Baukunst. Der gewaltige Innenraum birgt zahlreiche Schätze. Die für die Toskana ungewöhnliche Decke aus Majolika ist ein Werk von Andrea Della Robbia. Eine Seltenheit ist auch der fast ganz aus Silber gefertigte Hauptaltar (13.–15. Jh.).
Piazza del Duomo | tgl. 10.30–18 Uhr | Eintritt (für den Altar) 2 €

❸ Ospedale del Ceppo

Wahrscheinlich im 14. Jh. gegründetes Hospital. Beachtenswert ist dieses Gebäude vor allem wegen eines langen und für die italienische Kunst der Renaissance ungewöhnlichen Majolika-Frieses, das die Außenfassade der Vorhalle ziert (frühes 16. Jh.).
Piazza Giovanni XXIII

❹ Palazzo Comunale

Burgähnliches Rathaus aus dem späten 13. und frühen 14. Jh. Zum Rathaus gehört das sehenswerte **Museo Civico** mit Kunst der Gotik und Renaissance sowie Gemälden des Barock.
Piazza del Duomo, 1 | Tel. 0573371214 | tgl. 9–18 Uhr

5 Sant'Andrea

Mittelalterliche Kirche, die im romanisch-pisanischen Stil dekoriert wurde. Die Predigtkanzel aus dem späten 13. Jh. gilt als Hauptwerk von Giovanni Pisano und verdeutlicht die Nähe der mittelalterlichen Kunst der Toskana zur Ikonografie der römischen Antike.

Via Sant'Andrea, 21 | Tel. 0 57 32 19 12 | tgl. 10.30–17.30 Uhr

6 San Giovanni Fuorcivitas

Eine der schönsten mittelalterlichen Kirchen der Toskana mit einer beeindruckenden zweifarbigen Marmorfassade. Reich mit bedeutenden Kunst-

werken geschmückter Innenraum, u. a. von Giovanni Pisano, Taddeo Gaddi und Guglielmo da Pisa.

Via Francesco Crispi, 2 | Tel. 0 57 32 47 84 | tgl. 10–17 Uhr

ÜBERNACHTEN

7 B & B Canto alla Porta Vecchia

Wie im 19. Jh. – Mitten im Stadtzentrum gelegene Privatunterkunft, komplett wie die Residenz eines reichen Bürgers zum Ende des 19. Jh. eingerichtet, mit Bibliothek, Pianoforte etc. Die Bäder verfügen über allen erdenklichen Luxus. Geräumige und gemütliche Zimmer. Sehr stilvoll.

Via Curtatore e Montanara, 2 | Tel. 0 57327692, mobil 33 32 26 63 18 | 4 Zimmer | €

8 B & B Il Grifone

Minimalistisch – Im historischen Zentrum. Die Gäste wohnen auf einem Stockwerk mit drei Zimmern, jeweils mit eigenem Bad und komfortabel ausgestattet. Die drei Unterkünfte orientieren sich in ihrem Design an den drei Elementen Erde, Feuer und Wasser.
Via Curtatore e Montanara, 24 | Tel. 0573 976089, mobil 33 33 83 84 83 | www.ilgrifone.info | 3 Zimmer | €

9 B & B LO StudiO

Design in historischem Ambiente – Fresken, alte Holzdecken und modernstes Design gehen eine reizvolle Symbiose ein. Mit Dachterrasse. Ein trendiges B & B, sehr zentral gelegen.
Via Verdi, 56 | Tel. 0573 94 16 66, 39 39 04 98 28, 3 35 36 06 24 | www.lostudiobb.it | 4 Zimmer | €/€€

10 Leon Bianco

Traditionelles Familienhotel – Das älteste Hotel der Stadt, untergebracht in einem Gebäude, in dem bereits im 16. Jh. eine Herberge existierte. Die geräumigen Zimmer bieten allen wesentlichen Komfort. Freundliches und hilfsbereites Personal.
Via Panciatichi, 2 | Tel. 0 57326704 | www.hotelleonbianco.it | 30 Zimmer | €

ESSEN UND TRINKEN
RESTAURANTS
11 Baldo Vino

Für Weinfreunde – Tolles Weinangebot, natürlich vor allem aus der Toska-

na. Einfache Regionalküche, darunter auch sehr traditionelle Gerichte wie frittiertes Hirn und kräftige Suppen.
Piazza San Lorenzo, 5 | Tel. 0 573 21 59 1 | www-ristorantebaldovino.com | So, Sa mittags geschl. | €

12 La Bottegaia

Klassische Trattoria – Kaninchenfilet mit Gemüse, Pappardelle-Nudeln mit einem Ragout aus Speck und wildem Fenchel und leckere Desserts. Dazu ei ne umfangreiche Wein- und Käseliste.
Via del Lastrone, 17 | Tel. 0573 36 56 02 | Mo geschl. | €

Rafanelli ▶ S. 85, südl. a 3

Familienküche – Ein Familienrestaurant wie aus dem Bilderbuch. Nicht selten sitzen gleich drei Generationen an einem Tisch. Kein Wunder, denn hier wird wie bei Mamma gekocht. Es gibt tolle Nudel- und Fleischgerichte. Gemütliche Einrichtung.
Via San Agostino, 47 | Tel. 0573 53 20 46 | www.ristoranterafanelli.com | Di geschl. | €

EINKAUFEN
DELIKATESSEN
13 Bruno Corsini

Während Catinari sein Laboratorium am Stadtrand hat, verführt Corsini seit den 1930er-Jahren seine Kundschaft mit Leckereien direkt im historischen Zentrum. Reichhaltiges Sortiment an Schokoladen und Pralinen.
Piazza San Francesco, 42 | Tel. 0 5732 0138 | www.brunocorsini.com

Cioccolateria Catinari C 3

Pistoia und die Umgebung sind auch berühmt für ihre bekannten Chocolatiers. Catinari ist einer von ihnen. In seinem Angebot finden sich mehr als 130 unterschiedliche Schokoladenzubereitungen. Sehr reizvoll mit Kindern: ein Besuch in seiner am Stadtrand gelegenen Schoko-Fabrik!

Agliana | Via Provinciale, 378 | Tel. 0574 71 85 06 | www.robertocatinari.it

MÄRKTE

14 Mercato dell'Antiquariato

Der Antiquitätenmarkt, der an jedem zweiten Wochenende in Pistoia abgehalten wird, ist weit über die Stadt hinaus bei Sammlern bekannt.

Via dell'Annona, 210 | Sept.–Juni 9–19 Uhr

15 Wochenmarkt

Piazza del Duomo, Piazza della Sala, Piazza dello Spirito Santo | Mi und Sa 7–13.30 Uhr

SERVICE

AUSKUNFT

Pistoia Turismo

Piazza San Leone, 1 | Tel. 0573 37 44 38 | www.turismo.pistoia.it

Ziele in der Umgebung

◎ CERRETO GUIDI C3

10 100 Einwohner

Ein kleiner Ausflug führt in die typisch toskanische Natur mit einer grandiosen Renaissancevilla – natürlich einer der zahlreichen Sommerresidenzen der Medici. Das Anwesen ist über eine pittoreske Rampe zu erreichen. Die lokale Pfarrkirche verfügt über einen kleinen Schatz: ein kostbares Taufbecken aus Terrakotta von Renaissancemeister Giovanni Della Robbia.

28 km südl. von Pistoia

◎ MONTECATINI TERME C3

21 000 Einwohner

Architektonisch gesehen sicher die eindrucksvollste Thermenanlage Italiens. In einem eigentümlichen Zuckerbäckerstil wurden die Brunnengalerien und die Wandelhalle Ende des 19. Jh. wie ein märchenhafter Palazzo errichtet. Schon im 15. Jh. war die heilsame Wirkung der Quellen bekannt. Hübsch: das malerische Dorf Montecatini Alto.

17 km westl. von Pistoia

EINKAUFEN

Torrefazione Caffè Slitti ▶ S. 40

◎ VINCI ❚ C3

4200 Einwohner

Ob Renaissancegenie Leonardo wirklich in Vinci geboren wurde, sei dahingestellt. Offiziell heißt es, er habe am 15. April 1452 im Ortsteil Anchiano das Licht der Welt erblickt. Man kann sich gut vorstellen, dass sich an der malerischen Landschaft seit damals nicht viel verändert hat. Das werden sich auch die Stadtväter gedacht haben und schlachten den Vinci-Mythos weidlich aus.

25 km südl. von Pistoia

MUSEEN

Museo Leonardino

Im ehemaligen Schloss der Grafen Guidi aus dem 13. Jh. wurde ein Leonardo-Museum eingerichtet. Hubschrauber, Apparaturen, eine Art Panzer und ein Maschinengewehr: Zahlreiche funktionstüchtige Erfindungen des Genies wurden in Originalgröße rekonstruiert. Nicht nur faszinierend für Kinder!

Via della Torre, 2 | Tel. 0571 56 80 12 | www. museoleonardino.it | Nov.–Feb. tgl. 9.30–18, März–Okt. 9.30–19 Uhr | Eintritt 7 €

Im Fokus
Collezione Gori Pistoia

Kunst und Natur – diese Symbiose findet sich oft gerade in der Toskana. Der Skulpturenpark von Giuliano Gori ist zwar nicht für Kinder zugänglich, doch eines der eindrucksvollsten Beispiele für extravagantes Mäzenatentum.

Es sieht aus wie ein Gerippe, ein orangefarbenes Gerippe. Es erhebt sich auf einer weiten Wiese und wirkt schon recht kurios. Kinder wollen immer gleich hineinsteigen. Groß genug dazu ist es, mit seinen 5,5 x 6,5 m. Das Kunstwerk aus Stahl, 1986 angefertigt, entstammt der Hand von Alberto Burri, einem der bekanntesten Altmeister der italienischen modernen Kunst (1915–1995). Burris Stahlgerippe lädt dazu ein, die Landschaft aus verschiedenen Blickwinkeln zu betrachten. Es lenkt den Blick auf Details, die man in der Gesamtschau wahrscheinlich so nicht wahrgenommen hätte. Gleich neben dieser Skulptur, die den Titel »Grande ferro celle« trägt, befindet sich der Eingang zu einem der kuriosesten und interessantesten Freilichtmuseen Europas für zeitgenössische Kunst.

Deus ex machina dieses Kunstparks ist der 1930 geborene Giuliano Gori. Schon als junger Sprössling aus reichem Hause war er von den jüngsten Tendenzen der italienischen und internationalen Kunstszene fasziniert. Wie viele Söhne italienischer Unternehmer wurde Gori Kunstsammler.

◀ Die Skulptur »Grande ferro Celle« von Alberto Burri am Eingang der Collezione Gori.

Er interessiert sich allerdings nur für Kunst, die einen für ihre Zeit experimentellen Charakter nachweisen kann. Das ist ein hoher Anspruch, der, um ehrlich zu sein, vom Schirmherrn ganz individuell ausgelegt wird. 1970 transferierte Giuliano Gori seine umfangreiche Kollektion in das Landgut Fattoria di Celle bei Santomato di Pistoia, wo er sich mit seiner Familie niederließ. Ein Ort, der ihm endlich genügend Raum verschaffte, um nicht nur die bereits in seinem Besitz befindlichen Kunstwerke in einem geeigneten Rahmen auszustellen, sondern um auch Platz für neue Objekte zur Verfügung zu haben.

EIN GESAMTKUNSTWERK UNTER FREIEM HIMMEL

Goris Idee ist nicht auf eine Parkanlage beschränkt, in der die von ihm als Sammler erworbene Kunst einfach nur ausgestellt wird. Er lädt vielmehr auch Künstler zu sich ein und fragt sie, ob sie Lust hätten, sich von der Landschaft inspirieren zu lassen. Sind sie dazu bereit, stellt er ihnen ausreichend Platz und alle nötigen Finanzmittel zur Realisierung ihrer Werke zur Verfügung. Ziel ist eine Kunst, die für einen bestimmten Ort geschaffen wird. »Mein Park«, so Gori, »ist kein Behälter, sondern ein integraler Bestandteil der künstlerischen Installation.« Ein sich ständig wandelnder Park, »eine Art Gesamtkunstwerk unter freiem Himmel«.

Heute umfasst die Sammlung Goris rund 70 Exponate. Die meisten stammen von den ganz großen Namen des internationalen Kunstbetriebs. Für Freunde zeitgenössischer Kunst ist ein Besuch des Parks unerlässlich. Die Werke können mit einem Spaziergang abgegangen werden, und dafür sollte man sich Zeit nehmen. Ein Durchhasten wäre schade, denn, vorausgesetzt natürlich es herrscht gutes Wetter, die Synthese von wilder und gezähmter Natur, von Kunst und einigen wenigen Gebäuden des Landguts vermitteln einen zauberhaften Eindruck, dem sich Kunstfreunde nicht entziehen können. Ein eiliges Abklappern wird auch vom Hausherrn nicht gern gesehen. Er meint, dass zeitgenössische Kunst erfahren werden muss. Mit viel Ruhe, denn so, erklärt Gori, »kann diese Kunst verständlich werden, anders, mit Eile, ist das nicht möglich«.

Im Nordosten der immensen Parkanlage erhebt sich auf einem Hügel eine Arbeit des bedeutenden US-amerikanischen Bildhauers Richard Serra. »Open Field Vertical Elevations« nennt sich das erste Werk Serras in Stein aus dem Jahr 1982. Serra beging einige Stunden lang das Gelände

Giuliano Goris und entschied sich schließlich für jenen Hügel, der sanft zu einem kleinen See hin abfällt. Serra nutzt das abfallende Gelände auf faszinierende Weise. Jeder seiner Steinblöcke ragt exakt 2 m aus dem Erdreich. Keiner der Blöcke überragt den anderen. Wo einer von ihnen aus dem Erdreich zu ragen beginnt, endet ein anderer.

Hinter Bäumen versteckt sich im Südteil des Parks »Cubo senza cubo« vom ebenfalls amerikanischen Künstler Sol Lewitt von 1988. Platanen und andere Bäume scheinen wie ein Kreis um einen 5 x 5 m großen weißen Steinblock zu stehen, den Lewitt (1928–2007) aus 20 x 50 cm großen Zementmodulen zusammensetzte. Auf den Spaziergänger wirkt dieses Objekt zunächst wie eine große quadratische Wand. Nähert man sich dem Objekt, erkennt man, dass ein Achtel des Blocks fehlt. Wirkt das Kunstwerk zunächst wie ein perfekter Würfel, der in die Landschaft gefallen zu sein scheint, zeigt er sich nun, so der Künstler, »unfertig wie alles, was der Mensch und nicht die Natur erschafft«.

DER BESUCHER IST ZUM NACHDENKEN AUFGERUFEN

Nicht weit von der großen Voliere des Parks entfernt scheint sich ein Objekt des großen deutschen Künstlers Ulrich Rückriem (geb. 1938) verstecken zu wollen. Rückriem wollte seinem Werk keinen Titel geben. Das überlässt er dem Besucher, und genau diese Idee gefällt Sammler Gori, denn: »Zeitgenössische Kunst verlangt ein Nachdenken unsererseits, fordert uns auf, uns gehen lassen, um aus dem gewohnten Denken herauszutreten und neue Erfahrungen zu machen.« In einem kleinen Wald platzierte Rückriem einen Block aus graumeliertem lokalen Stein. Er brach diesen Block in drei Stücke, die er anschließend wieder zusammensetzte. Die Brüche im Stein scheinen ein Kreuz zu symbolisieren. Vielleicht wollte der Künstler mit diesem angedeuteten Symbol dem Sakralen in der Natur ein bleibendes Denkmal setzen …

Der ebenfalls 1938 geborene Franzose Daniel Buren spielt mit unserem Wahrnehmungsvermögen. Er will uns hinters Licht führen, mit Stellwänden und Spiegeln, die sich auf einer Lichtung erheben. »La cabane éclatée aux 4 salles« von 2005 besteht aus vier Räumen, die 4 x 4 m groß sind. Der Umstand, dass die lose nebeneinander stehenden Wände verspiegelt sind, erlaubt es unserem Wahrnehmungsvermögen nicht, die wahren Ausmaße der Installation zu erfassen, denn es werden auf den Wänden die Bäume in der Umgebung widergespiegelt.

Sammler Gori fragte auch den angesehenen Designer und Architekten Alessandro Mendini (Jahrgang 1931), ob er sich von seinem Park inspirieren lassen wolle. 2012 schuf Medini, auch bekannt für seine verschiedenen Entwürfe für das italienische Edel-Haushaltswarenunternehmen Alessi, den »Albero meccanico«, einen mechanischen Baum aus Edelstahl, der in Grüntönen bestrichen ist.

Mitten im Kunstpark erhebt sich ein schlossähnliches Gebäude, dessen Geschichte bis ins Jahr 1000 zurückreicht. Villa Celle in seiner aktuellen Form stammt aus dem späten 17. Jh. Hier ließ es sich Kardinal Carlo Agostino Fabroni aus dem nahen Pistoia während der Sommermonate gut gehen. Mitte des 19. Jh. wurde das Bauwerk erweitert und erhielt einen, ganz im Stil der damaligen Zeit, 30 ha großen englischen Landschaftsgarten, den Gori nun für seine Kunstwerke nutzt. Auf dem zur Anlage gehörenden landwirtschaftlichen Gut wird herzhaftes Olivenöl und ein hervorragender Chianti Montalbano produziert. So weit, so gut. Aber Gori legt dem Besucher Regeln auf, die es zu erfüllen gilt. Wer sich nicht daran hält, kommt nicht hinein in den Kunstpark des Sammlers.

KUNSTLIEBHABER WILLKOMMEN, KINDER AUSSEN VOR

Der Parkplatz, der Eintritt und die geführte Besichtigung des Parks sind gratis. Die Führungen dauern zwischen vier und fünf Stunden und sehen keine Pause vor. Also einfach bei einem Kunstwerk stehen bleiben, durchatmen oder meditieren ist nicht drin. Der Kunstpark, das wird dem Besucher bei der Ankunft klipp und klar gesagt, ist nur etwas für echte Freunde zeitgenössischer Kunst. Mobiltelefone sollte man bei dieser Kunstwanderung ausschalten, um sich böse Blicke des Guides zu ersparen, und Kinder sind nicht zugelassen. Das Kinderverbot bringt Gori immer wieder Kritik ein. Nicht selten ziehen vor allem deutsche Urlauberfamilien verärgert ab, doch der Sammler lässt sich in diesem Punkt partout nicht umstimmen. Doch diese Auflagen lohnen sich. Es existieren in Europa nicht viele Orte, an denen Natur und Kunst eine solche Harmonie miteinander eingehen, die man, und da muss man Gori recht geben, staunend und schweigend erwandern sollte. Übrigens hat Gori nichts gegen Kinder, doch zeitgenössische Kunst ist für ihn eine ernste Sache – aber das ist ein Thema, zu dem man geteilter Meinung sein kann, denn oftmals begreifen Kinder ja weitaus schneller die Intention zeitgenössischer Künstler als Erwachsene.

INFORMATIONEN

Collezione Gori – Fattoria di Celle

Pistoia | Santomato | Via Montalese, 7 |
Tel. 0573 47 94 86 | www.goricoll.it

AREZZO UND DER OSTEN

*Hier regieren die große Kunst von Piero della Francesca
und die zauberhafte Stille der Klöster. Im Kernland der
Etrusker kann man noch durch verwunschene Gassen
alter Städtchen und malerischer Dörfer spazieren.*

Die Landschaft bei Arezzo und in der östlichen Toskana erinnert in weiten Teilen immer noch an Gemälde der Renaissance und des Barock. Kleine, zauberhaft gelegene Ortschaften und eine Natur, die wie ein großer
Park wirkt. Und überall Kunst vom Feinsten. In **Sansepolcro** schuf Piero
della Francesca, einer der bedeutendsten Pinselzauberer der italienischen
Kunstgeschichte, das mysteriöse Wandbild der »Auferstehung« und im
kleinen **Monterchi** das ebenso rätselhafte Bild einer »Schwangeren Madonna«. Auch **Arezzo** birgt ein einzigartiges Kunstwerk von Piero della
Francesca. Immer wieder begegnet dem Reisenden der Ordensgründer
Franz von Assisi. Wie in dem romantisch in Wäldern gelegenen Kloster **La
Verna**, wo Franz mit einer Schar von Mitbrüdern lebte. In Arezzo, aber
auch in Cortona hinterließen Etrusker und Römer ihre Kunst, und Re-
naissancebaumeister ließen sich von antiken Vorbildern inspirieren.

◀ Arezzo (▶ S. 93) am Fuße der Apenninen ist ein Juwel der mittelalterlichen Architektur.

AREZZO ⚓ E 4/5

Stadtplan ▶ S. 95
98 000 Einwohner

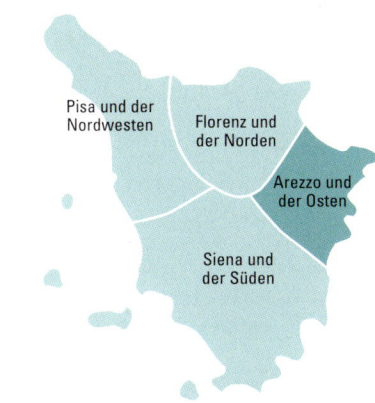

Pisa und der Nordwesten

Florenz und der Norden

Arezzo und der Osten

Siena und der Süden

Wo sich die Täler von Arno, Chiana und Tiber berühren, liegt die Stadt auf einem sanft ansteigenden Hügel, dessen Kuppe Dom, Bischofspalast und Medici-Festung beherrschen. Arezzo ist die heimliche Hauptstadt der Osttoskana und bietet ein einmaliges mittelalterliches Stadtbild, das an die Zeit der politischen Unabhängigkeit im 12. und 13. Jh. erinnert. Mit Palazzi, Kirchen, Wehrtürmen und einem eigentümlichen schrägen Hauptplatz, auf dem alljährlich ein wichtiger Antiquitätenmarkt stattfindet. Und das Städtchen beherbergt eine Perle der Kunst, die erst jüngst restauriert wurde und nun wieder in altem Glanz erstrahlt. Die »Kreuzeslegende« ist eines der Hauptwerke von Piero della Francesca.

Die Etruskergründung, im Mittelalter eine wichtige Handelsstadt, wurde im Jahr 1384 nach langen Kämpfen mit den Florentinern für 40 000 Gulden verkauft. An die Erzfeinde in Florenz. In den darauf folgenden Jahrhunderten versank Arezzo in einen Dornröschenschlaf. Das änderte sich erst 1866 mit der Eröffnung der Eisenbahnlinie Florenz–Rom. Dieser Dörnröschenschlaf ist auch dafür verantwortlich, dass es im Zentrum Arezzos zu keinen nennenswerten modernen städtebaulichen Veränderungen kam. Man hatte schlichtweg – und aus heutiger Sicht vielleicht zum Glück – kein Geld, um die Stadt zu modernisieren. So konnte fast alles beim Alten bleiben.

SEHENSWERTES

① Duomo San Donato

Die Fassade mit der breiten Treppe aus dem 16. Jh. stammt aus dem 19. Jh., aber ansonsten sind die Bauelemente aus Gotik und Frührenaissance erhalten geblieben. Beachtenswert: die französischen Glasfenster (frühes 16. Jh.), das Fresko »Heilige Magdalena« von Piero della Francesca und die »Arca di San Donato«, eine aufwendig dekorierte hochgotische Urne aus dem 13. Jh. Achten Sie auf die zahlreichen Wandmalereien in den Kapellen. Sie entstammen alle den Pinseln berühmter Künstler der frühen Renaissance.

Piazza Duomo, 1 | Tel. 0 57 52 39 91 | tgl. 6.30–12.30, 15–18.30 Uhr

② Piazza Grande

Für Italiens historische Städte ungewöhnlich ist der Hauptplatz von Arezzo, der zu einer seiner Seiten hin schräg abfällt. Ungewöhnlich in einem Land, dessen Kultur der Piazze selbst im Mittelalter einen quadratischen oder klar strukturierten rechteckigen Platz favorisierte. Diese seltsame Piazza umstehen mittelalterliche Patrizierhäuser. Bis auf die Nordseite haben sich die Gebäude aus dem 13. und 14. Jh. komplett erhalten. An der Westseite erheben sich die Pieve aus dem 12. Jh., der Palazzo del Tribunale, das Gericht, und der Palazzo della Fraternità dei Laici, einer einst einflussreichen Laienbruderschaft. Von Renaissancearchitekt und Maler Vasari stammt der Ende des 16. Jh. errichtete **Palazzo delle Logge**. Der Platz ist das Zentrum eines der wichtigsten Trödel- und Antiquitätenmärkte der Toskana (▶ S. 40), wo man auch mit kleinem Geldbeutel immer wieder eine Kuriosität finden kann.

Fiera Antiquaria | 1. So im Monat

❸ San Domenico

Die hochgotische Kirche des Ordens der Bettelmönche mit einem romanischen Portal besitzt in ihrem Inneren beachtenswerte Wandmalereien der Schule von Arezzo (13–15. Jh.) sowie ein bemaltes Kruzifix des mittelalterlichen Künstlers Cimabue. Es gilt als eines der wichtigsten Kunstwerke dieses Künstlers, der im 13. Jh. lebte.

Piazza San Domenico, 7 | Tel. 0 57 52 29 06 | tgl. 8.30–13, 15.30–19 Uhr

❹ San Francesco

Die Bettelordenskirche aus dem 14. Jh. beherbergt eines der unbestrittenen Meisterwerke der italienischen Kunstgeschichte: Mitte des 15. Jh. schuf der im nahen Sansepolcro geborene Piero della Francesca in der Cappella Bacci im Hauptchor den grandiosen Freskenzyklus »**Die Legende vom Heiligen Kreuz**« ❤. Das Faszinierende an diesem Bilderzyklus ist die Darstellung individueller Züge in den wiedergege-

benen Personen, die Raumaufteilung, die Perspektive, die Farbgebung und Lichtführung, die spätere künstlerische Entwicklungen vorwegnimmt.

Achtung: Man sollte die Besichtigung reservieren, um Warteschlangen zu vermeiden. Und nehmen Sie sich Zeit und am besten auch ein Fernglas mit. Die Details solcher Malereien, oftmals in großer Höhe an Kirchenwänden, wie in diesem Fall, können nur mithilfe eines Fernglases betrachtet werden.

Piazza San Francesco | Kartenvorverkauf: Tel. 05 75 35 27 27 | www.pierodella francesca-ticketoffice.it | Mo–Fr 9–18.30, Sa 9–17.30, So 13–17.30 Uhr | 8 €

❺ Santa Maria in Gradi

Eine der ganz seltenen barocken Kirchen in der Toskana. Der manieristische Baukörper stammt aus dem späten 16. Jh. und nimmt barocke Bauelemente vorweg. Mit eindrucksvoller Kassettendecke und herrlichem Chorgestühl. Im ersten linken Seitenaltar, denn ganz ohne Renaissance geht es auch hier nicht, findet sich eine schöne Terrakotta von Andrea Della Robbia.

Piazza Santa Maria in Gradi

❻ Santa Maria delle Grazie

Etwas außerhalb der Altstadt erhebt sich diese Renaissancekirche (15. Jh.), die man durch eine elegante Säulenvorhalle von Benedetto da Maiano betritt. Das schlichte Innere ziert ein Hauptaltar von Andrea Della Robbia.

Via Santa Maria delle Grazie, 1 | Tel. 0575 32 31 40 (anrufen wegen Öffnungszeiten)

❼ Santa Maria della Pieve

Errichtet zwischen dem 12. und 16. Jh. Der Glockenturm (14. Jh.) wird wegen der filigranen Auflösung der Seitenwände »Turm der 100 Löcher« genannt. Im 19. Jh. wurde der große Innenraum von späteren Dekorationen befreit und ist wieder ganz romanisch. Umwerfend das Altarbild »Madonna mit dem Kind und Heiligen« von Pietro Lorenzetti (frühes 14. Jh.). Es gilt als eines der wichtigsten Werke zum Verständnis hochmittelalterlicher Kunst, aus der schon bald die frühe Renaissance hervorging.

Corso Italia, 7

MUSEEN

8 Casa Vasari

Dieses beeindruckende zweistöckige Renaissancewohnhaus ist eines der am besten erhaltenen aus jener Zeit in der Toskana. Es wurde von dem Baumeister, Maler und Literaten Giorgio Vasari (1511–1574) errichtet und seit 1540 bewohnt. Das Museum präsentiert sich mit prächtig geschmückten Sälen, mit Wandmalereien und Kassettendecken. Vasari selbst hatte die Räume des ersten Stocks mit Gemälden ausgestattet.

Die Bacci-Kapelle in San Francesco, in der Piero della Francescas 1453 bis 1464 entstandener Freskenzyklus »Die Legende vom Heiligen Kreuz« (▶ MERIAN TopTen, S. 94) zu sehen ist.

Via XX Settembre, 55 | Tel. 05 75 40 90 40 | Mo, Mi–Sa 8.30–19, So 8.30–13 Uhr | Eintritt 4 €

❾ Museo Archeologico Mecenate

Das archäologische Museum ist in einem ehemaligen Kloster aus dem 16. Jh. untergebracht, zu dem auch die Reste eines Amphitheaters aus dem 2. Jh. gehören. Beachtliche Werke der etruskischen und römischen Antike, darunter die »vasi corallini«, antike rotfarbene Tonware mit Reliefmotiven. Zu den beeindruckendsten Ausstellungsstücken gehört ein Gefäß des Künstlers Euphronius aus dem 5. Jh. v. Chr. Es handelt

sich um eine der kostbarsten Sammlungen antiker Kunst in der Toskana.

Via Margaritone, 10 | Tel. 05 75 20 88 2 | tgl. 8.30–19.30 Uhr | Eintritt 6 €

❿ Museo d'Arte medievale e moderna

Im Renaissancepalazzo Bruni-Ciocchi sind Werke italienischer Renaissancemeister (Parri di Spinello, Luca Signorelli, Andrea Della Robbia u. a.) sowie Gemälde vom 16. bis 19. Jh. (von Dolci, Grechetto und Fattori) zu sehen. Reizvoll ist dieses Museum, weil es eben nicht nur, wie die Kirchen, Kunst des Mittelalters und der Renaissance zeigt.

Via San Lorentino, 8 | Tel. 0575 40 90 50 |
Di–So 8.30–19.30 Uhr | Eintritt frei

ÜBERNACHTEN
I Bossi ▶ S. 23

11 Corte del Re

Historisch und mittendrin – Untergebracht in einem historischen Palazzo
direkt an der Piazza Grande bietet dieses komfortable Vier-Sterne-Hotel geräumige Suiten mit alten Balkende-
cken. Die meisten Suiten verfügen auch
über eine Kochnische. Besonders reizvoll: die Räume mit Blick auf den herrlichen Platz direkt vor der Haustür!
Via Borgunto, 5 | Tel. 0575 40 16 03 |
www.lacortedelre.com | 9 Suiten | €/€€

12 Hotel Patio

Klein und mit viel Charme – Sicherlich das charakteristischste Hotel der
Stadt. Jedes der sieben Zimmer ist anders und verschiedenfarbig eingerichtet, jedes widmet sich einem anderen
Thema, z. B. Bruce Chatwin und seinen
Reisen. Den Themen entsprechend
sind die Zimmer gestaltet, chinesisch
oder marokkanisch … Sämtliche Gästezimmer sind mit allem Komfort ausgestattet. Auch dieses Haus liegt mitten
im historischen Zentrum.
Via Cavour, 23 | Tel. 0575 40 19 62 |
www.hotelpatio.it | 7 Zimmer | €/€€

13 Hotel I Portici

Eleganter Palazzo – Vier-Sterne-Haus
in einem alten Palast, der vor wenigen
Jahren aufwendig restauriert und mit
allem modernen Komfort versehen
wurde. Die verschieden großen Gästezimmer sind individuell eingerichtet.
Alle Zimmer wurden mit antiquarischen Erinnerungsstücken der Besitzer-
familie verschönert. Besonders reizvoll:
Zimmer 28 mit einer Terrasse, die einen
schönen Blick auf die Altstadt bietet.
Via Roma, 18 | Tel. 0575 29 99 01 | www.
hotelporticiarezzo.com | 22 Zimmer |
€/€€

ESSEN UND TRINKEN
RESTAURANTS

14 Le Chiavi d'Oro

Raffinierte Hausmannskost – Gemüt-
liches Lokal mit ausgezeichneter Küche
an einem der belebten Hauptplätze
Arezzos. Verwendet werden auch Zutaten aus dem Meer. Lecker das Spanferkel mit Roter Beete und Kartoffeln
oder das Artischockentatar mit wei-
chem Burrata-Frischkäse bzw. die auf
der Zunge zergehenden Tortellini-Nudeln mit Fischfüllung und Safran. Gute
französisch-italienische Weinliste.
Piazza San Francesco, 7 | Tel. 0575 40
33 13 | www.ristorantelechiavidoro.it |
Mo geschl. | €/€€

15 La Tagliatella

Regionale Klassiker – Hier ist alles in
familiärer Hand, und auf den Teller
kommt, was man feiertags bei Arezzos
Familien auftischt. Tolle handgemachte
Nudelgerichte, zartes Chianina-Fleisch
und Wildspeisen. Sehr lecker ist auch
die Mousse au chocolat!
Viale Giotto, 47 | Tel. 0575 21 93 1 |
www.ristorantelatagliatella.it | Mi, So
abends geschl. | €

16 La Torre di Gnicche

Rustikale Gerichte, toller Wein –
Gaststätte und Enoteca. Mitten in der
Altstadt gelegen, bietet dieses Lokal
deftige Gerichte wie die gerösteten

Weißbrotscheiben »crostini« mit Trüffelcreme, die klassische Gemüsesuppe »ribollita«, kräftige Fleischgerichte und Kuchendesserts. Gute Weinliste und viele offene Weine.

Piaggia San Martino, 8 | Tel. 0575 35 20 35 | www.latorredigniche.it | Mi geschl. | €

WEINBARS

17 Compagni di merende

Weinbar für den schnellen Appetit – Kleine und feine Weinbar in bester Lage, nämlich unter der Loggia bei der Piazza Grande. Herzhaft schmecken die Teller mit Käse und Aufschnitt aus der Region. Ausgezeichnete Weinauswahl, auch glasweise. Ein traditioneller Treffpunkt junger Leute.

Piazza Grande, 16 | Tel. 0575 18 22 3 68 | in der Regel tgl. geöffnet

EINKAUFEN

DELIKATESSEN

Fattoria di San Fabiano dei Conti Borghini Baldovinetti de Bacci

Renaissancevilla mit Agriturismo und ausgezeichneter Produktion von Rot- und Weißweinen sowie bestem Olivenöl. Die Weine werden aus traditionell in der Toskana angebauten Reben gekeltert. Der Chianti Putto San Fabiano DOCG und die anderen Roten erhielten international hervorragende Noten. Weinproben vor Ort.

Località San Fabiano | Via di San Fabiano, 33 | Tel. 0575 24 56 6 | www.fattoriasanfabiano.it

18 Gastronomia Dario & Anna ▶ S. 40

Paola Camaini E 3

Auf einer Fläche von 8 ha wird auf diesem Landgut, ein Projekt, das von der Slow-Food-Vereinigung unterstützt wird, Safran auf ökologische Weise angebaut. Das kostbare Gewürz kann vor Ort gekauft werden. Da Safran heute in Italien nicht mehr so oft wie in der Vergangenheit kultiviert wird, kommt einer solchen Adresse Seltenheitswert zu. Hier kann man sich sicher sein, einen Safran zu erwerben, der so intensiv im Geschmack ist, dass man nur sehr wenig zum Würzen benötigt.

Località Battifolle, 3 | Tel. 0575 36 35 41

MÄRKTE

19 Fiera Antiquaria ▶ S. 40

SERVICE

AUSKUNFT

APT

Piazza della Repubblica, 28 | Tel. 0575 37 76 78, 0575 20 83 9, 0575 26 67 7 | www.turismo.provincia.arezzo.it

Provincia di Arezzo – Turismo

Piazza della Libertà, 3 | Tel. 0575 39 21 | ww.provincia.arezzo.it/turismo

Ziele in der Umgebung

ANGHIARI F 4

5800 Einwohner

Kurz vor Sansepolcro erhebt sich auf einem Hügel dieses reizvolle und von einer Wehrmauer umgebene Dorf mit einem wunderschönen und ausgezeichnet erhaltenen historischen Zentrum. Den Besucher erwartet ein labyrinthisches Durcheinander von Gassen und Straßen mit Geschäften, die in mittelalterlichen »botteghe« untergebracht sind. Das Rathaus zieren die Wappen der Familien, die hier in früherer Zeit den Ton angaben.

38 km nordöstl. von Arezzo

◎ CAPRESE MICHELANGELO ✔✔ E 4

1700 Einwohner

Kleiner und verschlafener Ort, in dem der grandiose Künstler Michelangelo Buonarotti das Licht der Welt erblickte. Das war am 6. März 1475. Das malerisch an einem Hang gelegene Örtchen verfügt über ein Castello. Gegenüber dem Eingang in die Burg erhebt sich die **Casa del Podesta**, heute das Rathaus, in dem Michelangelo geboren worden sein soll. Hier befindet sich auch das **Museo Michelangiolesco**, mit vielen Hinweisen auf Leben und Werk.

www.capresemichelangelo.net/
costume/museo

55 km nördl. von Arezzo

◎ CASTIGLION FIORENTINO ✔✔ E 5

11 000 Einwohner

Reizvolle Ortschaft mit mittelalterlichem Charme, engen Gassen und Panoramaaussichten in das Val di Chiana. In der Kirche **Collegiata e Museo della Pieve di San Giuliano**, die zwar aus dem 19. Jh. stammt, aber alte Gebäudereste enthält, befindet sich die »Madonna col Bambino in trono«, eines der Hauptwerke des Künstlers Segna di Bonaventura (1298–1331). Von der Collegiata erreicht man direkt die **Vecchia Pieve** aus dem Jahr 1451. Sie strotzt nur so vor Gemälden des 17. und 18. Jh. Auch hier wieder aus der Renaissance ein Meisterwerk: eine Grablegung des Luca Signorelli. Die **Pinacoteca comunale** besitzt Werke der wichtigsten Maler der Hochgotik und Renaissance der Toskana, u. a. von Taddeo Gaddi und Bartolomeo della Gatta sowie kostbare Kruzifixe des 11. und 12. Jh. Reizvoll ist die Piazza del Municipio, der Hauptplatz der Ortschaft, mit einem sogenannten Loggiato Vasariano aus dem 15. Jh.

Anghiari (▶ S. 98), ein idyllischer Ort nordöstlich von Arezzo, war im 15. Jh. Schauplatz einer berühmten Schlacht, die die florentinischen Truppen für sich entscheiden konnten.

– Museo della Pieve di San Giuliano | Piazza della Collegiata | Tel. 05 75 68 04 20 | www.museopievesangiuliano.it | Sa, So 10–12, 15.30–18.30 Uhr, übrige Tage nur mit vorheriger Anmeldung
– Pinacoteca comunale | Via del Cassero, 6 | Tel. 0575 6574 66 | Di–So 10–12.30, 16–18.30 Uhr | Eintritt 3 €
20 km südl. von Arezzo

Wollen Sie's wagen?

Sie ziehen sich eng anliegende Trikots aus hochtechnologischen Kunststoffen über, setzen sich eine Kappe auf den Kopf und radeln wie von der Tarantel gestochen mit ihren schlanken Rennrädern über Landstraßen, über Hügel und durch Täler. Nur wenige andere Regionen Italiens verzeichnen so viele Freizeitrennradler wie die Toskana. Tun Sie es ihnen gleich, es geht auch ohne teures Rennradlerdress. Mieten Sie sich ein Fahrrad und fahren Sie drauf los. Klar, Sie werden schwitzen und hecheln, aber die abwechslungsreiche Landschaft wird wie ein faszinierender Panoramafilm an Ihnen vorbeigleiten …

◎ **CORTONA**　　　　　　⚓ E 5
23 000 Einwohner

Erst kamen die Etrusker, dann die Römer. Doch das heutige Stadtbild stammt fast komplett aus dem Mittelalter, wie z. B. die Kirche **San Domenico**. Die zentrale Via Nazionale ist eine Paradestraße mit Palästen und Patrizierhäusern. Renaissancebauten dominieren hingegen die Piazza della Repubblica. Im **Diözesanmuseum** hängen Meisterwerke aus Mittelalter und Renaissance an den hohen Wänden, darunter von Fra Angelico und Luca Signorelli. Museales Herzstück Cortonas ist aber das **MAEC**. Aber bei den Bürgern ist es vor allem mit seinem Namen Museo Etrusco ein Begriff: eine wahre Schatzgrube etruskischer Funde, mit dem sich nur das etruskische Nationalmuseum in Rom messen kann. Besuchenswert ist auch die Kirche **San Nicolò**: Sie enthält ein zauberhaftes Gemälde von Luca Signorelli. Keinen langen Fußmarsch erfordert die Besichtigung der eleganten Renaissancekirche **Madonna del Calcinaio**. Sie liegt etwa außerhalb der alten Stadtmauern. Das Besondere dieser Kirche ist ihr Baukörper. Sie wurde um die Wende des 15. zum 16. Jh. nach einem Entwurf von Francesco di Giorgio Martino errichtet und fasziniert durch einen extrem ästhetischen und harmonischen Zuschnitt. Leider existiert, auch wenn viele Reiseführer immer noch davon sprechen, seit 2013 nicht mehr das reizvolle Sommerfestival »Tuscan Sun Festival«. Aber auch ohne diese Veranstaltungsreihe brilliert Cortona mit seinen vielen Kunstwerken. Etwa 2 km nordöstlich von Cortona, bei der Staatsstraße SS 71, findet sich etwas sehr Seltenes in dieser Gegend: die sogenannten »meloni«. Das sind unterirdische Gewölbe aus etruskischer Zeit, aus dem 4. und 3. Jh. v. Chr.
– MAEC | Piazza Luca Signorelli, 9 | Tel. 0575 637235 | www.cortonamaec.org | April–Okt. tgl. 10–19, Nov.–März Di–So 10–17 Uhr | Eintritt 10 €
– Museo diocesano | Piazza Duomo, 1 | Tel. 0 57 56 28 30 | April–Okt. tgl. 10–19, Nov.–März Di–So 10–17 Uhr | Eintritt 5 €
40 km südöstl. von Arezzo

Seit dem Mittelalter ist das hoch auf einem Hügel im Val di Chiana gelegene Castello di Brolio mit seinem Garten aus dem 16. Jh. Stammsitz der adligen Familie Ricasoli.

◎ EREMO E MONASTERIO DI CAMALDOLI 🏃‍🧍 ✦ E3

Ein Kloster mitten im Wald und in der Natur und – erholsam in heißen Sommer – wegen seiner Höhe von mehr als 1000 m besonders frisch. Das erste Kloster des 1012 gegründeten Kamalduenserordens hat seine architektonische Struktur aus Mittelalter und Barock weitgehend erhalten. Besichtigt werden können historische Zellen der Klosterbrüder, eine komplett barocke Apotheke, die heute ein Klostershop ist (mit Produkten auch aus anderen Klöstern), sowie einer Kirche aus dem Manierismus mit herrlichen Stuckaturen. Die Einsiedelei bietet Besuchern auch die Möglichkeit zu Übernachtungen (Foresteria dell'Eremo: Tel. 05 75 55 60 21, 05 75 55 60 44, Monasterio: Tel. 05 75 55 60 12). Immer wieder finden sich auch Wanderer ein, denn die Gegend rund um das Kloster gilt als eines der schönsten Wandergebiete der nördlichen Toskana.

– Sacro Eremo di Camaldoli | Tel. 05 75 55 60 21
– Monastero di Camaldoli | Tel. 05 75 55 60 12 | www.monasterodicamaldoli.it
49 km nördl. von Arezzo

◎ LUCIGNANO ⚑ E 5
3500 Einwohner

Auf 414 m Höhe im Zentrum des Chiana-Tals gelegen, lockt dieses Dorf mit seinem durch und durch mittelalterlichen Ortskern, der so gut erhalten ist, dass Filmemacher ihn immer wieder gerne als Set für Historienfilme nutzen. Im Zentrum erhebt sich die eindrucksvolle **Collegiata di San Michele Arcangelo** aus dem späten 16. Jh. mit Werken von Andrea Pozzi.

30 km südwestl. von Arezzo

◎ MUSEO DELLA MADONNA DEL PARTO ⚑ F 4

In der christlichen Kunstgeschichte gibt es wahrscheinlich nur ein einziges Gemälde, das eine schwangere Gottesmutter Maria zeigt – flankiert von zwei Engeln. Dieses Gemälde schuf Renaissancemeister Piero della Francesca um

das Jahr 1460, und es hängt in dieser winzigen Ortschaft in einem eigens dafür geschaffenen Zwergmuseum. Ein Bild, für das Kunstliebhaber sogar extra anreisen. Nicht nur wegen des ungewöhnlichen Sujets, sondern auch wegen der Fingerfertigkeit seines Erschaffers.

Monterchi | Via della Reglia, 1 | Tel. 0575 70712 | Mo, Mi–So 9–13, 14–17 Uhr | Eintritt 3,50 €

27 km östl. von Arezzo

◎ POPPI ⚑ E 4
5500 Einwohner

Kleine, pittoreske Ortschaft ganz im Norden der Region. Von hier stammt der berühmte Frührenaissance-Bildhauer Mino da Fièsole. Hier geht es ruhig zu, und der Besucher hat den Eindruck, dass sich seit Jahrhunderten nur wenig verändert hat. Besuchenswert ist das **Castello Pretorio** aus dem

Das Castello Pretorio in Poppi (▶ S. 102), einst Stammsitz der im 13. und 14. Jh. einflussreichen Adelsfamilie der Guidi, beherbergt eine herrliche Bibliothek mit wertvollen Handschriften.

13. Jh., das die gesamte Ortschaft dominiert. Es enthält eine der reichsten toskanischen Bibliotheken mit mittelalterlichen Handschriften.
www.comune.poppi.ar.it
40 km nördl. von Arezzo

◎ **SANSEPOLCRO**　　🔻 F 4
16 000 Einwohner

Eine malerische Ortschaft mit großer Kunst und einem Stadtkern, der nahezu komplett aus Gebäuden aus dem 15. und 16. Jh. besteht. Das **Museo Civico** präsentiert seinen Besuchern Gemälde, Skulpturen und liturgische Gegenstände der Renaissance, wie etwa eine von Luca Signorelli bemalte Prozessionsstandarte. Von Lokalmatador Piero della Francesca stammt das große Fresko »Auferstehung Christi« aus dem Jahr 1463, ein Hauptwerk seiner reifen Periode, sowie der »Polyptychon der Schutzmantelmadonna«.
Sehenswert sind der romanisch-gotische **Dom**, die **Casa di Piero della Francesca**, wo sich Kunstfreunde über diesen Maler informieren können, sowie die Via XX Settembre, die wichtigste Straßenachse von Sansepolcro. Hier erheben sich die eindrucksvollsten Paläste aus der Zeit des 15. bis 18. Jh. Besonders imposant: die mächtige Wehranlage **Fortezza Medicea**, wohl nach einem Entwurf des genialen Festungsbaumeisters Giuliano da Sangallo errichtet. Dieser Wehrbau gilt als einer der am besten erhaltenen der Renaissance in Italien.
Museo Civico | Via Niccolò Aggiunti, 65 | Tel. 0575 73 22 18 | www.museo civicosansepolcro.it | tgl. 9.30–13, 14–18 Uhr | Eintritt 8 €
40 km nordöstl. von Arezzo

◎ **SANTUARIO LA VERNA**　　🔻 E 4

Der frommen Legende nach soll der heilige Franziskus in diesem Kloster, noch heute mitten in einsamen Wäldern gelegen, seine Stigmata empfangen haben. Fakt ist, dass der spätere Heilige dieses Gebiet von dem lokalen Adligen Orlando Cattini di Chiusi als Geschenk erhielt. Historisch verbürgt ist auch, dass Franziskus 1214 diesen Ort besuchte, begleitet von seinen Anhängern. Noch heute ist La Verna einer der Hauptorte der italienischen Franziskusverehrung. Die Renaissancekirche des Klosters stammt aus dem 15. Jh. Sie wurde mit zauberhaften Terrakottaarbeiten verschiedenster Künstler ausgeschmückt. Durch einen mit Wandmalereien verzierten Korridor erreicht man die **Chiesa delle Stigmate** aus der Mitte des 13. Jh. Im Fußboden weist ein Stein auf jene Stelle hin, an der Franziskus die Stigmata erhalten haben soll.
Zu besichtigen ist auch jene Grotte, die der Heilige als Klosterzelle nutzte. Hier schlief er, wie Erklärungstafeln berichten, auf einem Bett aus Stein, das noch gut zu erkennen ist. Ganz in der Nähe befindet sich der **Sasso Spicco**, ein Felsen, unter dem ebenfalls Franziskus lebte. Das Kloster ist noch heute ein Ort intensiver Verehrung für den Ordensgründer und wird zu Feiertagen von zahlreichen Gläubigen aufgesucht.
🕐 Unternehmen Sie am besten an einem besonders heißen Tag einen Ausflug in dieses Bergkloster: Hier ist es immer angenehm frisch.
Chiusi della Verna | Via del Santuario, 45 | Tel. 0575 53 41 | www.santuariola verna.org | tgl. 6.30–17/20.30 Uhr (je nach Jahreszeit)
45 km nördl. von Arezzo

SIENA UND DER SÜDEN

Siena, die »Dunkle«, Pienza, die »Ideale«, und San Gimignano, die »Turmreiche«. In den lieblichen Hügeln rund um diese Kleinstädte und das berühmte Weinanbaugebiet des Chianti liegt das eigentliche Herz der Toskana.

Siena kann man sicherlich als die Hauptstadt der Südtoskana bezeichnen. Lange war sie die ganz große Gegenspielerin zum Florenz der Medici. Man versuchte, mit der Anwerbung wichtiger Künstler mit der Stadt am Arno zu konkurrieren. Die von wohlhabenden Patriziern und Händlern regierte Stadt besaß mit der 1472 gegründeten Monte Paschi di Siena, der ältesten Bank der Welt, eine stetig fließende Geldquelle, über die man die Schaffung großartiger Kunstwerke finanzieren konnte. So arbeiteten zahlreiche Stars unter den damaligen Künstlern in Siena, die, wie Arnolfo di Cambio, Lorenzetti oder Ducci großartige Meisterwerke in der auf drei Hügeln gelegenen Stadt hinterließen.

Im Jahr 1559 war es schließlich aus mit der autonomen Pracht. Siena und der Süden der Toskana wurden Teil des Medici-Staates und fielen in einen langen Winterschlaf. Zum Glück für uns heutige Besucher, denn die Klein-

◀ Die Torre del Mangia an der Piazza del Campo (▶ MERIAN TopTen, S. 106) in Siena.

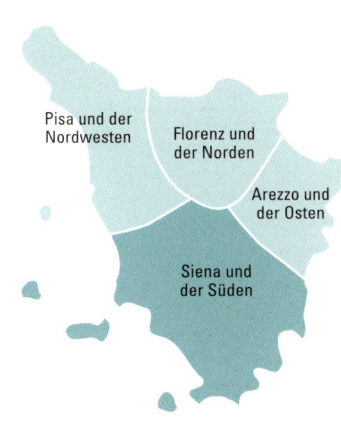

Pisa und der Nordwesten

Florenz und der Norden

Arezzo und der Osten

Siena und der Süden

stadt wurde architektonisch oder urbanistisch so gut wie gar nicht modernisiert oder modifiziert.

Auch wenn Siena und Florenz fortan die toskanische Geschichte miteinander teilten, ist diese südtoskanische Stadt anders als ihre große Schwester am Arno: kleiner und übersichtlicher und in ihrem Gesamteindruck mehr der spätmittelalterlichen Architektur verhaftet.

ERDFARBEN BESTIMMEN DAS BILD

Auch die Landschaft ist eine andere: weniger Wälder, weniger sattes Grün, dafür erdfarbene Hügel und Weinberge wie bei San Gimignano und Pienza. Der Süden der Toskana bietet dem Besucher eine Vielzahl romantischer und malerischer Blickpunkte, die nicht nur durch Renaissancepaläste und bedeutende Gemälde bestimmt werden. Mittelalterliche Klosterruinen und romanische Kirchen, zeitgenössische Kunst von Niki de Saint Phalle und anderen und Weinorte wie Montepulciano und Montalcino reihen sich aneinander. All das kann relativ einfach erwandert oder erradelt werden. Oder man nimmt einfach den Wagen.

SIENA 🏴 D 5

Stadtplan ▶ S. 107
54 000 Einwohner

Die Monte Paschi di Siena existiert immer noch, doch geht es ihr und damit auch der Stadt schlecht. Die Bank gab bis vor wenigen Jahren kulturpolitisch das meiste Geld für Ausstellungen und Restaurierungen der zahllosen historischen Palazzi und Kirchen aus Mittelalter und Frührenaissance sowie für die angesehene Universität und kulturelle Veranstaltungen aus. Ebenso für die berühmte Accademia Musicale Chigia-

na aus, die jedes Jahr im Sommer ein eigenes Festival veranstaltet, das viele Toskanabesucher anzieht. Doch dann entdeckte die Staatsanwaltschaft 2012 undurchsichtige Bankgeschäfte und riesige Finanzlöcher. Nun ist der Geldstrom des Sponsors versiegt. Der Tourismus ist jetzt die Haupteinnahmequelle des malerischen Städtchens.

SEHENSWERTES

❶ Basilica dei Servi

Ganz offiziell heißt die dreischiffige Kirche aus dem 13. Jh. San Clemente in

Santa Maria dei Servi, aber den meisten Sienesen ist sie unter ihrem Kurznamen ein Begriff. Das Gotteshaus ist ein wahres Museum für Sakralkunst des späten Mittelalters und der frühen Renaissance. In an Kunstwerken reich gefüllten Kirchen wie dieser wird dem Besucher deutlich, wie sich langsam, aber sicher aus der mittelalterlichen Weltschau eine neue Perspektive in der Kunst entwickelte. Bevor Sie die Kirche betreten, sollten Sie sich auf der Treppe, die zum Haupteingang führt, umdrehen und den herrlichen Blick auf die alten Stadtmauern und den Turm **Torre del Mangia** genießen. Ein kleines Architekturjuwel ist direkt hinter der Kirche zu besichtigen: das **Oratorio della SS. Trinità**, ausgemalt mit Fresken von Salimbeni und Rustici. Piazza Manzoni, 5 | Tel. 05 77 22 26 33 | tgl. 8.30–17 Uhr

2 Duomo Santa Maria Assunta

Der Dom sollte das größte Gotteshaus der Christenheit werden, aber 1348 ging den Stadtvätern das Geld aus. Doch auch das Langhaus mit seinen 89 m, das eigentlich »nur« ein Querschiff werden sollte, beeindruckt. Die schwarz-weißen Marmorstreifen, die den Innenraum kennzeichnen, gehen auf die Farben von Sienas Wappen zurück. Der Intarsienmarmorfußboden mit profanen und sakralen Motiven (14.–16. Jh.) gilt als einer der eindrucksvollsten Italiens. Zu besichtigen nur zwischen August und Oktober. Donatello schuf die Bronzestatue »Johannes der Täufer« (1457), die Predigtkanzel ist ein Werk von Nicola und Giovanni Pisano sowie Arnolfo di Cambio. Kardinal Piccolomini, der

spätere humanistische Papst Pius III., stiftete die prächtige **Libreria Piccolomini** 1495, die mit Fresken von Pinturicchio (1504) ausgemalt wurde. Piazza del Duomo | Tel. 05 77 28 63 00 | www.operaduomo.siena.it | März– 2. Nov. 10.30–19, feiertags 13.30–18, 3. Nov.– 25. Dez., 7. Jan.–28. Feb. 10.30– 17.30, feiertags 13.13–17.30, 26. Dez.–6. Jan. 10.30–19, feiertags 13.30–17.30 Uhr | Eintritt 4 € (mit Fußboden 7 €)

3 Piazza del Campo

Von der 88 m hohen **Torre del Mangia** (14. Jh.) ist das Panorama fantastisch, und man erkennt deutlich, dass die Piazza an eine Muschel oder auch an einen geöffneten Fächer erinnert. Umrahmt von gotischen Patrizierhäusern findet auf dem Campo seit Jahrhunderten das berühmte Reiterrennen Palio statt (▶ S. 52). Der Platz ist nicht flach, sondern fällt Richtung Rathaus hin ab. Der **Palazzo Pubblico**, das Rathaus, ist ein gotisches Hauptwerk aus dem späten 13. Jh. Zum Platz gehört auch die **Fonte Gaia**, ein rechteckiges Brunnenbecken, das Baumeister Jacopo della Quercia im Jahr 1419 entwarf. Der Brunnen wird mit Wasser gespeist, das durch das immer noch voll funktionstüchtige Kanalnetz Sienas aus dem 15. Jh. fließt.

3 San Domenico

Eine der großartigsten Kirchen Sienas. Das burgartige Gebäude aus dem hohen Mittelalter, das auf den Betrachter einen unvollendeten Eindruck macht, mit einem fast schon verschwindend klein wirkenden Glockenturm, beherbergt in der Cappella di Santa Caterina Reliquien der Heiligen. Die erst vor wenigen

Jahren restaurierte Kapelle zeigt Fresken des 16. Jh. Beachtenswert: Renaissancekunst in den Seitenkapellen. Von der Apsisterrasse aus hat der Besucher einen wunderbaren Blick auf Siena.

Piazza San Domenico | Tel. 0577 28 68 48 | März–Okt. tgl. 7–18.30, Nov.–Feb. 9–18 Uhr

MUSEEN

4 Museo Civico

Untergebracht im **Palazzo Pubblico** (▶ S. 106), dem Rathaus mit seinem imposanten Turm. Von hier aus regierten die reichen Patrizier Siena und das Umland. Die Prachtsäle sind mit beeindruckenden Fresken geschmückt. Darunter befindet sich die Darstellung der »schlechten und der guten Regierung« von Ambrogio Lorenzetti (1337–1339) in der Sala della Pace, dem Friedenssaal. Die beiden Wandbilder machen deutlich, dass ein Tyrann eine Gemeinschaft zugrunde richten kann, während eine vernünftige Regierung aus den Vertretern aller Stände reiche Früchte bringt.

© MERIAN-Kartographie

Piazza del Campo, 1 | Tel. 0577292232 |
www.comune.siena.it | Nov.–15. März
tgl. 10–18, 16. März–Okt. 10–19 Uhr |
Eintritt 8 € (mit Turm 13 €)

❺ Museo dell'Opera Metropolitana

Eine der an Gemälden, Fresken, Holz-
und Goldarbeiten reichsten Sammlungen an früher Renaissancekunst in der
Toskana. Nehmen Sie sich ein wenig
Zeit für diese Exponate, denn als Ein-
stieg in die Kunstszene Sienas bietet
sie Werke der beispielhaftesten Maler,
darunter von Meistern wie Duccio di
Buoninsegna, Pietro Lorenzetti, Domenico Beccafumi und vielen anderen.
Piazza del Campo, 8 | Tel. 0577283048 |
www.operaduomo.siena.it | Öffnungs-
zeiten wie der Dom | Eintritt 7 €

❻ Museo delle Tavolette di Biccherna

Ein einmaliges und sicherlich kurioses
Museum! Lorenzetti, Beccafumi und
andere berühmte Renaissancekünstler
bemalten die hölzernen Buchdeckel von
Rechnungsbüchern und Kontenregis-
tern, die »biccherna«. 105 dieser Buchdeckel werden ausgestellt. Das Museum beweist, dass Geschäftsleute und
Bankiers schon während der Renaissance auch Mäzene waren – sogar in
der Verschönerung von Alltagsgegen-
ständen wie Rechnungsbüchern.
Archivio di Stato | Via Banchi di Sotto,
52 | Tel. 0577247145 | Mo, Do, Fr 8–14,
Di, Mi 8–17.15, Sa 8–13.45 Uhr | Eintritt
frei

❼ Pinacoteca Nazionale

Hier kann man sie alle finden: die
wichtigsten Repräsentanten der italienischen Hochgotik und Renaissance,
denn fast alle von ihnen standen in
Siena in Diensten und schufen Meisterwerke. Atemberaubend schön: die
»Madonna dei Francescani« von Duccio di Buoninsegna.
Via di San Pietro, 29 | Tel. 0577281161 |
www.pinacotecanazionale.siena.it |
Mo 9–13, Di–Sa 8.15–19.15, So 9–13 Uhr |
Eintritt 4 €

ÜBERNACHTEN

❽ Grand Hotel Continental ▶ S. 24

❾ Hotel Antica Torre 👥👤

Wohnen im Turm – Diese Unterkunft
muss lange vorgebucht werden, denn
die Zimmer befinden sich in einem
mittelalterlichen Turm. Von den hoch
gelegenen Räumen hat man einen Blick
auf die Stadt. Die Bäder sind ein wenig
eng, aber dafür wohnt man in einem
wirklich ungewöhnlichen Ambiente.
Via di Fiera Vecchia, 7 | Tel. 0577222255 |
www.anticatorresiena.it | 8 Zimmer | €

Hotel Santa Caterina ▶ S. 107, südl. c 3

Oase der Ruhe – Das Hotel befindet
sich ganz in der Nähe der Porta Roma-
na im Süden der Stadt. Die Lage am
Stadtrand zahlt sich aus: Die elegante
Villa aus dem späten 18. Jh. bietet einen herrlichen Blick auf die Landschaft
der Toskana vor den Stadtmauern. Geschmackvoll eingerichtete Zimmer, gemütliche Lobby, und gefrühstückt wird
bei gutem Wetter im Garten.
Via E. S. Piccolomini, 7 | Tel. 0577221105 |
www.hscaterina.it | 22 Zimmer | €/€€

ESSEN UND TRINKEN

RESTAURANTS UND TRATTORIEN

Il Canto – Certosa di Maggiano
▶ S. 32

Ein Wunderwerk mittelalterlicher Baukunst: Der aus schwarzem und weißem Marmor errichtete Dom von Siena (▶ S. 106) ist ein schönes Beispiel der gotischen Architektur Italiens.

⑩ Grotta di Santa Caterina da Bagoga 🛉👧

Essen beim Fantino – Pierino Fagnani war »fantino«, also Reiter, beim Palio. Doch seine Leidenschaft gehört der lokalen Küche. In seinem rustikalen Lokal, im Keller eines mittelalterlichen Palazzo, wird eine Hausmannskost vom Besten geboten – darunter etwa ein zarter gefüllter Hühnerhals, die handgemachten Breitbandnudeln mit Wildschweinsauce oder die fantastische Fasanenfleischsuppe mit Linsen.
Via della Galluzza, 26 | Tel. 0577282208 | www.bagoga.it | So abends und Mo geschl. | €

⑪ Millevini

Eine der besten Weinbars der Stadt – Ideal für eine Pause zur Mittagszeit: Serviert werden toskanische Gastroklassiker wie ein »brasato« aus dem zarten Chianina-Fleisch oder, wer es weniger deftig mag, herzhafte Suppen und Vorspeisenplatten mit Käse oder Aufschnitt. Dazu ein Glas Wein. Das Angebot kann sich mit seinen rund 1500 Etiketten wirklich sehen lassen. Das Lokal gehört zu den Festungsanlagen, die die Medici errichten ließen.
Fortezza Medicea, 1 | Tel. 0577247121 | www.ristorantemillevini.it | So geschl. | €

L'Oste Mezzo al Guggiolo
▶ S. 107, südwestl. a 3

Rustikal – Trüffelsucher Mario Vannini hat erst vor Kurzem diese neue Trattoria eröffnet. Die Rezepte stammen von Marios Schwiegervater. Ausgezeichnete Fleischgerichte, im Herbst und Winter natürlich mit Trüffeln. Kleine lokale Weinauswahl auch im Glas.
Via Massetana, 30 | Tel. 0577226821, 3347801830 | Do geschl. | €

CAFÉS

⓬ Caffè Fiorella

Ausgezeichneter Caffè latte – Gleich hinter der Piazza del Campo liegt die kleine Kaffeebar, die in ganz Siena für ihre Espressi und Cappuccini ein Begriff ist. Viele junge Leute! Morgens gibt es zum Kaffee warme, mit Marmelade gefüllte Cornetto-Hörnchen.

Via di Cottà, 13 | Tel. 0577271255

BARS

⓭ Bar Gelateria Nannini

Traditionsbar – Gehört dem Papa von Rockröhre Gianna Nannini. Frische Tramezzini-Sandwiches und gute Auswahl der für Siena typischen würzigsüßen Panforte-Kuchen. Besonders reizvoll, weil diese Bar von der Innenstadtbourgeoisie Sienas gern besucht wird, die sich hier zum Kaffee trifft. Reiches Kuchensortiment, wie es für Siena typisch ist. Vor allem der etwas harte »panforte« mit Nüssen und Mandeln. Dazu empfiehlt sich ein Gläschen Dessertwein.

Via Banchi di Sopra, 24 | Tel. 0577 23 6009

⓮ Cava de' Noveschi 🚩

Im Schatten des Doms – Ein mutiges Unterfangen ist diese Champagnerbar mitten in einer klassischen italienischen Weinregion. Kredenzt werden französische Champagner und Weine kleinerer Winzer. Dazu werden die echt toskanischen Leckereien von Chef Paolo Bertini persönlich zubereitet.

Via Monna Agnese, 8 | Tel. 0577 27 4878 | www.cavadenoveschi.it

EINKAUFEN

DELIKATESSEN

⓯ Country Tour 🚩

Weine? Würste? Käse? Diese Agentur organisiert auf Wunsch önologische

Nächtigen wie ein Medici-Fürst: Der Palazzo Gori Pannilini in Sienas mittelalterlicher Altstadt beherbergt heute das mit kostbaren Antiquitäten möblierte Grand Hotel Continental (▶ S. 24).

und gastronomische Entdeckungstouren zu Winzern und Bauern, darunter echte Insideradressen. Es sind auch Halbtagstrips im Programm.

Logge del Papa, 2 | Tel. 0577 44101 | www.country-tours.com

16 **Enoteca Italiana** ▶ S. 41

17 **Gastronomia Morbidi**

Käse und Würste, Weine, Kuchen und Gebäck. In diesem hübschen Delikatessenladen findet sich eine ausgezeichnete Auswahl toskanischer Leckereien. Die meisten der Produzenten stammen direkt aus der Umgebung Sienas, weshalb man sich in Sachen Herkunftsgarantie keine Sorgen machen muss.

Via Banchi di Sopra, 75 | Tel. 0577 28 02 68

SERVICE

AUSKUNFT
Ufficio Informazioni Turista APT
Piazza del Campo, 56 | Tel. 0577 28 05 51 | www.aboutsinea.com/siena

FAHRRAD- UND MOTORROLLERVERLEIH
Perozzi
Via dei Gazzani, 16 und Via del Romitorio, 5 | Tel. 0577 28 83 37 | www.perozzi.it

Ziele in der Umgebung

◎ **ABBAZIA DI SAN GALGANO** ⚑ C 6

Italien ist eigentlich kein Land der Kirchenruinen wie England. Umso erstaunter ist der Besucher, wenn er diese im 13. Jh. errichtete und im 15. Jh. zerstörte Abtei besichtigt. Einer der sicherlich faszinierendsten Orte der Toskana. Vor allem frühmorgens oder am späten Nachmittag, wenn man die Ruine für sich allein hat. Tagsüber kann es hier recht voll werden. Die Umgebung

der Abtei bietet schöne Wanderwege. Ganz in der Nähe befindet sich das **Eremo di Monte Sepi**, ein kreisrunder romanischer Kirchenbau mit Fresken von Ambrogio Lorenzetti.

Chiusdino | www.sangalgano.org
45 km südwestl. von Siena

◎ **ASCIANO** ⚑ D 5
6000 Einwohner

Die im 14. Jh. errichteten Wehrmauern umschließen dieses malerische und verschlafen wirkende Dorf immer noch. Fast alle Gebäude stammen aus dem späten Mittelalter. Links von der romanischen Kirche **Santa Agata** lockt das **Museo d'Arte sacra**, mit Kunstwerken der frühen Renaissance, darunter Arbeiten von Matteo di Giovanni und Ambrogio Lorenzetti. Ganz in der Nähe, bei der Straße Richtung Siena, durchfährt man die sogenannten »crete«, eine von Wind und Wetter fantastisch verformte Landschaft, die ungemein pittoresk wirkt.

Museo di Arte sacra | Corso Giacomo Matteotti, 122 | Tel. 0577 71 95 24 | www.comune.ascino.siena.it
28 km südöstl. von Siena

◎ **CHIANTI** 4 ⚑ C/D 4/5

Chianti meint nicht nur einen Wein, sondern auch das Gebiet, in dem er gekeltert wird. Innerhalb dieser landwirtschaftlich intensiv genutzten Gegend nördlich von Siena und südwestlich von Florenz – mit Wäldern, kleinen romantischen Ortschaften mit historischen Bauwerken und Plätzen sowie zahlreichen Burgen – befinden sich acht Anbauzonen, die mit dem höchsten italienischen Gütesiegel für Wein, DOCG, ausgezeichnet wurden.

Weingut in der Nähe von Castellina in Chianti (▶ MERIAN TopTen, S. 112). Aus den toskanischen Trauben werden Jahr für Jahr einige der besten Tropfen Italiens gewonnen.

In gewisser Weise ist das Chianti das Herz der Idee von der perfekten Toskana: sanfte Weinhügel, dichte Wälder und Ortskerne, die seit Mittelalter und Renaissance nicht mehr verändert wurden. Die aufgeräumte Toskana, mit malerischen Orten wie **Castellina in Chianti**, **Greve**, **Radda**, existiert so erst seit einigen Jahrzehnten. In den 1950er-Jahren, nach der Abschaffung des bis dato existierenden Pachtsystems der »mezzadria«, kam es zu einer starken Landflucht. Seit den 1970er-Jahren kaufen vor allem ausländische und norditalienische Unternehmer so-

wie Privatleute Gehöfte und Anbauflächen auf und renovieren alte Gemäuer. Die einzelnen Dörfer und Kleinstädte bieten keine große Kunst, dafür aber ausgezeichnet erhaltene und bildschöne Ortskerne mit alter Bausubstanz und eine Vielzahl wirklich guter Trattorien, Restaurants und Weingüter.
Im Chianti sollte man sich treiben lassen, ob per pedes, mit dem Fahrrad oder mit dem Wagen – und immer wieder Weine probieren. Oder die vielen fantastischen Restaurants besuchen, wie beispielsweise die berühmte **Osteria di Passignano** in Tavernelle

Val di Pesa, mit einer tollen Weinliste und klassisch toskanischen Gerichten (Località Badia a Passignano, Via Passignano, 33, Tel. 05 58 07 12 78, www. osteriadipassinano.com, €/€€).

⊚ MASSA MARITTIMA ⚑ C 6
9500 Einwohner

Kleine mittelalterliche Ortschaft mit einem wunderbaren romanisch-gotischen **Dom** mit der für die Pisaner Architektur typischen Rundbögenfassade. Der Innenraum bietet Steinmetzarbeiten des 13. und 14. Jh. Im nahe gelegenen **Museo Archeologico** werden etruskische Kunstwerke ausgestellt. Die Piazza Garibaldi mit ihren Palästen des 13 bis 16. Jh. ist das schmucke Zentrum, an dem sich an Sommerabenden die Einheimischen treffen. Ideal um Leute kennenzulernen, vor allem wenn man sich mit einem Glas Wein auf die breiten Stufen der Domtreppe setzt.

67 km südwestl. von Siena

ESSEN UND TRINKEN
Il Bucaniere ⚑

Direkt über dem Meer – Restaurant-Loft mit Glaswänden und einer Terrasse zum Essen im Freien. Spannender Mix zwischen Meeres- und Festlandsküche. Chef Fulvietto Pierangelini besitzt auch eine Schweinezucht, seine Wurstwaren sind vorzüglich.

San Vincenzo | Viale Marconi | Tel. 33 58 00 16 95, 33 35 31 55 37 | www.ristorante ilbucaniere.com | €/€€

Petra Azienda Agricola ⚑

Wein und Architektur – Der Schweizer Stararchitekt Mario Botta entwarf den atemberaubend futuristisch wirkenden neuen Weinkeller der Winzerei

Petra, der sich harmonisch in die Natur mit Wäldern und Weinbergen einfügt. Besichtigung und Verkostung möglich.

Suvereto | Località S. Lorenzo Alto, 131 | Tel. 05 65 84 53 08 | www.petrawine.it

⊚ MONTERIGGIONI ⚑ D 6
7500 Einwohner

Hier scheint sich seit dem Mittelalter nichts verändert zu haben! Auf einem Hügel erhebt sich eine gewaltige Stadtmauer mit 14 viereckigen Türmen. Die Verteidigungsanlage ließ die Stadtrepublik gegen die Feinde in Florenz errichten. Das Ensemble wirkt wie eine Szenografie für einen Historienfilm. Urlauber finden sich hier unbegreiflicher Weise selbst in der Hochsaison nur selten. Der Ort bietet keine große und weltbewegende Kunst, doch lädt er zu einem Spaziergang ein, denn hier findet man sie noch: eine ursprüngliche und recht untouristische Toskana.

25 km nordwestl. von Siena

SEHENSWERTES
Abbadia Isola

Kleine und stimmungsvolle Ortschaft, die im 11. Jh. um eine Zisterzienserabtei entstanden ist. Im Innern der Klosterkirche SS. Salvatore e Cirino malte Taddeo di Bartolo (Anfang 15. Jh.) ein Wandbild, und ein Schüler Duccios

Das Bilderbuchdorf San Gusmè 2

Die alten Gebäude des 250-Seelen-Örtchens stehen so harmonisch beisammen, dass man den Eindruck hat, hier sei ein Bühnenbildner am Werke gewesen (▸ S. 12).

oder er selbst, die Experten streiten sich noch, schuf das zauberhafte Bild »Madonna col Bambino in trono«. Immer noch ein Geheimtipp in der Toskana!
Superstrada (Ausfahrt Monteriggioni)

ESSEN UND TRINKEN
Futura Osteria

Aus Alt mach Neu – Eine interessante Adresse, denn hier versucht man Traditionsgerichte ein wenig zu »entstauben«, d. h. für moderne Gaumen ein wenig leichter zu gestalten. Das Resultat: eine fast schon leichte toskanische Küche. Ausgezeichnete Vorspeisen mit regionalem Aufschnitt und Käse. Die Weinkarte hält auch viele edle Tropfen aus biologischem Anbau bereit.
Località Abbadia Isola, 7 | Tel. 057730 1240 | www.futuraosteria.it | Mo, Di geschl. | €

Ristorante Casalta

Traditionelle Küche – Lazzaro und Barbara bieten eine tolle Auswahl an frischem Fisch und Fleisch. Gute Weinauswahl, aufmerksamer Service.
Strove | Via Giacomo Matteotti, 22 | Tel. 0577301238 | www.ristorantecasalta.it | Mi geschl. | €/€€

GELATERIE
La Vecchia Ghiaccera 🚩

Köstliche Panini-Brötchen – Im kleinen mauerbewehrten Monteriggioni lockt diese Gelateria mit handgemachtem Eis aus garantiert biologischen Zutaten. Hinter der Eisdiele wird Salziges zubereitet, lecker sind die Panini-Brötchen mit lokaler Fenchelsalami und andere toskanische Spezialitäten.
Monteriggioni | Via 1 Maggio, 9 | Mitte März–Nov.

 ## SAN GIMIGNANO
7000 Einwohner

Im Mittelalter besaß diese einstmals stolze Kleinstadt 72 **Familientürme**. Die noch verbliebenen Türme sind so eindrucksvoll, dass der Spitzname »Manhattan des Mittelalters«, oft gebraucht und mit recht abgegriffenem Klang, voll zutrifft. Keine andere Stadtansicht des italienischen Mittelalters bietet so einen Anblick. Am besten zu sehen bekommt man diese Türme von etwas außerhalb der Stadt, auf einem der umliegenden Hügel. Komplett erhaltener mittelalterlicher Stadtkern mit dem Hauptplatz **Piazza della Cisterna**, umstellt von Palazzi und Wohnhäusern, und der prächtigen **Basilica di Santa Maria Assunta** (12.–16. Jh.), mit erstaunlich gut bewahrten großflächigen Renaissancefresken von Domenico Ghirlandaio und Gozzoli.

Neben einer Turmbesteigung – die Aussicht auf San Gimignano und die Landschaft ist atemberaubend – sollte man sich in **San Agostino** den farbenprächtigen Freskenzyklus von Benozzo Gozzoli anschauen. Das **Museo Civico** bietet eine kleine, aber sehr feine Gemäldesammlung mit Werken u. a. von Lippi, Pinturicchio und Gozzoli (Piazza del Duomo, 2, Tel. 0577 99 03 12, tgl. 9.30/11–17.30/19 Uhr, Eintritt 5 €).
37 km nordwestl. von Siena

ÜBERNACHTEN
La Cisterna

Stimmungsvoll – Schlafen in einem Palazzo des 13. und 14. Jh. am schönsten Platz von San Gimignano. Mit Blick auf die abends – wenn die Tagestouristen verschwunden sind – zauberhafte Piazza Cisterna oder in die malerische

Umgebung. Gefrühstückt wird auf einer Panoramaveranda. Schön ist es, vor dem Hotel in einem der Cafés den Tag mit einem Aperitif oder nach dem Abendessen mit einem »Absacker« ausklingen zu lassen. Nach Sonnenuntergang ist die Stadt wie auch die Piazza Cisterna fast touristenfrei.

Piazza Cisterna, 23 | Tel. 0577 94 03 28 | www.hotelcisterna.it | 19 Zimmer | €/€€

SERVICE
AUSKUNFT
Pro Loco San Gimignano
Piazza del Duomo, 1 | Tel. 0577 94 00 08 | www.sangimignano.com | März–Okt. 9–13, 15–19, Nov.–Feb. 9–13, 14–18 Uhr

◎ **VOLTERRA** 🏷 C 5
12 500 Einwohner
Mittelalterliche Paläste und Kirchen erheben sich auf dem einst etruskischen

Auf der Festa dell'Unità 3
Erkundigen Sie sich nach den traditionellen Sommerfesten der italienischen Sozialdemokraten PD. Es gibt – gratis – Musik und Tanz und bunten Jahrmarktzauber (▶ S. 13).

Stadtkern. Prächtige Bauten umstehen die uralte Piazza dei Priori. Zu besichtigen sind der massige **Palazzo dei Priori** (13. Jh.), der romanische **Dom** mit schönen Fresken (12.–16. Jh.), und die **Pinacoteca** mit Meisterwerken von Ghirlandaio, Rosso Fiorentino und Luca Signorelli (tgl. 9–19 Uhr, Sammelkarte 9 €). Interessierte sollten unbedingt das **Museo etrusco Guarnacci** besuchen, eine der wichtigsten italienischen Sammlungen mit Funden aus der Zeit der Etrusker (Mo–Fr 9–13, Di und Do auch 16–17.30 Uhr).

»Manhattan des Mittelalters«: Die hoch aufragenden Geschlechtertürme von San Gimignano (▶ MERIAN TopTen, S. 114) sollten Schutz bei Übergriffen der Nachbarstädte gewähren.

Beim Rundgang auf der Stadtmauer von Pienza (▶ MERIAN TopTen, S. 116), der Renaissance-Musterstadt von Papst Pius II., genießt man einen herrlichen Ausblick in das Val d'Orcia.

2 km nordwestl. von Volterra lohnen die »balze«, spektakuläre Erdpyramiden, einen Abstecher. Anscheinend ist Volterra unter Toskanaurlaubern immer noch ein Geheimtipp: von Massentourismus keine Spur!

50 km nordwestl. von Siena

SERVICE

AUSKUNFT

Pro Loco Volterra

Piazza dei Priori, 10 | Tel. 0 58 88 6150 | www.provolterra.it

PIENZA  E 6

2150 Einwohner

Enea Silvio Piccolomini machte diesen Zwergort berühmt. Als der humanistische Gelehrte mit dem Namen Pius II. 1458 Papst wurde, entschloss er sich, seinen Heimatort, wo er im Jahr 1405 geboren worden war, komplett neu zu gestalten. Pius II. entschied sich für ein städtebauliches Großprojekt von nie gekanntem Umfang. Seine neue Stadt Pienza sollte zum Sinnbild der Renaissance werden: also weg von den verwinkelten mittelalterlichen Gassen und hin zu einem durchdachten rationalen Straßennetz, so wie man es aus der Zeit der alten Römer kannte.

Doch dann starb der Papst vollkommen überraschend 1464. Sein Chefarchitekt Bernardo Rosselino wurde somit arbeitslos, denn der neue Pontifex Paul II. zeigte keinerlei Interesse mehr an den urbanistischen Träumen seines Vorgängers. Doch auch das wenige, das nach den Vorstellungen von Pius II. umgesetzt wurde, fasziniert. Die Lage von Pienza auf einem lang gestreckten Hügel eröffnet herrliche Aussichtspunkte ins malerische Val d'Orcia.

SEHENSWERTES

Cattedrale Santa Maria Assunta

Errichtet in den Jahren 1459 bis 1462 nach einem Entwurf Rosselinos als dreischiffige Hallenkirche nach den strengen und an der römischen Antike ausgerichteten Renaissanceprinzipien. Beim Bau ging man statisch nicht vorsichtig genug vor: Der Chor neigt sich zum Abhang des Hügels, auf dem Pienza errichtet wurde. Die Hallenkirche besitzt eine herrliche »Assunta« des Malers Vecchietta (15. Jh.).

Piazza Pio II | tgl. 7–13, 15–19 Uhr

Palazzo Piccolomini

Den eleganten Palast der Familie des umtriebigen Papstes Pius II. errichtete Rosselino rechts von der Kathedrale. Rigorose Bauformen der Renaissance verleihen diesem großen Gebäude eine kühle Eleganz. Die Säle im ersten Stockwerk vermitteln einen interessanten Eindruck von einer Privatwohnung des 15. Jh. Von der Loggia aus hat man einen atemberaubenden Blick.

Piazza Pio II | Tel. 05 78 74 39 2 | 16. Okt.– 14. März 10–16.30, 15. März–15. Okt. 10– 18.30 Uhr | Eintritt 7 €

Palazzo Vescovile und Museo Diocesano

Es war Papst Alexander VI., der diesen Bischofspalast, der an römische Vorbilder erinnert, errichten ließ. Im Palazzo befindet sich das kleine, aber gut sortierte Diözesanmuseum. Beeindruckend u. a. der Prachtmatel, das sogenannte Pluviale, von Papst Pius II.

Corso Il Rossellino, 30 | Tel. 05 78 74 99 05 | März–Okt. Mi–Mo 10–13, 15–19, Nov.–März, Sa, So 10–13, 15–19 Uhr | Eintritt 5 €

Piazza Pio II

Baumeister Bernardo Rossellino beseitigte für diesen harmonisch, perspektivisch spannend und elegant wirkenden Platz an der höchsten Stelle des Hügels, auf dem sich Pienza erhebt, das mittelalterliche Zentrum der Ortschaft. Hier stehen die wichtigsten Gebäude von Pienza. Die Piazza ist heute der zentrale Treffpunkt der Bürger von Pienza.

Pieve di San Vito

Die alte Pfarrkirche von Corsignano ist über eine herrliche Panoramastraße zu erreichen. Das romanische Bauwerk aus dem 11. Jh. liegt malerisch und einsam mitten im Grünen. Zauberhaft der komplett erhaltene Innenraum mit einem Taufbecken aus dem 10. Jh.

1 km vom westl. Stadttor

Romitorio di Pienza

Außerhalb Pienzas befindet sich dieses ungewöhnliche, kuriose und deshalb sehr reizvolle Bauwerk aus dem 14. Jh. Es handelt sich um in den weichen Tuffstein gehauene Kapellen einer Einsiedelei, die wahrscheinlich etruskischen Ursprungs ist.

Besichtigung auf Anfrage beim Agriturismo Cretaiole | Tel. 05 78 74 80 83, mobil 33 87 40 92 45

ÜBERNACHTEN

La Foce ▶ S. 24

Relais Il Chiostro di Pienza

Schlafen im Kloster – Vier-Sterne-Komfort in einem ehemaligen Kloster des 15. Jh. im Herzen von Pienza, mit Pool und toller Panoramaterrasse. Besonders schön: die Zimmer mit Blick ins Val d'Orcia! Im Restaurant La Ter-

Das Thermalbecken von Bagno Vignoni (▶ S. 120) im Val d'Orcia. Die Ruine des alten Schlosses Vignoni auf dem Hügel und die Thermalbäder gaben dem Städtchen seinen Namen.

razza del Chiostro kommen toskanische Klassiker auf den Tisch.
Corso Il Rossellino, 26 | Tel. 057 74 84 00 | www.relaischiostrodipienza. com | 37 Zimmer | ⌨ | €/€€

Tenuta Santo Pietro

Luxus in der Natur – Zauberhafte Landresidenz, liebevoll und elegant restauriert mit komfortablen und geräumigen Zimmern. Herrlich gepflegter Gartenpark. Im hauseigenen Restaurant mit toskanischen Spezialitäten und vielen Zutaten aus dem Garten werden auch Kochkurse abgehalten.
Località Santo Pietro, 29 | Tel. 057 75 41 51 | www.tenutasantopietro.com | 12 Zimmer | €€/€€€

ESSEN UND TRINKEN
RESTAURANTS
Dopolavoro ⚑

Schick auf dem Land – In dem ehemaligen Gebäude, in dem die Eigentümer von La Foce ihren Landarbeitern die Möglichkeit gaben, sich nach der Arbeit zu unterhalten, befindet sich seit einiger Zeit eine auf Country gestylte Trattoria. Bei gutem Wetter kann man auch auf der Terrasse essen, es gibt Spezialitäten aus der Region. Ausgezeichnet die Vorspeisen und Nudelgerichte.
Località La Foce | Strada della Vittoria, 90 | Tel. 05 78 75 40 25 | www.dopola vorolafoce.it | Mo geschl. | €

La Porta

Tradition groß geschrieben – Mitten im zauberhaften Örtchen Montichiello gelegene Trattoria, in der Daria Cappelli das gastronomische Erbe der Toskana auf meisterhafte Weise am Leben hält. Leckere Wildschweinrezepte, Nudelgerichte und toskanische Spezialitäten wie Schweinebacke. Gute Weinliste.
Montichiello | Via del Piano, 1 | Tel. 0578 75 51 63 | Mo geschl. | €
10 km südöstl. von Pienza

Trattoria da Fiorella ▶ S. 33

Trattoria Latte di Luna
Mittendrin! – Mitten in Pienza befindet sich dieses einfache Lokal mit einem wirklich guten Preis-Leistungs-Verhältnis. Ideal für ein schnelles Mittagessen. Bei gutem Wetter sitzt man unter Sonnenschirmen auf einem kleinen Platz direkt beim Corso Rosselino. Lecker: geröstetes Gänsefleisch mit Oliven und als Dessert Kastanieneis.
Via San Carlo, 2 | Tel. 05 78 74 86 06 | Di geschl. | €

EINKAUFEN
DELIKATESSEN
Fattoria San Polo
Der Pecorino-Schafskäse aus Pienza ist in ganz Italien berühmt. Wenn Sie erfahren wollen, wie er hergestellt wird, dann besuchen Sie diese Käserei etwas außerhalb von Pienza. Degustation ist natürlich auch angesagt!
Località Podere San Polo | Pienza | Tel. 05 77 66 53 21 | www.degustazioni.net

Da Marusco e Maria
Dieses Delikatessengeschäft wartet mit Wurst- und Käsespezialitäten aus dem Umland von Pienza und der übrigen Toskana auf. Gutes Angebot an Pasta-Saucen und Weinen.
Corso Il Rossellino, 19 | Tel. 05 78 74 82 22

MÄRKTE
Fiera del Cascio
Diese toskanische Käsemesse findet jeweils Anfang September in Pienza statt und ist vor allem dem würzigen Käse Cacio pecorino gewidmet.
1. Sa und So im Sept.
www.prolocopienza.it

Wollen Sie's wagen?

Von Pontremoli im Nordwesten der Toskana bis nach Süden führt mitten durch die Toskana einer der ältesten und schönsten Pilgerwege Europas: die Via Francigena von Canterbury nach Rom. Südlich von Siena schlängelt sich dieser relativ gut ausgeschilderte Wanderweg durch ungemein malerische Gegenden, vorbei an Pienza und Sant'Antimo und dem Monte-Amiata-Berg. Sie brauchen ja nicht gleich die ganze Toskana als Pilger zu durchwandern, aber ein Teilabschnitt kann eine wunderschöne Naturerfahrung bieten. Vielleicht zwei, drei Tage, mit Unterkunft in einfachen Gasthäusern. Wenn Sie kundtun, Sie reisen auf der Via Francigena, wird sich das Herz aller Toskaner öffnen.

Mercato Biologico
Hier werden ausschließlich biologisch und ökologisch angebaute Lebensmittel aus der Toskana feilgeboten: Weine, Käse, Honig, Brote etc. Sehr reizvoll, wenn man in einem der zahlreichen Ferienhäuser in der Umgebung wohnt und vielleicht sogar mit einem Rad zum Markt nach Pienza fahren kann …
Piazza Galletti | 1. So des Monats, 9–19 Uhr | www.comune.pienza.siena.it

SERVICE
AUSKUNFT
Ufficio Informazioni Turistiche Prospettiva Pienza
Piazza Dante Alighieri, 18 | Tel. 05 78 74 83 59, 05 78 74 90 71 | www.ufficioturistico dipienza.it

Ziele in der Umgebung

◎ ABBAZIA DI MONTE OLIVETO MAGGIORE ◢ D 6

Grandiose Klosteranlage des Benediktinerordens, gegründet 1313 und umgeben von einem Wald aus schlanken Zypressen – mit beeindruckenden Fresken zum Leben des hl. Benedikt von Luca Signorelli (spätes 15. Jh.) und Sodoma (frühes 16. Jh.). Übernachtung im klostereigenen Agriturismo möglich.
Asciano | Tel. 05 77 70 76 11 | www.monteolivetomaggiore.it | tgl. 9.15–12, 15.15–17 (Winter) bzw. bis 18 Uhr (Sommer) | Eintritt frei
30 km nordwestl. von Pienza

◎ BAGNO VIGNONI ◢ E 6

Hier kurten schon die hl. Katharina von Siena, natürlich auch im Wasser mit einem Nonnenkleid bedeckt und unter den wachsamen Augen ihrer Mutter, sowie Medici-Fürst Lorenzo der Prächtige. Er soll, so berichten Legenden, splitternackt ins Wasser gestiegen sein. Seit der Römerzeit bekannt, hat diese Thermenanlage mit dem großen antiken Becken bis heute ein ganz besonderes Flair. Auch an Tagen mit Regen und Nebel. Wer lieber in modernen Einrichtungen baden will, dem stehen Kurhotels ganz in der Nähe zur Verfügung.
🕐 Bei Nebel, frühmorgens oder am späten Nachmittag übt dieser Ort eine ganz besonders magische Faszination aus.
15 km südwestl. von Pienza

◎ GIARDINO DI DANIEL SPOERRI 👫 ◢ D 7

Der berühmte Schweizer Installationskünstler ließ sich nicht weit vom malerischen Val d'Orcia nieder und bat befreundete Künstler, darunter Stars wie Erwin Wurm und Eva Aeppli, für sein riesiges Grundstück Plastiken zu entwerfen und aufzustellen. Mit einem Spaziergang kann dieser malerische und romantische Skulpturenpark begangen werden. Der Ort ist nicht leicht zu finden, aber in der ganzen Umgebung kennen alle Spoerri und seinen Garten – deshalb also nachfragen.
Il Giardino di Daniel Spoerri | Pescina | Tel. 05 64 95 08 05 | www.danielspoerri.org | Ostern–Juni Di–So 11–20, Juli–15. Sept. tgl. 11–20, 16. Sept.–Okt. Di–So 11–20 Uhr, Nov.–Ostern nach Voranmeldung | Eintritt 10 €
33 km südwestl. von Pienza

◎ GIARDINO DEI TAROCCHI 👫 ◢ D 8

Die französische Künstlerin Niki de Saint Phalle wurde mit ihren »Nanas«, den korpulenten bunten Frauenfiguren, weltberühmt. Auf einem mehrere Hektar großen Grundstück, in der Nähe des bei Italiens Linksintellektuellen beliebten und schicken Urlaubsorts Capalbio, erfüllte sie sich einen Traum: einen Park mit 22 großen und teilweise bis zu 15 m hohen Skulpturen, die die Figuren des Tarot-Kartenspiels darstellen. Der fantastische Kunstpark ist ein riesiges Freiluftmuseum und kommt auch bei Kindern richtig gut an. Im größten dieser Standbilder, das eine beleibte und nackte Frau darstellt, wohnte die Künstlerin immer dann, wenn sie sich an diesem Ort aufhielt. Die Wohnräume können ebenfalls besichtigt werden.
Il Giardino dei Tarocchi | Capalbio | Tel. 05 64 89 51 22 | www.nikidesaintphalle.com | April–15. Okt. tgl. 14.30–19.30 Uhr | Eintritt 12 €
124 km südl. von Pienza

Die Künstlerin Niki de Saint Phalle gestaltete ab 1979 bei Capalbio den Kunstpark Giardino dei Tarocchi (▶ S. 120). Die knallbunten Skulpturen stehen für die Figuren der Tarotkarten.

ÜBERNACHTEN
Locanda Rossa 🚩

Viel Natur und ein großer Pool – In den sanften Hügeln der Maremma findet sich dieses schmucke Landgut mit Park: cooles Design und jeder Komfort, inklusive Spa mit Indoorpool. Die auf dem Anwesen produzierten Olivenöle und der Honig sind ausgezeichnet. In der schicken Osteria mit Weinbar werden lokale Gerichte serviert.

Capalbio | Strada Capalbio–Pescia Fiorentina, 118 | Tel. 05 64 89 04 62 | www.locandarossa.com | 12 Zimmer | €€/€€€

◎ LAGUNA DI ORBETELLO/ MONTE ARGENTARIO 👫 🛶 C/D 8

Über eine Landzunge mit dem Naturschutzpark der Lagune von Orbetello, wo, sehr idyllisch, Pinien dicht bis an den Strand wachsen, erreicht man bequem mit dem Pkw die Halbinsel Monte Argentario. Eine 26 km lange Panoramastraße führt in luftiger Höhe rund um die felsige Halbinsel. Pittoresk sind die beiden Hafenorte **Porto Santo Stefano** und **Porto Ercole**. Bei gutem Wetter ist der Blick vom 635 m hohen **Monte Telegrafo** auf die toskanische

Küste und die Inseln des toskanischen Archipels faszinierend.

110 km südwestl. von Pienza

ESSEN UND TRINKEN

Il Pellicano ▶ S. 33
I Pescatori ▶ S. 33

Auf etruskischen Spuren – entlang der Via Cava

Bei der romanischen Kirchenruine San Rocco im malerischen Ort Sorano beginnt eine Zauberwelt mit etruskischen Gräbern und der fantastischen »Via Cava« (▶ S. 13).

◎ MONTALCINO   ⚑ D 6

5100 Einwohner

Der Brunello di Montalcino, einer der besten Weine nicht nur Italiens, hat hier seine Heimat. Rund um den malerischen alten Ort werden Reben angebaut und können im Städtchen sowie bei zahlreichen Winzern auf Anfrage verkostet werden. Beim **Consorzio del Vino Brunello di Montalcino** (Piazza Cavour, 8, Tel. 05 77 84 82 46, www.consorziobrunellodimontalcino.it) erhält man interessante Informationen zum Wein und seinem Anbau. Das Consorzio vermittelt Ihnen auch Kontakte zu bestimmten Winzern sowie Besuche auf deren Gütern, was einen ganz besonderen Reiz haben kann.

24 km westl. von Pienza

SEHENSWERTES

Abbazia di Sant'Antimo

Einer der stimmungsvollsten Orte der Toskana! Von der im 8. Jh. von Karl dem Großen gegründeten Abtei, so eine fromme Legende, ist nur noch die romanische Benediktinerkirche (12. Jh.) erhalten. Umgeben von Zypressen erhebt sie sich einsam in der Landschaft. Für die teilweise figurenreichen Säulenkapitelle, einige aus hellem Onyxmarmor, sollte man ein Fernglas bei sich haben. Nur so kann man die erstaunliche Fantasiewelt aus realen Figuren und Fabelwesen, die typisch für das Mittelalter ist, in voller Pracht genießen.

🕐 Besichtigen Sie diese Kirche an einem späten Nachmittag, wenn die Touristenbusse fort sind, und Sie haben das Bauwerk fast für sich allein.

Località Sant'Antimo | Castelnuovo dell' Abata | Tel. 05 77 83 56 59 | www.antimo. it | tgl. 10.15–12.30, 15–18.30 Uhr

10 km. südl. von Montalcino

ESSEN UND TRINKEN

L'Abbazia ▶ S. 32

◎ MONTEPULCIANO   ⚑ E 6

14 000 Einwohner

Der Vino Nobile di Montepulciano ist ein international bekannter Rotwein. Im Umland dieses malerischen Städtchens wird er angebaut (Infos: Consorzio del vino Nobile di Montepulciano, www.consorziovinonobile.it). An der Via di Gracciano nel Corso zeugen stattliche Patrizierpaläste von einer glorreichen Vergangenheit. Sehenswert ist die Piazza Grande mit ihren Palazzi. Das **Museo Civico** (Via Ricci, 10, Tel. 05 78 71 73 00, Di–So 10–13, 15–18 Uhr) zeigt Renaissancekunst.

Der deutsche Komponist Hans Werner Henze (1926–2012) schuf in Montepulciano das Musikfestival »Cantiere dell' Arte« (www.fondazionecantiere.it). Das Festival leidet zwar erheblich unter den finanziellen Sparmaßen der Lokalpolitiker, doch werden immer wieder interessante Veranstaltungen geboten.

13 km östl. von Pienza

SEHENSWERTES

Madonna di San Biagio

Antonio da Sangallo d. Ä. errichtete 1518 bis 1540 diese Kirche in Form eines griechischen Kreuzes. Der hochelegante, eindrucksvolle Travertinbau gilt aufgrund seiner harmonischen Form und der Elemente – Quadrat, Rechteck, Halbkreis (die Kuppel) – als perfekte Umsetzung jener architektonischen Prinzipien der Renaissance, die sich an der römischen Antike orientierten. Der Umstand, dass sich die Kirche unterhalb der Stadtmauern im Grünen erhebt, unterstreicht die anregende Dialektik zwischen Natur und Kunstwerk. Der Innenraum wirkt grandios.

Ca. 1 km südwestl. von Montepulciano

Eine malerische Straße 5

Die SS 146, die Landstraße von Pienza nach San Quirico d'Orcia, ist eine der wunderbarsten Straßen der an schönen Strecken sicherlich nicht armen Toskana (▶ S. 14).

◎ SAN QUIRICO D'ORCIA   E 6
2300 Einwohner

Uraltes malerisches Dorf zwischen Montepulciano und Montalcino. Sehenswert ist die **Collegiata**. Die romanische Kirche aus dem 12. Jh. verfügt über zwei bemerkenswerte skulpturengeschmückte Portale, eines davon im gotschen Stil. Sehenswert im Innenraum sind das hölzerne Chorgestühl von 1502 sowie ein Triptychon der Muttergottes Maria mit dem Kind und Heiligen von Sano di Pietro.

10 km westl. von Pienza

Hauptsehenswürdigkeit von San Quirico d'Orcia (▶ S. 123) ist die an der Piazza Chigi gelegene romanische Kirche Collegiata aus dem 12. Jh. – im Bild das Westportal mit Knotensäulen.

PISA UND DER NORDWESTEN

Der Campo dei Miracoli mit dem Schiefen Turm und dem romanischen Dom ist das grandiose Vermächtnis der einstmals überaus betuchten Seerepublik Pisa. Auch die Stadt Lucca präsentiert sich als architektonisches Kleinod.

Einer Legende zufolge wurde die Stadt von trojanischen Flüchtlingen aus dem griechischen Pisa gegründet, die in der Folge des Sieges der Griechen über das gefallene Troja den Peloponnes verlassen mussten. Fakt ist, dass Pisa erst unter den Etruskern und dann unter den Römern zu einer florierenden Hafenstadt wurde. Archäologen gruben als Bestätigung hierfür vor einigen Jahren die größte Ansammlung antiker Schiffe im gesamten Mittelmeerraum am Stadtrand von Pisa aus, der Fund soll schon bald zu besichtigen sein. Auch nach dem Ende des Römischen Reichs, unter den Langobarden und im frühen Mittelalter war die Stadt wegen ihres Hafens ein wichtiger Stützpunkt. Die Sarazenen griffen Pisa vom Meer aus immer wieder an. 1004 bezogen sie sogar Quartier in der Stadt.

Im 11. Jh. kam es zu einer großen wirtschaftlichen Blüte. Die selbstbewussten Bürger gaben sich eine eigene Verfassung und unterstellten sich

◄ Das Kirchlein Santa Maria della Spina am
Arno-Ufer in Pisa (▶ S. 126).

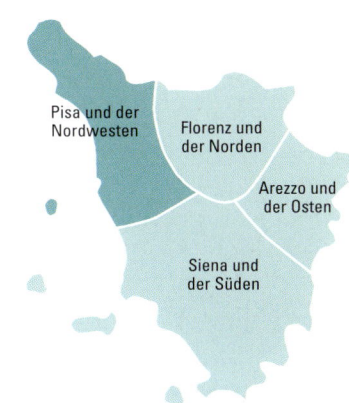

dem Schutz des römischen, also
des deutschen Kaisers. Unzählige
Schlachten – zu See und zu Land –
mit anderen italienischen Stadtstaaten, wie beispielsweise gegen
das mächtige Genua, leiteten den
langsamen Niedergang Pisas ein.
Im Jahr 1406 war es dann so weit:
Pisa und sein Territorium fielen
endgültig an die Medici in Florenz.

HOCHBURG DER FRÜHRENAISSANCE

Wichtig für die italienische – und damit auch für die gesamteuropäische
– Kunstgeschichte ist der pisanische Einfluss im 12. und 13. Jh. auf die
Entwicklung der Kunst. Jüngeren Theorien zufolge waren Pisaner Maler,
Bildhauer und Architekten die Ersten überhaupt, die sich im Hochmittel-
alter, und noch weit vor Beginn der Frührenaissance, von den Vorbildern
der Antike beeinflussen ließen. Nicht wenige italienische Kunsthistoriker
sprechen in diesem Zusammenhang, vor allem mit dem Verweis auf Nicola und Giovanni Pisano, von einer pisanischen Proto-Renaissance, die
die Florentiner Renaissance erst ermöglichte.

Pisa lebt heute nicht nur vom Tourismus. Die Universität mit rund 50 000
Studenten gilt als eine der besten Italiens, Handel und Industrie sorgen
auch in wirtschaftlichen Krisenzeiten für Wohlstand. Neben dem Schie-
fem Turm auf der Piazza dei Miracoli von Pisa und einem Spaziergang
durch die uralten Straßen und Gassen **Luccas** bietet diese Teilregion viel
große Kunst, wilde Natur, ein im Ausland fast unbekanntes **Musikfestival**
in dem Bergstädtchen **Barga**, eine sehr reizvolle und gut organisierte
Küste, einen extrem eindrucksvollen Steinbruch in **Carrara**, wo sich
schon Michelangelo bediente, hohe Berge mit wildromantisch gelegenen
kleinen Ortschaften in der **Garfagnana** und den nicht nur für Kinder faszinierende Pinocchio-Park in **Collodi**.

Ein Geheimtipp, vor allem unter nichtitalienischen Touristen, sind immer noch die Villen in der Umgebung von Lucca. Adel und reiches Bürgertum ließen sie sich im 18. Jh. errichten. Viele dieser Anwesen, die in
herrlichen Parks liegen, können besichtigt werden.

PISA

A/B 3/4

Stadtplan ▶ S. 127
86 000 Einwohner

SEHENSWERTES

1 Battistero

Eines der elegantesten mittelalterlichen Bauwerke Italiens, eine Mischung aus romanischen und gotischen Elementen, errichtet zwischen dem 12. und 14. Jh. Beteiligt waren die Lokalmatadoren Nicola und Giovanni Pisano. Besondere Aufmerksamkeit verdienen die Portale. Der innere Teil der Kuppel misst 18 m im Durchmesser. Das achteckige Taufbecken in der Mitte des Raums ist ein Werk von Guido da Como (1246). Die Predigtkanzel gilt als ein Hauptwerk von Nicola Pisano, der zusammen mit Giovanni auch die großen Skulpturen entlang der Innenwände schuf.

Piazza del Duomo | Nov.–Feb. tgl. 10–17, März 9–18/19, April–Sept. 8–20, Okt. 9–19 Uhr | Eintritt 5 € (Einheitsticket Campo dei Miracoli 10 €)

2 Camposanto Monumentale

Obwohl während des Zweiten Weltkriegs bei Bombenangriffen schwer zerstört, präsentiert sich dieser im späten 13. Jh. errichtete Friedhof wieder in alter Pracht und als Kreuzgang. Die großartigen Fresken aber, darunter der berühmte »Triumph des Todes«, konnten nur teilweise restauriert werden.

Die bei der Nachkriegsrestaurierung entdeckten Freskenskizzen (Sinopien) sind in dem eigens dafür eingerichteten Museo delle Sinopie zu besichtigen. Im Kreuzgang des Friedhofs befindet sich eine beachtliche Sammlung römischer Sarkophage. Interessant ist, wie viele der Reliefbilder und Skulpturen der Bildhauerfamilie Pisano, und an diesem Ort lässt sich das nachverfolgen, von den antiken Bildwerken beeinflusst wurden. In gewisser Weise, da sind sich Kunstexperten seit einiger Zeit einig, kann man in diesem Fall von einer Pisaner Frührenaissance sprechen.

Piazza del Duomo | Öffnungszeiten wie Baptisterium | Eintritt 5 €
– Museo delle Sinopie | Öffnungszeiten wie Baptisterium | Eintritt 5 €

3 Duomo Santa Maria Assunta

Das Meisterwerk italienischer Baukunst wurde 1063 nach dem Sieg über die Araber bei Palermo begonnen. Der monumentale Dom konnte bereits im Jahr 1118 von Papst Gelasius II. geweiht werden. Er erhebt sich auf dem weitläufigen Campo dei Miracoli und wird umrahmt von den drei Bauwerken **Baptisterium** (▶ S. 126), **Camposanto Monumentale** (▶ S. 126) und **Campanile** (Torre pendente ▶ S. 128). Auch am Dom ist der Einfluss von Giovanni Pisano (Skulpturen) unübersehbar. Ebenfalls von ihm stammen die reliefgeschmückte Kanzel im Innenraum (frühes 14. Jh.) und eine elfenbeinerne Madonna in der Sacrestia del Cappellano. Sie ist heute im **Dommuseum** (Museo dell'Opera del Duomo ▶ S. 130) zu besichtigen.

Nicolo Pisano und sein Sohn Giovanni begründeten mit ihren Bau- und Kunstwerken des pisanischen Stil, der durch die Verbindung romanischer mit altrömischen Bauelementen ikonografische Grundlagen für die spätere Entstehung der Renaissance lieferten. Wie sehr diese Hypothese zutrifft, wird vor allem an der Kanzel des Baptisteriums und des Doms deutlich: Die dargestellten Figuren verfügen über einen so lebhaften

Ausdruck, dass die Auseinandersetzung der Künstler mit antiken Vorbildern, beispielsweise mit Sarkophagen, unübersehbar ist. Das Gleiche gilt für die um das Jahr 1180 entstandenen Bronze-

tafeln der Porta San Ranieri, auf denen der das Leben Christi nacherzählt wird. *Piazza del Duomo* | Nov.–Feb. 10–13, 15–17, März 10–18, April–Sept. 10–20, Okt. 10–19 Uhr | Eintritt 6 €

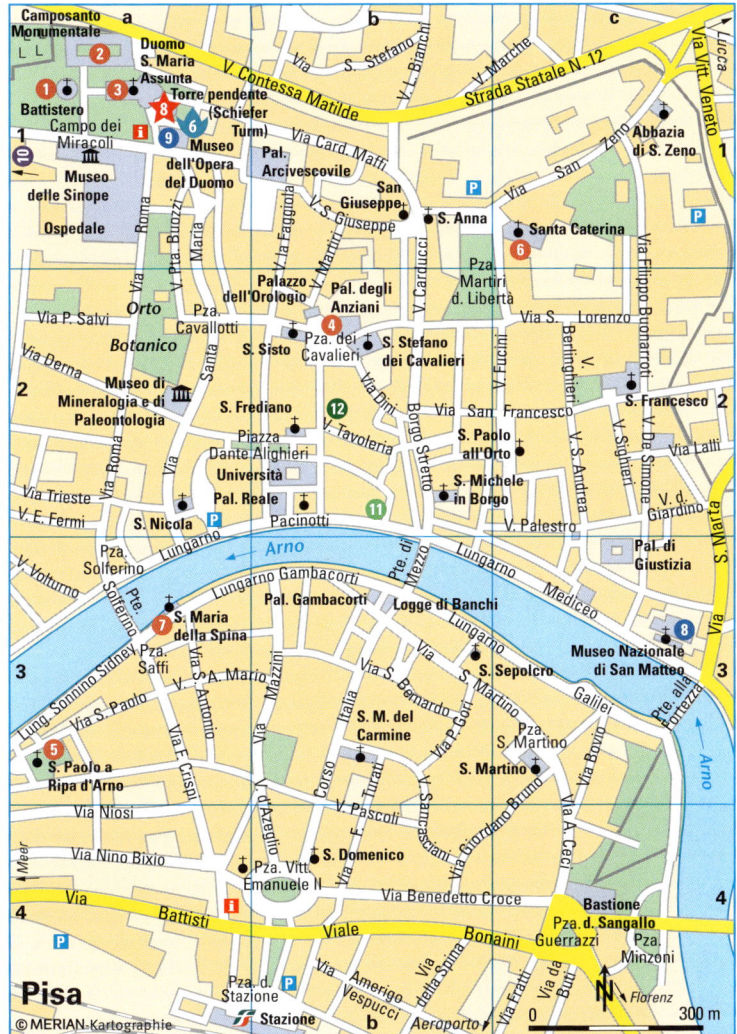

4 Piazza dei Cavalieri

Das säkulare Zentrum Pisas. Unter den Medici-Fürsten wurde dieser Platz neu gestaltet und erhielt sein heutiges Gesicht. Einer der elegantesten Plätze Pisas. Hier erheben sich der **Palazzo dei Cavalieri** von 1562, in dem die Scuola Normale Superiore untergebracht ist, eine von Kaiser Napoleon 1810 eingerichtete Elitehochschule, deren Wände ganz mit Grafittimalerei verziert sind. Der **Palazzo dell'Orologio** zeigt eine Fassade von Vasari (1607). Abgerundet wird das architektonische Ensemble von der Kirche **San Stefano dei Cavalieri** mit Vasaris Glockenturm von 1569, ein prächtiges frühbarockes Bauwerk.

5 San Paolo a Ripa d'Arno

Ein typisch pisanisches Gotteshaus der Romanik aus dem 11. und 12. Jh. Der Innenraum wurde nach den Zerstörungen des Zweiten Weltkriegs teilweise restauriert, vermittelt aber immer noch eine gewisse Grandiosität. Außerhalb der Kirche und hinter der Apsis befindet sich die **Cappella di Santa Agata**, eine kleine und für die italienische Baukunst jener Zeit ungewöhnliche Konstruktion des 12. Jh., die man so eher in Nordeuropa vermuten würde, nicht nur wegen ihres steilen Spitzdachs.
Piazza San Paolo a Ripa d'Arno

Den Sonnenuntergang am Schiefen Turm erleben

Warten Sie hier auf die letzten Sonnenstrahlen. Wenn die Massen verschwunden sind, wirkt der Campo dei Miracoli wie ein Bühnenbild für die letzte Szene des Tages (▶ S. 14).

6 Santa Caterina

Die hochgotische Dominikanerkirche aus dem späten 13. Jh. weist eine elegante Marmorfassade mit Bögen, Säulen, Loggien und einer Rosette auf. Der einschiffige Innenraum birgt Skulpturen und ein Grabmonument von Nicola und Nino Pisano aus dem 14. Jh.
Piazza Santa Caterina, 4–6 | Nov.–Feb. Di–So 10–14, 14.30–17 (am 2. So im Monat 10–13), März–Okt. Di–Fr 10–13.30, 14.30–18, Sa 10–19 Uhr | Eintritt 2 €

7 Santa Maria della Spina

Vielleicht einer der schönsten Sakralbauten der Toskana: ein architektonisches Juwel romanisch-gotischer Baukunst. Das ehemalige Oratorium wurde 1323 aus- und umgebaut. Ihren Namen erhielt die Kirche, weil dort, so heißt es, die Reliquie eines Nagels der Dornenkrone Christi aufbewahrt wurde, die sich jetzt in der Kirche Santa Chiara befindet. Das kleine Gotteshaus mit seinen gotischen Zinnen und Spitzbögen sowie romanischen Bögen ist ein echter Blickfang. Im hellen Innenraum finden sich Skulpturen der Hochgotik.
Lungarno Gambacorti | Okt.–März Di–So 10–14, April–Sept. Di–Fr 10–14, 15–18, Sa, So 10–14, 15–19 Uhr

8 Torre pendente

Schief war der frei stehenden Glockenturm schon gleich nach seiner Fertigstellung, da auf viel zu sandigem Boden errichtet. Daraufhin wurde der Bau für etwa 100 Jahre unterbrochen, erst 1372 konnte die Glockenstube fertiggestellt werden. Vor einigen Jahren wurde die Schiefstellung um knapp 41 cm korrigiert, was an seiner kuriosen Schönheit nichts änderte. Italiens faszinierendster

Die Torre pendente (▶ MERIAN TopTen, S. 128), der Schiefe Turm von Pisa, auf der Piazza dei Miracoli. Im Vordergrund der aus Carrara-Marmor errichtete Dom Santa Maria Assunta.

Kirchturm, rund 55 m hoch und über 293 Stufen zu besteigen, gilt jetzt als sicher. Eine weitere Schieflage ist nicht zu erwarten, doch befürchten Experten, dass mögliche Erdbeben dem Turm zusetzen könnten. Da Pisa aber noch nicht als Erdbebengebiet aufgefallen ist, wird der Bau auch weiterhin bestiegen werden können.

🕐 Erklimmen Sie den Turm kurz vor der Schließung am frühen Abend – am besten bei Sonnenuntergang!

Piazza del Duomo | Dez.–Jan. 10–16.30, Nov., Feb. 9.30–17.30, März 9–17.30, April–Sept. 8.30–20, Okt. 9–19 Uhr | Eintritt 15 €

MUSEEN

8 Museo Nazionale di San Matteo

Eines der wichtigsten Museen der Toskana, untergebracht in einem ehemaligen Benediktinerkloster – eine Schatztruhe, die ähnlichen Einrichtungen in Florenz in nichts nachsteht. Ausgestellt werden Meisterstücke der pisanischen Schule aus dem 12. bis 14. Jh., von der Familie Pisano, von Malern wie Simone Martini und den Renaissancemeistern, darunter Donatello, Masaccio und Beato Angelico. Werke aller wichtigen Künstler der Hochgotik und der Renaissance sind hier vertreten.

Piazza San Matteo in Soarta, 1 | Tel. 050
54 18 65 | Di–Fr 8.30–19, Sa, So 8.30–
13 Uhr | Eintritt 5 €

9 Museo dell'Opera del Duomo

In einem großen Palazzo, der zum
Domplatz gehört und in dem jahrhundertelang der Kanonikus des Doms residierte, sind zahlreiche Originalwerke
aus dem Baptisterium und der Kirche
ausgestellt, die die Entwicklung der Pisaner Kunst aufzeigen: Holzskulpturen
der französischen Schule, Arbeiten von
Nicola und Giovanni Pisano, Tino di
Camaino sowie der reiche Domschatz.
Das erste Stockwerk zeigt kostbare liturgische Gegenstände und Gewänder
aus verschiedenen Jahrhunderten.
Piazza Arcivescovado, 6 | Tel. 05 03 87
22 10 | http://piazza.opapisa.it | Nov.–
Feb. 10–17, März 9–18/19, 8–20, April–
Sept. 8–20 Uhr | Eintritt 5 €

ÜBERNACHTEN

10 Hotel Il Giardino

Direkt am Dom – Hübsches und or-
dentliches Haus nahe der Stadtmauer,
hinter der, nur einen Katzensprung
entfernt, der Domplatz liegt. Besonders
schön: frühstücken oder abends ein
Glas Wein auf der Dachterrasse.
Piazza Daniele Manin, 1 | Tel. 050 56
06 88 | 9 Zimmer | €

11 Royal Victoria Hotel

Traditionshaus – Seit dem 15. Jh. ist in
diesem Gebäude eine Herberge untergebracht. Zum eleganten Hotel wurde
es schließlich im Jahr 1837. Komfortable Zimmer mit viel Charme, und
von der Dachterrasse aus schweift der
Blick direkt auf den Arno. Mitten im
historischen Zentrum gelegen.
Lungarno Pacinotti, 12 | Tel. 050 94 01 11 |
www.royalvicotia.it | 20 Zimmer | €€

Im Museo dell'Opera del Duomo (▶ S. 130) können die originalen Skulpturen von Nicola
Pisano, Giovanni Pisano und Tino di Camaino aus dem Dom von Pisa bewundert werden.

ESSEN UND TRINKEN

RESTAURANTS

Da Gino ⚑ A 4

Nicht weit vom Meer entfernt – Klassisches Fischrestaurant, das vor allem von Einheimischen besucht wird, was fast immer ein gutes Zeichen ist. Täglich frische Produkte aus dem Meer. Besonders reizvoll: die Fischfilets eingerollt in hauchdünne Scheiben des Lardo-Specks von Colonnata. Reiche Vorspeisenauswahl, passable Weinliste.
Località Marina di Pisa | Via Cursolari, 2 | Tel. 05 03 54 08 | www.daginoamarina.it | Mo, Di geschl. | €/€€

⑫ Osteria dei Cavalieri

Traditionell – Erde, Meer und Gemüse: Diese drei Menüvarianten werden in diesem empfehlenswerten Lokal mit Gastroklassikern der toskanischen Küche serviert. Lecker auch die Pasta- und Fischgerichte. Gute Weinkarte.
Via San Frediano, 16 | Tel. 0 50 58 08 58 | www.osteriacavalieri.pisa.it | Sa mittags und So geschl. | €/€€

Re di Puglia ⚑ A 4

Beste toskanische Steaks – Außerhalb Pisas werden neben handgemachten Nudeln und ausgezeichneten Vorspeisen in diesem hübschen Bauernhaus originale Bistecche-Steaks von Maremma-Rindern zubereitet.
Coltano | Via Aurelia Sud, 7 | Tel. 0 50 96 01 57 | www.ristoranteredipuglia.it | Mo geschl. | €

SERVICE

AUSKUNFT

Pisaunicaterra

Piazza Vittorio Emanuele II, 16 | Tel. 05 04 22 91 | www.pisaunicaterra.it

Ziele in der Umgebung

◎ BOLGHERI ⚑ B 5

1300 Einwohner

Die bei Bolgheri gelegene schnurgerade Zypressenallee, die sich von der antiken Via Aurelia ins Land zieht, gilt als die eindrucksvollste ganz Italiens. Der Dichter Giosue Carducci (1835–1907) verfasste zu dieser Straße seine Ode »Davanti San Guido«. Schade nur, dass die Zypressen zunehmend von Käfern bedroht sind. Mithilfe eines Projekts der Uni Florenz wird versucht, die uralten Bäume zu retten. Ganz in der Nähe gibt es Weingüter mit erstklassigen Tropfen: Tenuta dell'Ornellaia (www.ornellaia.com) und Tenuta San Guido (www.tenutasanguido.com).
80 km südl. von Pisa

◎ CALCI ⚑ B 3

6200 Einwohner

Ein Geheimtipp für Liebhaber romanischer Kirchen, die sich malerisch mitten in der Natur erheben. Die **Pieve di San Ermolao** aus dem späten 11. Jh., 12 km östl. von Pisa gelegen, gilt als eine der schönsten der ganzen Toskana. Schön ist auch eine Pieve, eine kleine romanische Kirche aus dem 11. Jh., die sich mitten in der Ortschaft erhebt. Etwa 5 km südlich von Calci befindet sich **Uliveto Terme**, von wo eines der besten Mineralwasser Italiens stammt. Reizvoll ist die Besichtigung der **Grotta del Pippi**, einer kurios geformten Grotte. Sehenswert ist in Calci auch die **Certosa di Pisa**, ein prächtiges ehemaliges Barockkloster. Die Ursprünge der Anlage gehen auf das 14. Jh. zurück, es gibt zwei schöne Klösterinnenhöfe.
Via Roma, 79 | Tel. 05 02 21 29 90
10 km östl. von Pisa

 **LIVORNO** 🏖 A 4
157 000 Einwohner

Die wichtigste Hafenstadt der Toskana wurde im Zweiten Weltkrieg schwer durch alliierte Bomben zerstört. Obwohl nach Kriegsende die Altstadt weitgehend wieder restauriert wurde, fehlt Livorno ein wenig vom Charme anderer toskanischer Städte. Und doch gibt es in dieser Stadt, die im 16. Jh. nach dem Willen des Medici-Fürsten Cosimo »ex novo« geschaffen wurde, einiges zu entdecken. Das Zentrum bildet die Piazza Grande mit verschiedenen historischen Palazzi. Bei den Festungsgräben wurde Ende des 16. Jh. die mächtige **Fortezza Nuova** errichtet. Kurios ist das Viertel **Venezia Nuova**: mit Kanälen und Brücken und schmalen Gassen. Die Festung **Fortezza Vecchia** ist ein Werk von Renaissancemeister Antonio da Sangallo (1521–1534).

Seit der Renaissance gilt Livorno als eine besonders weltoffene Stadt. 1593 legte eine für das damalige Europa ungewöhnliche Bestimmung fest, dass jeder Zuwanderer in Livorno ein Aufenthaltsrecht genießt. Das galt auch für Juden, und so besaß die Stadt – bis zur Besetzung der Toskana durch die Wehrmacht zwischen 1943 und 1945 – eine große jüdische Gemeinde.

Besonders schön ist ein Spaziergang über die Viale Italia, direkt am Meer entlang, vorbei an Villen, Hotels und Badeanstalten. Unweit der Altstadt befindet sich der alte **Porto Mediceo**, heute ein Fährhafen mit Verbindungen nach Korsika und Sardinien. Reizvoll für einen Ausflug ist auch der südlich gelegene Badeort **Castiglioncello**, wo kleine Buchten mit Pinienwäldern locken.

25 km südwestl. von Pisa

MUSEEN

Museo Giovanni Fattori

Giovanni Fattori (1825–1908) war einer der Hauptexponenten der italienischen Impressionistenschule der sogenannten Macchiaioli, der »Farbkleckser«. Er kam in Livorno zur Welt. Das Museum stellt auch Porträts des Malers Amadeo Modigliano (1884–1920) aus.

Via San Jacopo in Acquaviva, 65 | Tel. 05 86 80 80 01, 05 86 80 48 47 | Di–So 10–13, 16–19 Uhr | Eintritt 4 €

ESSEN UND TRINKEN

Marino

Ausgezeichnete Fischgerichte – Köchin Elena Goncalves hat sich auf Fisch spezialisiert. Unbedingt probieren: den »cacciucco«, die typische Fischsuppe von Livorno. Dieses Gericht sollte man bei der Tischreservierung gleich vorbestellen. Gute Hausweine.

Via del Lavoro, 1 | Tel. 05 86 88 73 88 | So, Mo und Di mittags geschl. | €

SERVICE

AUSKUNFT

Ufficio Turistico Costa degli Etruschi

Piazza del Municipio, 1 | Tel. 05 86 89 71 95 | www.costadeglietruschi.it

🏖 **PARCO NATURALE DI MIGLIARINO SAN ROSSORE MASSACIUCCOLI**
🏖 A/B 3/4

Wälder und Seen, Wander- und Fahrradwege, eine Vielzahl seltener Vögel und anderer Tiere sowie herrliche unbebaute Strände. Ein Tagesausflug in diesen großen Naturpark ist ein Erlebnis für die ganze Familie.

Cascine Vecchie | Tenuta di S. Rossore | Tel. 050 53 91 11 | www.parcosanrossore.org
1 km westl. von Pisa

◎ SAN MINIATO ⚓ C 4
26 000 Einwohner

Ursprünglich hieß das malerisch gelegene Städtchen, das wie eine Kulisse aus einem Film mit mittelalterlichem Inhalt erscheint, San Miniato al Tedesco, denn Stauferkaiser Friedrich II. errichtete die Burg und setzte einen Statthalter ein. Der romanische Dom enthält Sakralkunst des Mittelalters. Im **Museo Civico** sind wichtige Renaissancegemälde versammelt, u. a. von Pontormo, Luca Signorelli und Leandro Bassano. Fantastisch: das Wandbild »Resurrezione«, eines der Hauptwerke von Piero della Francesca.

Für Feinschmecker: die Mostra Mercato Nazionale del Tartufo Bianco (2.–4. Wochenende im Nov.), die Messe der weißen Trüffeln. Besuchenswert ist auch die Kirche San Domenico, an der seit 1330 immer wieder gebaut wurde.

Im Innenraum befinden sich Tafelbilder und das Grabmal Sepolcro Chellini nach einem Entwurf von Donatello und ausgeführt von Lapo Portigiani und Bernardo Rossellino.

50 km östl. von Pisa

ESSEN UND TRINKEN
La Taverna dell'Ozio

Nicht nur Sommertrüffel – San Miniato ist berühmt für seine Trüffel. Die kann man in verschiedenen Zubereitungen in dieser kleinen und viel besuchten Trattoria probieren (unbedingt reservieren). Chef Simone Fiaschi hat sich ganz auf die ländliche Küche der Region spezialisiert. Köstlich sind beispielsweise die mit Wildschwein gefüllten Tortellini sowie die Fleischgerichte. Kleine Weinliste.

Località Corazzano | Via Zara, 85 | Tel. 05 71 46 28 62 | €

Die Fortezza Vecchia aus dem frühen 16. Jh. wacht über den alten Hafen von Livorno (▶ S. 132). In unmittelbarer Nachbarschaft legen die modernen Fähren nach Korsika und Sardinien ab.

LUCCA

B 3

Stadtplan ▶ S. 135
82 000 Einwohner

Lucca liegt in einer fruchtbaren Ebene, umgeben von nahen Hügeln und Bergen. In vorrömischer Zeit war Lucca eine Siedlung im Sumpfgebiet. Das etruskische Wort »luc« bedeutet Sumpf. Später hat sich die Stadt aus einem römischen Castrum mit der heutigen Piazza San Michele als Forum entwickelt. Im Mittelalter war es ein blühendes Handels- und Finanzzentrum, das friedlich mit den Medici als Nachbarn auskam. Lucca war die vielleicht von den Prinzipien der Reformation am meisten beeinflusste italienische Stadt. So existierte im relativ toleranten Lucca niemals ein Inquisitionsgericht.

Der wohl berühmteste Bürger ist der 1858 geborene Opernkomponist Giacomo Puccini (» La Bohème«, »Turandot«, »Madame Butterfly«). Weil Lucca im 18. und 19. Jh. politisch eher im Schatten des europäischen Geschehens stand, blieb der historische Stadtkern fast komplett erhalten, mit seinen malerischen Patrizierhäusern und herrlichen romanischen Kirchen. Nicht wenige Besucher sind der Ansicht, Lucca sei die reizvollste Stadt der Toskana.

SEHENSWERTES

❶ Duomo San Martino

Neben der asymmetrischen Fassade aus hellem Marmor, ein Meisterwerk romanischer Säulen- und Bogenarchitektur, erhebt sich ein mächtiger Campanile-Glockenturm. Der in zweifarbigem Marmor gehaltene Innenraum birgt große Kunst: u. a. von Domenico Ghirlandaio (Altar mit Madonna und Heiligen) sowie das zauberhafte Grab-

monument der Ilaria del Carretto, ein Meisterwerk von Bildhauer Jacopo della Quercia aus dem Jahr 1408 und eine der beeindruckendsten Arbeiten der italienischen Renaissance.

Piazza San Martino | Tel. 05 83 49 05 30 | Mo–Fr 9.30–16.45 (Winter), 9.30–17.45 (Sommer), Sa 9.30–18.45, So 9.30–10.45, 12–18 Uhr (Zeiten gelten auch für die Sakristei) | Eintritt 4 €

❷ Piazza del Mercato

1830 demolierte man die Gebäude im Inneren dieses antiken Amphitheaters aus dem 2. Jh., um Platz für einen Markt zu schaffen, der bis heute existiert. Auf den Ruinen, von denen noch einige zu erkennen sind, waren im Mittelalter Wohnhäuser errichtet worden. Selbst bei schlechtem Wetter entfaltet der Platz eine suggestive Wirkung.

❸ San Frediano

Errichtet vom 12. bis 16. Jh. zeigt diese romanische Kirche an ihrer Fassade ein großes, an die byzantinische Kunst erinnerndes Mosaik mit dem Thema der »Himmelfahrt Christi«. Im Innern faszinieren Marmorarbeiten von Jacopo della Quercia und ein farbiger Marmorfußboden (12./13. Jh.) sowie Terrakottawerke von Andrea Della Robbia.

Piazza San Frediano | Tel. 05 83 58 31 50 | tgl. 9–12, 15–17, Sommer bis 18 Uhr

❹ San Michele in Foro

Im 12. Jh. errichteten die Bürger Luccas dort, wo sich einst das römische Forum befand, die Michaelskirche. Sie ist eines der schönsten romanischen Bauwerke der sogenannten pisanischlucchesischen Schule, das sich durch seinen weißen Marmor und eine reich geschmückte Fassade sowie einen gro-ßen romanischen Engel auszeichnet. Die Fassade wurde ursprünglich für ein höher geplantes Mittelschiff gebaut. Im Kircheninneren befindet sich ne-

ben einer Altartafel von Filippo Lippi (spätes 15. Jh.) eine Madonna mit dem Jesuskind von Luca della Robbia.

Piazza San Michele | Tel. 05 83 58 31 50 | tgl. 9–12, 15–17 Uhr

Die ovale Piazza del Mercato (▶ S. 134) in Lucca entspricht genau dem Umriss des einstigen antiken Amphitheaters. Die Quader des Theaters wurden im 12. Jh. als Baumaterial genutzt.

5 SS. Giovanni e Riparata

Errichtet im 12. Jh. im romanischen Stil und teils umgebaut im 15. Jh. Schön ist das romanische Hauptportal aus dem Jahr 1187. Das Dach des Innenraums ruht auf antiken Säulen, die mit romanischen Kapitellen geschmückt sind. Archäologische Grabungen brachten das ursprüngliche Kultgebäude zum Vorschein. In den Kellergewölben lässt sich Bausubstanz aus römisch-heidnischer und frühchristlicher Zeit besichtigen.

Die Kirche gehört zum Complesso Museale e Archeologico della Cattedrale di Lucca | Piazza Antelminelli | Tel. 0583 490530 | www.museocattedralelucca.it

6 Via Fillungo

Eine mittelalterliche Straße von großer Eleganz mit Geschäften, Bars und uralten Patrizierhäusern und Türmen – die Flaniermeile der Lucchesen, vor allem am Wochenende und vor Feiertagen.

7 Via Guinigi

Die vielleicht malerischste Straße Luccas, mit romanisch-gotischen Häusern und Türmen des 13. und 14. Jh.

MUSEEN

8 Casa Natale di Giacomo Puccini

Ein unbedingtes Muss für Opernfreunde! In diesem Haus wurde der Maestro 1858 geboren. Zahlreiche Originalstücke, Möbel, Briefe und Fotografien erinnern an Leben und Werk des berühmtesten italienischen Komponisten an der Wende vom 19. zum 20. Jh.

Corte San Lorenzo, 8 | Tel. 0583 58 4028 | Mi–Mo 10–18 Uhr | Eintritt 7 €

9 Museo Nazionale di Villa Guinigi

Paolo Guinigi war Herr von Lucca im frühen 15. Jh. In seinem Palazzo sind archäologische Funde der Etrusker und der Römer zu sehen sowie italienische Kunst der Renaissance und des frühen

Barock, darunter von Matteo Civitali, Guido Reni und Pietro da Cortona.

Via della Quarquonia | Tel. 05 83 49 60 33 | www.luccamuseinazionali.it | Di–Sa 8.30–19.30 Uhr | Eintritt 4 €

⑩ Palazzo Mansi e Pinacoteca Nazionale

Im ehemaligen Stadtpalast der Familie Mansi aus dem 17. Jh. befindet sich eine üppige Gemäldesammlung, mit Werken von Bronzino, Dolci, Domenichino und Veronese. Vertreten sind auch einige Meister der niederländischen Schule wie Brill, Terbroch etc.

Via Galli Tassi, 43 | Tel. 0 58 35 55 70 | www.luccamuseinazionali.it | Di–Sa 8.30–19.30 Uhr | Eintritt 4 €

ÜBERNACHTEN

⑪ Alla Corte degli Angeli

Mitten im historischen Zentrum – Komfortables Haus mit eleganten Zimmern in einem historischen Gebäude. Sehr ruhig und nicht weit von der Piazza del Mercato gelegen.

Via degli Angeli, 23 | Tel. 05 83 46 92 04 | www.allacortedegliangeli.it | 10 Zimmer | €€

Locanda L'Elisa — B 3

Ländliche Eleganz – Ein Hotel, das man so in Italien nicht vermuten würde, am ehesten vielleicht noch in einer britischen Kolonie. Ganz sicher aber handelt es sich um eine der elegantesten Unterkünfte in und um Lucca. Mit alten Möbeln geschmackvoll eingerichtete und mit allem Komfort ausgestattete Zimmer. Besonders reizvoll präsentieren sich der herrliche Garten mit Swimmingpool und das ausgezeichnete Feinschmeckerrestaurant **Gazebo**.

Massa Pisana | Via Nuova per Pisa, 1952 | Tel. 05 83 37 97 37 | www.locandalelisa.it | Hotel im Jan., Restaurant So geschl. | 10 Zimmer, 6 Suiten | ♿ | €€/€€€, Restaurant €€

⑫ Piccolo Hotel Puccini

Ganz zentral – Kleines, komfortables Drei-Sterne-Hotel in fantastischer Lage, ganz nahe der Piazza San Michele. Reservieren Sie ein Zimmer mit Blick auf die Straße, immerhin handelt es sich um eine der schönsten Luccas. Viel Atmosphäre für wenig Geld.

Via di Poggio, 9 | Tel. 0 58 35 54 21 | www.hotelpuccini.com | 14 Zimmer | €

⑬ Il Seminario

Preiswert und gut – Hübsches und komfortables B & B innerhalb der Altstadt mit ausgezeichnetem Preis-Leistungs-Verhältnis, auch für die Suiten. Die große Suite verfügt außerdem über eine Kochnische. Frühstücksbüfett.

Via del Seminario, 5 | Tel. 05 83 95 44 88 | www.luccabedandbreakfast.com/affitta camere-lucca.html | 7 Zimmer, 2 Suiten | €

ESSEN UND TRINKEN

RESTAURANTS

Antica Osteria di Meati — B 3

Ein Geheimtipp – Hier gehen vor allem Einheimische essen, wenn sie es schnell

---

Grüne Stadtmauern

Der ganze Zauber Luccas erschließt sich beim Bummel auf den begrünten ehemaligen Stadtmauern, die noch immer das gesamte historische Zentrum umschließen (▶ S. 14).

und herzhaft haben wollen. Ausgezeichnet sind die frittierte Polenta und die Käsegerichte mit Wildspargel und Steinpilzen. Unbedingt probieren: Tortellini-Nudeln mit Taubenfleischfüllung. Einfache Weinliste.

Via della Chiesa Ottava, 1245 | Tel. 0583 51 03 73, mobil 347 72 33 179 | Sa mittags geschl. | €

La Griglia di Varrone ▶ S. 135, südl. a 3

Fleischig – In einer Region, die für ihr ausgezeichnetes Fleisch berühmt ist, darf natürlich ein Steak House nicht fehlen. Neben toskanischen Filets werden hier auch japanisches Wagya, texanisches Black Angus und kanadischer Bison serviert. Für Vegetarier gibt es Salat- und Nudelgerichte.

Località San Concordio | Viale Europa, 797f | Tel. 0583 58 36 11 | www.lagriglia divarrone.it | So geschl. | €/€€

⑭ L'Imbuto 🚩

Für neugierige Feinschmecker – Kreative Kochkunst vom Feinsten. Chef Cristiano Tomei bietet die ideale Küche für Gourmets, die sich gern überraschen lassen wollen. Umwerfend der zarte Hamburger in einem Wegwerfbehälter oder die Desserts, die in Terrakottavasen serviert werden. Weinliste auch mit sehr guten US-Tropfen.

Via della Fratta, 36 | Tel. 0583 49 12 80 | www.limbuto.it | Mo geschl. | €/€€

⑮ Osteria Baralla

Traditionsverbunden – Volkstümliche Trattoria, die vor allem von Einheimischen frequentiert wird. Auf den Tisch kommen toskanische Gastroklassiker und dazu ein Glas Hauswein. Für eine schnelle Feinschmeckerpause. Beson-

ders empfehlenswert sind die Vorspeisen und die Nudelgerichte.

Via dell'Anfiteatro, 5 | Tel. 0583 44 02 40 | So geschl. | €

⑯ Ristorante Caffetteria San Colombano

Elegant und prächtig – Ein durchgestyltes Ambiente bei den alten Stadtmauern! Sehr schick, und es stimmt sogar die Küche. Traditionelle Gerichte werden zum Teil kreativ interpretiert. Ideal für einen stilvollen Abend oder auch nur für einen Drink.

Rampa Baluardo San Colombano, 10 | Tel. 0583 46 46 41 | www.caffetteriasan colombano.it | Mo geschl. | €

Vigna Ilaria 🏖 B 3

Fisch und Fleisch auf dem Land – Traditionelle Gerichte mit kreativem Touch in einem Landhaus außerhalb Luccas. In der warmen Jahreszeit isst man im Garten, im Winter vor einem gemütlichen Kamin. Tolle Kombination aus Meeres- und Landküche, beispielsweise die ausgezeichneten Tintenfische mit geräuchertem Bauchspeck, Thymian und Zitronen.

Via per Pieve San Stefano, 967/C | Tel. 0583 33 20 91 | www.locandavignailaria. it | nur abends, So auch mittags | €

CAFÉS UND GELATERIE

⑰ Antico Caffè di Simo

Kaffeehausatmosphäre – Hier naschte schon Giacomo Puccini, das schönste Kaffeehaus Luccas. Neben Torten und Kuchen gibt es auch abwechslungsreiche Menüs und ein kleines Kulturprogramm sowie in den Sommermonaten natürlich selbst gemachtes Eis.

Via Fillungo, 58 | Tel. 0583 34 80 40 | €

18 Santini

Ohne künstliche Aromen – Seit 1916 macht die Familie Santini Eis – nach allen Regeln der Kunst mit unzähligen Geschmacksrichtungen. Auch die Sahne zergeht förmlich auf der Zunge.

Piazza Cittadella, 1 | Tel. 0583552 95 | www.gelateriasantini.it

EINKAUFEN

DELIKATESSEN

19 La Cacioteca

Feinkostgeschäft für Käse in einer der schönsten Straßen Luccas. Im Angebot sind rund 150 unterschiedliche Käsesorten aus der Toskana. Es wird viel Wert darauf gelegt, dass die Käselieferanten die Herkunft ihrer Milch nachweisen können.

Via Fillungo, 342 | Tel. 0583496346

Stefania Costanza ✈ A 2

Stefania und ihr Mann Roberto sind Honigkünstler, die, um ihre Qualität zu verbessern, sogar mit der Universität Pisa zusammenarbeiten. Eine ihrer Honigspezialitäten kommt von der toskanischen Insel Gorgona, wo es offenbar ganz besonders fleißige Bienen gibt.

Località San Filippo | Via Fontanelle, 376 c | Tel. 0583955906

MÄRKTE

20 Mercato Antiquario

Einer der reizvollsten Trödel- und Antiquitätenmärkte der Region, er findet immer am dritten Wochenende des Monats statt. Hier werden selbst anspruchsvolle Sammler fündig.

Sa 7–19, So 9–19 Uhr

KULTUR UND UNTERHALTUNG

21 Teatro Comunale del Giglio

Stadttheater mit jahrhundertealter Geschichte und durchaus sehenswerten Opernaufführungen.

Piazza del Giglio, 13/15 | Tel. 0583465 31 | www.teatrodelgiglio.it

Eine bekannte Kulturinstitution in Lucca mit Tradition: Im Antico Caffè di Simo (▶ S. 138) in der Via Fillungo ging bereits der Fin-de-Siècle-Komponist Giacomo Puccini ein und aus.

SERVICE

AUSKUNFT

Ufficio informazione e accoglienza turistica

Piazza Guidiccioni, 2 | Tel. 0583919191 | www.turismo.provincia.lucca.it

Ufficio informazione del Comune

www.luccaitinera.it
– Viala Lupirini | Checkpoint für Bustouristen | Tel. 0583583462
– Vecchia Porta San Donato/Piazzale Verdi | Tel. 0583583150

FAHRRADVERLEIH

Lucca Rent

Via Castruccio Buonamici, 221 | Tel. 0583189024 0

Tuscany Ride a Bike

Corte Petri, 1 | Tel. 0583471779

ÖFFENTLICHE VERKEHRSMITTEL

Vaibus

www.vaibus.it

Ziele in der Umgebung

◎ BAGNI DI LUCCA B 2

6500 Einwohner

Eine der ältesten und eindrucksvollsten Brücken Italiens, die »Teufelsbrücke« aus dem 11. Jh., befindet sich bei dieser kleinen malerischen Ortschaft. Der heute recht verstaubt wirkende

---

Kurort war in früheren Zeiten bei Europas intellektueller Elite ein Begriff.

28 km nördl. von Lucca

◎ BARGA B 2

10500 Einwohner

Nördlich von Lucca liegen die Apuanischen Alpen mit dichten Wäldern und vielen Wanderwegen. Barga ist eine kleine romantische Ortschaft, die man über treppenartig angelegte Gassen erklimmen muss – nichts für Gehfaule. Der am höchsten Punkt gelegene romanische Dom **San Cristofano** besitzt Kunstwerke aus dem 12. bis 15. Jh.

🕐 Bleiben Sie nach der Besichtigung zu einer der Opernaufführungen während des Festivals (www.operabarga.it)

40 km nördl. von Lucca

◎ CAMAIORE A 3

31000 Einwohner

Zwischen den rauen Bergen der Apuanischen Alpen und den Sandstränden der Küste gelegene reizvolle Ortschaft. Die **Collegiata**, die wichtigste Kirche Camaiores, ist ein Werk des 13. bis 14. Jh. Das Battistero mit einem Taufbecken des 16. Jh. kann auf Anfrage beim Sakristan besichtigt werden. Interessant ist das **Museo d'Arte sacra** an der Piazza Diaz. Es stellt nicht nur italienische Kunst aus dem 14. bis 17. Jh., Skulpturen und Gemälde, sondern auch von Meistern der flämischen Schule aus, eher ungewöhnlich in der Toskana.

Besuchenswert ist auch die **Pieve** am Stadtrand, etwa 2,5 km außerhalb. Sie wurde den Heiligen Giovanni Battista und Stefan geweiht und um 12. Jh. errichtet. Kurios ist das Taufbecken, das aus einem römischen Sarkophag des 2. Jh. n. Chr. geschaffen wurde.

Unter der Erde 8

Die Grotte del Vento zählen zu den erstaunlichsten geologischen Phänomenen Italiens: zauberhaft ausgeleuchtete Höhlensäle mit atemberaubenden Stalaktiten (▶ S. 14).

Museo d'Arte sacra | www.museoarte
sacracamaiore.it
32 km nordwestl. von Lucca

◎ CARRARA   ⏩ A 2
64 000 Einwohner

Aus blütenweißem Marmor aus Carrara wurden Roms Tempel errichtet, schuf Michelangelo seine Skulpturen und bauen sich heute arabische Ölmilliardäre ihre Villen. Der Marmorabbau kann besichtigt werden. Carraras herrlicher **Dom** (11.–14. Jh.) ist natürlich ganz aus lokalem Marmor, und im **Museo Civico del Marmo** wird die lange Geschichte des Marmarabbaus und der Marmorkunst nacherzählt.

Unbedingt zu besuchen: die **Cave di marmo di Colonnata**, ca. 7 km nordöstlich von Carrara in fast 600 m Höhe gelegen. In diesem Gebiet wird Marmor abgebaut. Man kann den Menschen bei dieser Knochenarbeit zuschauen. Seit der Antike wird hier der edle Stein gewonnen. Sehenswert ist hier auch das **Cava Museo**, in dem alles, was mit Marmorgewinnung und -verarbeitung zu tun hat, thematisiert wird.

– Duomo | Piazza Duomo, 3 | Tel. 0 58 57 19 42 | tgl. 7–12, 15.30–19 Uhr
– Museo Civico del Marmo | Via XX Settembre, 85 | Tel. 05 85 84 57 46 (Öffnungszeiten erfragen) | Eintritt 4,50 €
– Cava Museo | www.cavamuseo.com
57 km nordwestl. von Lucca

◎ COLLODI   ⏩ B 3
2000 Einwohner

Nicht nur bei Kindern kommt der **Parco di Pinocchio** ausgezeichnet an! Der Erlebnispark erzählt die Geschichten des Holzmännchens in Form von Skulpturen und Installationen nach. In dieser kleinen Ortschaft wuchs Carlo

Carrara, die Stadt des Marmors (▶ S. 141), wo einst Michelangelo den Block für seine berühmte Davidskulptur aussuchte, exportiert heute den begehrten hellen Stein in alle Welt.

Collodi (1826–1890), der Autor des weltberühmten Kinderbuchs, auf. Zu besichtigen ist auch die barocke **Villa Garzoni** (17. Jh.) mit ihrem zauberhaften italienischen Garten.

– Parco di Pinocchio | Via S. Gennaro, 3 | Tel. 05 72 42 93 42 | www.pinocchio.it | März–Okt. tgl. 8.30 Uhr bis Sonnenuntergang, Nov.–Feb. ab 10 Uhr | Eintritt 11 €
– Villa Garzoni | Piazza della Vittoria, 1 | Tel. 05 72 42 73 14 | 27. Feb.–1. Nov. 8.30 Uhr bis Sonnenuntergang | Eintritt 13 €
18 km östl. von Lucca

FORTE DI MARMI A 3
8500 Einwohner

In der ersten Hälfte des 20. Jh. war Forte ein besonders elegantes Seebad. Noch heute präsentiert es sich als eines der gepflegtesten Familienbäder Italiens. Der 4 km lange und durchwegs saubere Strand ist ausgezeichnet für Familien organisiert. Es gibt komfortable Hotels in Strandnähe. In früheren Jahrhunderten wurde von hier aus der Carrara-Marmor verschifft.
38 km nordwestl. von Lucca

GARFAGNANA A/B 2
Diese wilde Berglandschaft ist ein echter Geheimtipp. Kleine mittelalterliche Ortschaften in wildromantischer Umgebung wechseln sich mit dichten Wäldern und romantischen Aussichtspunkten ab. Unbedingt zu besichtigen, auch ideal mit Kindern, ist die mitten in den Bergen gelegene Tropfsteinhöhle **Grotta del Vento**. Pullover mitnehmen: Drinnen herrschen ca. 10 °C!
Fornovolasco | Tel. 05 83 72 20 24 | www.grottadelvento.com | April–1. Nov. 10–18 Uhr stündliche Führungen | 9–20 €
30 km nördl. von Lucca

PONTREMOLI westl. A 1
8500 Einwohner

Die interessanteste Kommune der Toskana im Nordwesten. Das Örtchen kennt man in Italien vor allem wegen seines angesehenen Buchpreises »Premio Bancarella«, der von lokalen Buchhändlern vergeben wird, doch auch der historische Innenstadtkern lohnt einen Ausflug von der Küste her.

Vor allem für Liebhaber rätselhafter archäologischer Funde: Im **Museo delle Statue Stele Lunigianesi** im Castello werden Figuren ausgestellt, die nur andeutungsweise menschliche Züge haben. Noch streiten sich Experten, aus welcher Zeit diese Stelen stammen.

Schön ist die Kirche **San Francesco** mit dem romanischen Glockenturm und einer Madonna mit Kind, die Renaissancemaler Agostino di Duccio zugeschrieben wird. Sehenswert ist auch **SS. Annunziata** (15.–16. Jh.): In ihrem Innern erhebt sich ein Marmortempel aus dem frühen 16. Jh., ein Meisterwerk der Renaissance von Jacopo Sansovino.
Museo delle Statue Stele Lunigianesi | www.statuestele.org | Okt.–April Di–So 9–12.30, 14.30–17.30, März–Sept. Di–So 9–12.30, 15–18 Uhr | Eintritt 4 €
95 km nordwestl. von Lucca

RIVIERA DELLA VERSILIA   A 2/3

Hier urlaubten um die Wende vom 19. zum 20. Jh. und dann bis in die 1950er-Jahre hinein die FIAT-Dynastie Agnelli und Schriftsteller wie Thomas Mann. Heute gilt dieser Küstenabschnitt zwischen Massa und Camaiore mit den berühmten und gepflegten Badeorten **Forte dei Marmi**, **Lido di Camaiore** und **Marina di Pietrasanta** als eines der bestorganisierten Urlaubsgebiete Italiens. Ausgezeichnete Wasserqualität.

Nach **Viareggio** kommt man im Frühjahr zum Karneval. Dieses mehrere Tage dauernde Fest, mit aufwendigem Umzug, ist in ganz Italien ein Begriff und vor allem im ansonsten karnevalträgen Italien ein Unikum. Berühmtberüchtigt sind die thematischen Karren mit deftiger Kritik an Politikern.

In jedem Sommer werden im kleinen Ort **Torre del Lago** Opern von Puccini aufgeführt. Unter freiem Himmel, also elektronisch verstärkt, was den strengen Opernpuristen immer wieder sauer aufstößt. Nicht vergessen: das reich ausgestattete Privatmuseum des Komponisten in der **Villa Puccini**.

– Fondazione Festival Pucciniano | www.puccinifestival.it
– Villa Museo Puccini | Viala G. Puccini, 266 | Tel. 05 84 34 14 45 | www.giacomo puccini.it | 10–12.40, 15–18.20 Uhr | Mo geschl. | Eintritt 7 €
15–40 km nordwestl. von Lucca

◎ VILLEN DER LUCCHESIA

Die Patrizier und Adligen Luccas besaßen wie die Medici in Florenz prächtige Landvillen für ihre Sommerferien in den Hügeln der Umgebung. Die meisten dieser rund 250 Anlagen befinden sich immer noch in Privatbesitz und können leider nicht besichtigt werden. Einen Überblick über diese Villen verschafft www.villeepalazzilucchesi.it.

Villa Mansi   B 3

Ein Leckerbissen für Parkliebhaber. Rund um die Villa aus dem späten 16. Jh., die von dem piemontesischen Starbaumeister Juvarra im 18. Jh. umgebaut wurde, breitet sich ein Park aus,

der neben einem streng geometrischen italienischen auch einen typisch englischen Landschaftsgarten umfasst.
Segromigno in Monte | Capannori | Via delle Selvette, 242 | Tel. 05 83 92 02 34 (Öffnungszeiten erfragen) | Eintritt 6 €
12 km nordöstl. von Lucca

Villa Reale di Marlia   B 3

Hier residierten erst die Bischöfe von Lucca, dann Napoleons Schwester Prinzessin Elisa Baciocchi, später Italiens König Viktor Emanuel II. Seit Jahren gehört die prächtige neoklassizistische Anlage einer Adelsfamilie. Sie erlaubt nur die Besichtigung der Parkanlage.
Villa Reale | Marlia | Tel. 0 58 33 01 08 | www.parcovillareale.it | Di–So 10–13, 14–18 Uhr | Eintritt 7 €
10 km nordöstl. von Lucca

Villa Torrigiani di Camigliano   B 3

Die verspielt gestaltete barocke Villa ist von einem zauberhaften englischen Landschaftsgarten umgeben, und nicht weit davon entfernt bietet der Park auch noch einen prächtigen Garten im klassisch-italienischen Stil. Villa und Park können besichtigt werden.
Capannori | Via del Gomberaio, 3 | Tel. 05 83 92 80 41 | März–Nov. tgl. 10–13, 14.30–18 Uhr | Eintritt Park 7 €, mit Villa 10 € | €
13 km nordöstl. von Lucca

Viareggios Strände ganz für sich allein   9

Zwischen 18 und 20 Uhr leeren sich die tagsüber recht vollen Strände des schicken Seebads: der ideale Zeitpunkt für einen langen Spaziergang direkt am Wasser (▶ S. 15).

Im Fokus
Buddhismus in der Toskana

Durch und durch katholisch: Das war einmal in Italien.
Sicher sind die Mehrheit der Italiener getaufte Katholiken, doch –
und das gilt auch für die Toskana – leben hier immer mehr Moslems
und auch Buddhisten. Letztere haben ihr Zentrum in der Toskana.

Auf der nahen Landstraße fallen auf einem Hinweisschild drei Worte auf: »Lama Tzong Khapa«. Italienisch hört sich das nicht unbedingt an, und so fahren viele Toskanareisende achtlos weiter und halten die Häusergruppe auf dem Hügel, umstellt von pittoresken und schlanken Zypressen, für ein sicherlich malerisches aber ansonsten x-beliebiges Dorf. Doch genau das ist es nicht. Lama Tzong Khapa in Pomaia ist eines der größten und wichtigsten buddhistischen Zentren und Klöster in ganz Europa. Doch das wissen selbst viele Italiener nicht.

WENN DER DALAI LAMA KOMMT …

Der Dalai Lama schaut regelmäßig vorbei. Mindestens einmal pro Jahr, und immer wieder unterrichtet er auch hier. Dann kann es im Kloster gerammelt voll werden. Dann kommen italienische Buddhisten und Interessierte an dieser Religion aus dem ganzen Land angereist, und die Medien berichten ausführlich darüber. Pomaia ist ein Traum von einem Ort

◀ Meditatives Studium im tibetisch-buddhis-
tischen Zentrum Lama Tzong Khapa.

und liegt mitten in der Natur: in den Hügeln östlich der toskanischen
Küste. Der reizvolle Badeort Castiglioncello ist nicht weit entfernt, und
nicht wenige Klosterbesucher machen Ausflüge, um sich nach Meditation und Unterricht in die Fluten zu stürzen oder am Strand spazieren zu
gehen. Manchmal sieht man am Ufer auch buddhistische Mönche. In vol-
lem Ornat, aber barfuß. Pomaia ist nur über reizvolle Landstraßen zu
erreichen. Auch das vermittelt diesem Ort den Flair einer ganz besonderen Weltabgeschiedenheit – eine Abgeschiedenheit, die viele Menschen
anlockt, darunter auch zahlreiche Prominente.

Der italienische Fußballstar Roberto Biaggio ist einer von ihnen. Biaggio
sprach hier schon mehrfach über seine Bekehrung zum Buddhismus. Der
US-amerikanische Schauspieler Richard Gere betet regelmäßig im Tempel des Zentrums, begleitet von Fans und Gläubigen. Jedes Jahr kommt
Gere einige Zeit zum Meditieren an diesen Ort. Er wohnt dann in einem
Anwesen, das er ganz in der Nähe erwarb. Nicht wenige Anwohner profitieren auch vom buddhistischen Tourismus. Wenn wichtige Veranstaltungen mit wichtigen Würdenträgern wie dem Dalai Lama anstehen, ist
in der Umgebung kein freies Bett mehr zu finden. Auch die Immobilienpreise, so wird versichert, stiegen in den letzten Jahren kräftig an.

EINE KLEINE MINDERHEIT MIT VIEL MEDIENPRÄSENZ

Im mehrheitlich römisch-katholischen Italien ist der Buddhismus nur
eine verschwindend kleine Religionsgemeinschaft. Im Vergleich zu den
rund 1,2 Mio. Moslems, ganz zu schweigen von rund 40 Mio. Katholiken,
sind die ca. 70 000 Buddhisten eine religiöse Minderheit, die, würden ihr
nicht verschiedene prominente Italiener aus Sport, Kultur und Politik an-
gehören, in der Bedeutungslosigkeit versinken würde.

Während nur etwa 50 000 Moslems die italienische Staatsbürgerschaft be-
sitzen, sind die meisten der Buddhisten allerdings Italiener. Auch das ist
ein Grund dafür, dass das Thema Buddhismus und Buddhisten in Italien
wesentlich häufiger in den Medien präsent ist als der Islam und die Moslems. Jedes Jahr wächst die Gemeinschaft italienischer Buddhisten um
rund 10 %. Das ist sehr viel: Keine andere italienische Religionsgemeinschaft verzeichnet annähernd so hohe Zuwachsraten.

Auf dem Weg zum buddhistischen Zentrum fallen Buddhastatuen und
tibetanische Masken auf, die auf dem Grundstück von der Präsenz der

Mönche zeugen. Mit jedem Meter Straße Richtung Pomaia taucht der Besucher weiter in eine eigentümliche Welt ein. Eine kuriose Mischung aus Toskana und tibetanischer Atmosphäre.

Das Institut und das Kloster in Pomaia wurden 1977 von Lama Thubten Yeshe und Lama Zopa Rinpoche gegründet. Warum in der Toskana? Weil, so erklärten die beiden hoch angesehenen Buddhisten ihre Ortswahl, die Natur hier so ungemein harmonisch und bei Meditation und Selbstversenkung behilflich sei. Für Pomaia entschied man sicherlich aber auch deshalb, weil man sich dessen bewusst war, dass die Toskana eine religionspolitisch sehr tolerante Region ist. Im Unterschied beispielsweise zu Sizilien, wo nicht christliche Religionsgemeinschaften nicht immer einen leichten Stand haben, verhielten und verhalten sich die traditionellen Linksregierungen sehr offen Andersgläubigen gegenüber. Das hat seitens der Politiker immer wieder für Ärger mit dem Bischof von Florenz gesorgt, der wiederum traditionell fast immer ein religionspolitischer Hardliner ist.

BESUCHER SIND JEDERZEIT WILLKOMMEN

Das Zentrum in Pomaia ist besonders bekannt für seine hochrangigen und renommierten Lehrer, die vom Dalai Lama höchstpersönlich zur Verkündung des Dharmas ausgewählt wurden. Dharma steht für das Gesetz, das Recht, die Sitte, es bezeichnet die ethischen und religiösen Verpflichtungen des buddhistischen Glaubens. Wenn nicht gerade Meditationen stattfinden, zu denen das Haupthaus und die Unterrichtssäle geschlossen werden, steht das Kloster allen Besuchern offen. In der hauseigenen Cafeteria wird ein sehr guter indischer Tee serviert – auch an Gäste, die nur kurz vorbeischauen und neugierig geworden sind.

Buddhisten und interessierte Andersgläubige zieht es aus verschiedenen Gründen an diesen idyllischen Ort. Entweder wollen sie sich buddhistischen Praktiken, den Lehren dieser Glaubensrichtung oder einfach nur der Besinnung und der Meditation widmen. Kontemplation, Stille und als Rahmen eine traumhafte Landschaftskulisse: ein höchst verführerisches Angebot. Und zwischen Frühling und Sommer zirpen die Grillen als Soundtrack im Hintergrund dazu. Schon von Weitem sieht der Besucher bunte Gebetsfahnen im Wind wehen. Noch vor dem Parkplatz der Anlage stößt man auf Mönche und Novizen, die einem freundlich den Weg zur hauseigenen Informationsstelle weisen.

Das Lama Tzong Khapa bietet eine Reihe von Kursen der verschiedenen spirituellen Disziplinen des tibetanischen Buddhismus an. Die Amerikanerin Joan Nicell ist eine der zahlreichen Kursleiterinnen. »Wir bieten drei Kursformen an«, erklärt sie bei einem Rundgang durch das weitläufige Gebäude. »Wer einfach nur mal reinschnuppern will, um zu lernen, um was es hier geht, besucht einen Wochenendkurs.« Wer es dagegen wirklich ernst meint, so Joan, »kann auch einen Masterkurs belegen, der, wie in anderen tibetanischen Klöstern, sieben Jahre dauert«.

Die Kurse finden fast ausschließlich in englischer Sprache statt, weil das Publikum in Pomaia recht international ist. Die Vorträge berühmter Lamas, die aus Tibet anreisen, werden ins Englische übersetzt. Sämtliche Kurse des Instituts basieren auf den authentischen Lehren des Buddha Shakyamuni, der vor rund 2500 Jahren in Indien lebte.

GEMEINSAM SPAZIEREN GEHEN UND MEDITIEREN

Großen Interesses auch bei deutschen Toskanabesuchern erfreuen sich die Einführungskurse in die Lehre des tibetanischen Buddhismus sowie Kurse, die sich mit dem Glück und dem Sterben beschäftigen. Zu diesen Einführungsveranstaltungen melden sich seit einiger Zeit auch immer öfter Toskanatouristen an, darunter nicht wenige aus Deutschland. Allerdings kommt man ohne gute Englischkenntnisse in Pomaia nicht weit.

Die zauberhafte Landschaft in der direkten Umgebung des Instituts wird Bestandteil der buddhistischen Lehre. Vor allem bei einer besonders bei Toskanareisenden beliebten Initiative, die auf Deutsch »Spazierengehen und Sprechen« heißt. Gehen, meditieren, gemeinsam essen und den Tag verbringen, begleitet von einer Expertin, die auf diese Weise die Lehren des Buddhismus weitergibt. Eine schöne Idee für Interessierte, die in der Toskana ihre Ferien verbringen, offen für fernöstliche Gedanken sind und zwei Tage in und bei Pomaia bleiben wollen.

Wer will, kann auch im Institut übernachten. Die Zimmer sind einfach und verfügen nur über den notwendigsten Komfort. Sie kosten wenig, und man braucht an keinem der Kurse oder Seminare teilzunehmen. In der Mensa wird ausschließlich vegetarische und wirklich leckere Kost serviert. Viele Pomaia-Besucher verbinden ihren Aufenthalt mit Ausflügen in die nähere Umgebung. Die Hafenstadt Livorno, der kleine Kurort Casciana Terme, die nahen Strände und, ostwärts, der Etruskerort Volterra sowie das mittelalterliche San Gimignano sind mit dem Auto bequem zu erreichen.

INFORMATIONEN

Istituto Lama Tzong Khapa

Pomaia | Via Poggiberna, 15 |

Tel. 05068 56 54 | www.iltk.org

TOUREN
DURCH DIE TOSKANA

Nur für kürzere Touren geeignet: Mit dem
Vespa-Roller geht es an den Strand.

MUGELLO – DER UNBEKANNTE NORDEN VON FLORENZ

CHARAKTERISTIK: Eine raue Gegend, noch nicht glatt gekämmt für den typischen Toskanatourismus und ideal für Reisende, die eine noch recht ursprüngliche mittel-italienische Landschaft erleben wollen. **DAUER:** 1 Tag **LÄNGE:** ca. 100 km **EIN-KEHRTIPPS:** Hotel Locanda degli Artisti, Borgo San Lorenzo, Piazza Romagnoli, 2, Tel. 05 58 45 53 59, www.locandaartisti.it, €; eine einfache, aber ordentliche Unter-kunft im Dorf | Taverna degli Artisti (siehe Hotel Locanda degli Artisti), €; mit wirk-lich guter Regionalkost, darunter Wildschwein-Pasta und Bistecca-Fleischgerich-te | Antica Porta di Levante, Vicchio, Piazza Vittorio Veneto, 5, Tel. 0 55 84 40 50, www.anticaportadilevante.it, €; hausgemachte Nudeln und leckere Fischbällchen  sowie als Spezialität in Rotwein ausgekochte zarte Rinderhoden **AUSKUNFT:** www.mugellotoscana.it

D 3

Florenz ist bis auf den Wintermonat Ja-nuar immer voll mit Touristen. Ganz anders sieht das im nahen, nordöstlich gelegenen Mugello aus, jenem berühm-ten Hinterland der Arno-Metropole, aus dem zahlreiche bekannte Florenti-ner stammen. Und ein Landstrich, den Touristen aus unbegreiflichen Grün-den immer noch verschmähen – also ein Geheimtipp, für den man sich einen Tag und eine Nacht Zeit nehmen sollte.

Florenz ▶ Barberini di Mugello

Nehmen Sie einen Wagen und verlas-sen Sie Florenz im Norden durch die Via Bolognese Nuova (SP 65). Schnell ist man mitten im Grünen, mit Bau-ernhäusern und herrschaftlichen Vil-len. Wie beispielsweise die frühbarocke Parkanlage der **Villa Demidoff** aus der zweiten Hälfte des 16. Jh. Hier lustwan-delte bereits Francesco I. de' Medici. Ein Meisterwerk der Gartenbaukunst mit riesigen Monsterskulpturen – ideal für einen Spaziergang. Und ein Shop-pingcenter gibt es auch. Es wird gern von Touristen besucht, weil es große Marken zu kleinen Preisen anbietet.

Vorbei geht die Fahrt an bewaldeten Hügeln, wo Medici-Fürsten wie Fran-cesco auf Jagd gingen. Die heutigen Bewohner des Mugello lieben ebenfalls die Jagd, auf Wildschweine vor allem. Davon profitiert die lokale Küche. In den meisten Trattorien und Restau-rants wird frisches Wildfleisch zu klas-sisch-regionalen Gerichten verarbeitet.

Barberini di Mugello ▶ Castello di Trebbio

Die SP 65 bringt Sie nach **Barberini di Mugello**, wo das **Castello di Cafag-giolo**, eine prächtige Medici-Villa, lockt. Hierher kehrten die Herren von Flo-renz immer gern zurück, wenn sie Nos-talgie verspürten, wenn sie Sehnsucht nach ihren ländlichen Ursprüngen hat-ten und sich von dem mörderischen Spiel um die Erhaltung der Macht erho len wollten. Lorenzo der Prächtige und sein Bruder Giuliano, der später im Flo-rentiner Dom durch Mörderhand starb, verlebten in dieser Burg eine, wie sie schrieben, unbeschwerte Kindheit. In der Residenz verbrachte auch der spätere Medici-Papst Leo X. seine Kindheit. Ein geschichtsträchtiger Ort also, mit ganz viel Charme. Und mit ein bisschen Fantasie hört man Kinderlachen aus fernen Sälen … Doch man könnte hier auch den Todesschrei einer jungen Frau hören. Sie wurde in der Nacht zum 12. Juli 1576 ermordet. Von Killern, die ihr Mann Pietro de Medici geschickt hatte. Krank vor Eifersucht unterstellte er seiner Gattin, einer Prinzessin aus Spanien, einen Liebhaber. Später starb auch der Gatte durch den Dolch eines Mörders. Raue Zeiten halt.

Ganz in der Nähe kann eine weitere Burg eine ganz andere Geschichte erzählen. Auch sie erhebt sich von Zypressen und anderen Bäumen umgeben mitten in der Natur. In Serpentinen geht es zum **Castello di Trebbio**, heute in Privatbesitz. Die Glücklichen! Hier wohnte einst als illustrer Gast Amerigo Vespucci, der Seefahrer. Er war 1476 aus Florenz geflohen, wo die Pest wütete. Welchen schöneren Zufluchtsort als diesen kann man sich vorstellen? Hinein dürfen Sie leider nicht. Der heutige Eigentümer besteht auf Privatheit, aber auch ohne Besichtigung drinnen ist der Ort des Castello traumhaft schön.

Monastero Bosco ai Frati ▶ Scarperia
Nach den Burgen nun ein Kloster. Ganz versteckt im Grünen gelegen. Fragen Sie Einheimische nach dem **Monastero Bosco ai Frati**. Ein Geheimtipp! Die über 1000 Jahre alte Abtei mit Kreuzgang und Sakristei – alles liebevoll restauriert – besitzt ein Kruzifix, das von dem Renaissancebildhauer Donatello geschaffen wurde. Oder genauer: Geschaffen worden sein soll, denn Kunsthistoriker sind sich uneins. Fakt ist, das Kruzifix ist wunderschön.

Wer keine Lust zum Baden im nahe gelegenen **Lago di Bilancino** verspürt,

Mitte des 15. Jh. beauftragte Cosimo de' Medici Michelozzo damit, das Castello di Trebbio (▶ S. 151) auf den Resten eines antiken Turms langobardischen Ursprungs zu erbauen.

Das Luxushotel Villa Campestri (▶ S. 153) in Vicchio verspricht erholsame Ferien. Das angeschlossene Restaurant bietet toskanische Gaumenfreuden auf höchstem Niveau.

gerade in den heißen Sommermonaten eine wirklich erfrischende Pause (weshalb Sie Badekleidung und Handtücher mitnehmen sollten), der fährt über die SP 42 nach **Scarperia** weiter.

Ein kleiner hübscher Ort mit einem Miniatur-Palazzo-Vecchio: der **Palazzo dei Vicari** erinnert schon sehr an das berühmte Vorbild in Florenz. Jedes Jahr am 8. September ziehen die Bewohner kostbare historische Gewänder über. Dann ist der Palio Diotto, ein historischer Umzug, angesagt. Dabei werden auch Messer herumgezeigt und stehen zum Verkauf. Scarperia hat seit Jahrhunderten einen Namen für von Hand gefertigte Messer (www.prolocoscarperia.it und www.diottoscarperia.it).

Scarperia ▶ Rabatta

Über die SP 42 geht es bei San Pietro a Sieve auf die Landstraße SS 551 Richtung Vicchio. Beim Weiler **Rabatta** befindet sich linker Hand im Grünen die **Casa di Giotto**. Hier soll der spätere Maler als Kind Schafe gehütet haben – was man sich angesichts der idyllischen Gegend noch heute gut vorstellen kann. Einige Schafe malte Klein-Giotto auf einen Stein. Zufällig kam der angesehene Meister Cimabue vorbei, bereits ein berühmter Mann in jenen Jahren. Cimabue erblickte die Schafszeichnung, war hin und weg und nahm Giotto als Schüler in seine Florentiner Werkstatt auf. Ein Glücksfall für die Kunstgeschichte!

Vicchio ▶ Florenz

Weiter auf der SP 551 stoßen Sie auf das Dorf **Vicchio**. Hier residiert einer der hervorragendsten toskanischen Olivenölproduzenten. Paolo Pasqualis »extra vergine« sollte man am besten mit einer Scheibe frischem Weißbrot probieren. Nur so kann man die intensiven Geschmacksnoten voll genießen.

Pasquali bietet nicht nur Olivenöl an. In seinem höchst komfortablen Luxushotel **Villa Campestri**, auch »Olive Oil Resort« genannt, kann man sich fast schon wie ein Medici auf Landurlaub fühlen. Eine betagte Villa mit 140 ha großer Parkanlage, Pool und fantastischer Küche (Via di Campestri 19/22, Tel. 05 58 49 01 07, www.villacampestri, 25 Zimmer, €€/€€€). Nicht ganz preiswert, aber vielleicht für eine Nacht …

Pasquali hat sich auch als gastronomischer Kreuzritter einen Namen gemacht, als jemand, der sich mit Händen und Füßen gegen das Billigöl in Supermärkten ausspricht. Doch die sind auf dem Vormarsch, kommen immer öfter aus der Türkei und aus Nordafrika und werden dennoch als »prodotto italiano« vermarktet. Bei Pasquali hingegen kann man sich sicher sein, ein Olivenöl zu erhalten, das garantiert aus lokalen Früchten gepresst worden ist.

Über Dicomano und vorbei an anderen winzigen Ortschaften und beim fast 1000 m hohen Monte Giovi auch durch ein Tal gelangen Sie via Pontassieve wieder ins Arno-Tal. Am Fluss entlang erreichen Sie bald darauf die pulsierende Metropole Florenz und damit das pralle Leben. Schon am Abend

nach diesem Ausflug werden Sie das Gefühl haben, im Mugello in einer anderen Welt gewesen zu sein.

INFORMATIONEN

Barberini Designer Outlet Village
Via Meucci (bei der Autobahnausfahrt Barberino di Mugello) | www.outlet-village.it/barberino

Casa di Giotto
Vicchio | Rabatta | Tel. 05 58 43 92 25 | www.comune.vicchio.fi.it | Juni, Juli Do 10–13, Fr–So 10–13, 15–19 Aug., Sept. Sa 15–19, So 10–13, 15–19, Okt.–Mai So 10–13, 15–19 Uhr | Eintritt 4 €

Castello di Cafaggiolo
Barberini di Mugello | Via Nazionale, 16 | Tel. 05 58 47 93 96 | www.castellodicafaggiolo.com | Öffnungszeiten auf Anfrage

Castello di Trebbio
San Piero a Sieve | Tel. 05 58 48 00 88 | www.castelloiltrebbio.it | Privatbesitz

Monastero Bosco ai Frati
San Pietro a Sieve in Mugello | Tel. 05 58 48 11 | Mo–Sa 10–12, 18–19, So 9–10, 18–19 Uhr

Palazzo dei Vicari
Scarperia | Via dei Bastioni, 3 | Tel. 05 58 46 65 09 | Juni–Sept. Mi–So 10–13, 15.30–19.30, Okt.–Mai Mi–Fr 10–13, Sa, So 10–13, 15–18.30 Uhr | Eintritt 4 €

Villa Demidoff
Vaglia | Località Pratolino | Via Fiorentina, 276 | Tel. 05 54 09 42 27 | www.firenze turismo.it/pratolino/visitare-il-parco.html | Mai, Sept., Okt. Sa, So 10–18, Juni, Aug. Sa, So 10–19 Uhr | Eintritt frei

VETULONIA UND DIE ETRUSKER

CHARAKTERISTIK: Mit dem Wagen und – besonders reizvoll – zu Fuß durch eine naturbelassene, verwunschene Landschaft mit antiken Ruinen aus der Zeit vor den Römern **DAUER:** 1 Tag **LÄNGE:** Rundfahrt und Rundgang bei Vetulonia ca. 10 km **EINKEHRTIPPS:** Il Votapentole, Castiglione della Pescaia, Via IV Novembre, 15, Tel. 05 64 93 47 63, www.ilvoltapentole.it, €; kleines, ausgezeichnetes Fischrestaurant mit fangfrischen Produkten | L'Andana, Castiglione della Pescaia, Tenuta La Badiola, Località Badiola, Tel. 05 64 94 43 22, www.andana.it, €€€; das toskanische Restaurant des französischen Chefs Alain Ducasse mit kreativer italienischer Küche vom Allerfeinsten! | La Vecchia Hostaria, Gavorrano, Viale Marconi, 249, Tel. 05 66 84 49 80, €;

Maremma-Küche, also viel Fisch und Fleisch. Toll sind sämtliche Nudelgerichte! **AUSKUNFT:** www.parcodeglietruschi.it
C 7

Es ist nicht weit zu den Ruinen. Eine halbe Stunde mit dem Wagen über die Autobahn müssen Sie allerdings schon einplanen, wenn Sie beispielsweise von Marina di Castagneto oder Marina di Grosseto kommen. Aber auch von Siena aus lohnt sich ein Ausflug nach Vetulonia. Denn – und ganz generell: Jede Anfahrt durch die Landschaft der Toskana ist ein Erlebnis. Das gilt ganz besonders für die Strecke Siena–Vetulonia, wenn Sie über die herrlichen Landstraßen fahren. Unterwegs können Sie auch bei der **Abbazia San Galgano** anhalten, der eindrucksvollsten Kirchenruine der Toskana.

Eine bedeutende Etruskersiedlung

Vetulonia entschädigt Sie voll und ganz für eine längere Anfahrt. Hier können Sie in eine andere Welt und historische Dimension eintauchen. Auch wenn inzwischen viel bekannt ist über das Volk der Etrusker und man ihre Schrift nahezu komplett entschlüsselt hat, so geht von dieser Kultur, die vor den Römern die Toskana besiedelte, ein ganz besonderer Zauber aus. Diesem Zauber können Sie in Vetulonia und seiner Umgebung nachspüren – bei einem etruskischen Tagesausflug.

Das heutige Vetulonia gehört zur Gemeinde von **Castiglione della Pescaia**. Es ist ein hübscher Ort mit knapp 500 Seelen und liegt rund 20 km nordwestlich von Grosseto auf einem Hügel, der etwa 350 m hoch ist. Von dieser Anhöhe hatte man in der Antike einen guten Blick auf die nähere Umgebung. Und aus diesem Grund werden sich genau hier die Etrusker niedergelassen haben. Dem römischen Geschichtsschreiber Dionysios von Halikarnassos zufolge, er lebte zur Zeit von Kaiser Augustus, war Vetulonia schon im 7. Jh. v. Chr besiedelt. Im 4. Jh. eroberten die Römer von Süden aus auch diese Stadt, die für die Kontrolle des toskanischen Küstenstreifens strategisch nützlich war.

Doch die Römer lebten vermutlich nie in Vetulonia. Die Siedlung wurde bedeutungslos, und nach dem Römischen Reich und bis ins 19. Jh. hinein versumpfte ihre Umgebung. Man lebte hier nicht gern. Genau deshalb strahlt

Die ehemalige Zisterzienserabtei San Galgano (▶ S. 111) hatte im 13. und 14. Jh. ihre Blütezeit. Dann begann der Niedergang, das Kloster verfiel allmählich, und 1783 stürzte das Gewölbe ein.

dieser Ort noch heute den Charme vergangener Zeiten aus. Es gibt nur wenige Neubauten, dafür aber viel Natur und uralte Bausubstanz.

Atriumhäuser an der Via Decumana

Fahren Sie zunächst in die Ortschaft hinein, parken Sie und machen Sie einen Spaziergang. Östlich der sich von Norden nach Vetulonia heraufschlängelnden Straße und kurz vor dem Eingang ins Dorf, das immer noch ganz mittelalterlich geprägt ist, machen Sie beim etruskischen Ausgrabungsfeld der **Via Decumana** halt. Dieser Ort wird von den Einheimischen auch Via dei Ciclopi genannt. Aus gutem Grund, denn die Grundmauern dieser erst Ende des 19. Jh. wieder entdeckten Atriumhäuser sind aus gigantischen Steinblöcken zusammengesetzt worden. Sie sind auch für etruskische Wehrmauern typisch. Wenn Sie die spärlichen Ruinen dieser Häuser näher betrachten, wird deutlich,

wie typisch etruskische Wohngebäude konzipiert waren. Der Eingangsbereich in diese Bauten ist schlauchartig eng. Erst durch ein Vorzimmer gelangte der Besucher in das Atrium, den offenen Hauptraum der Anlage. Diesen etruskischen Grundriss entwickelten die Römer zu ihren Villen weiter. Auch in diesem Fall wird verständlich, wie sehr die römische durch ihre etruskische Vorgängerkultur beeinflusst wurde.

Die Zyklopenmauer

Gegenüber den Grundmauern der Atriumhäuser erheben sich die Reste der grandiosen Stadtmauer, auch **Zyklopenmauer** genannt, denn bis heute ist unklar, wie man diese riesigen Steinblöcke auf den Hügel transportiert hatte. Auch wenn der Mauerrest nur rund 5 m breit ist, vermittelt er einen wirklich faszinierenden Eindruck von diesem ehemaligen Bollwerk, das sich seinerzeit rund um Vetulonia erhob.

Machen Sie einen Rundgang durch die verschlafen wirkende Ortschaft. Sie übt zu jeder Jahres- und Uhrzeit einen ganz besonderen Charme aus. Es ist eine Atmosphäre, die an vergangene Zeiten erinnert, als die meisten der Bauern hier noch im Halbpachtsystem lebten, das in der Toskana übrigens erst in den frühen 1970er-Jahren aufgehoben wurde.

Besuchen Sie das **Museo Archeologico Isidoro Falchi**. Der Archäologe Falchi ist für die Wiederentdeckung vieler etruskischer Ruinen Ende des 19. Jh. verantwortlich. Das kleine Museum zeigt einige Funde, auf die Falchi bei seinen Grabungen gestoßen war.

Statten Sie nach dem Museum auch der Dorfbar einen Besuch ab. Bei einem Cappuccino oder einem Espresso lassen Sie sich den Weg zur Nekropole erklären. Der ist zwar nicht schwer zu finden, aber die Bewohner von Vetulonia sind sehr stolz auf ihre archäologischen Reste und extrem hilfsbereit, wenn es darum geht, vor allem ausländischen Gästen den Weg zu erklären.

Vetulonia ▶ Via dei Sepolcri

Etwa 3 km nordöstlich Vetulonias, alles ist gut ausgeschildert, erreichen Sie eine Sandpiste mit dem Namen **Via dei Sepolcri**, die Gräberstraße. Ganz in der Nähe werden Sie die Nekropole finden. Der ganz besondere Reiz der archäologischen Zone hat seinen Grund in der Verbindung von etruskischen Grabanlagen, fast alle aus dem 7. Jh. v. Chr., und einer bukolischen Natur. Auch wenn die Archäologen immer wieder versuchen, die Natur in Zaum zu halten, wächst sie doch schnell wieder nach. Genau diese Kombination aus historischen Monumenten und üppiger Vegetation erinnert immer wieder an Reisezeichnungen aus dem 18. und 19. Jh. Beispielsweise von Italienfan Goethe, der immer wieder antike Ruinen zeichnete, die mit der Natur eine malerische Symbiose eingegangen waren.

Wenn Sie früh morgens oder am späten Nachmittag nach Vetulonia kommen und das archäologische Areal fast für sich allein haben, erleben Sie den ganzen Charme dieser Symbiose aus Gräbern und Natur. Ohne störende Besucher. Schauen Sie sich in der Nekropole vor allem drei Anlagen an. An deren Aufbau wird beispielhaft deutlich, wie die Etrusker ihre Toten bestatteten.

Die **Tomba del Diavolino**, das Teufelchengrab, hat einen Durchmesser von nahezu 80 m. Der Name stammt von einer diabolisch anmutenden kleinen Figur, die hier gefunden wurde und wohl den Totenwächter Charon darstellt. Dieser große Tumulus ist nahezu komplett mit Olivenbäumen bedeckt. Ein Olivenhain auf einer antiken Grabstätte – idyllischer geht es wohl kaum mehr. Nicht wenige Besucher machen deshalb an dieser Stelle unter den silbergrünen Blättern der Olivenbäume ein Mittagspicknick. Der Ort könnte dafür nicht besser geeignet sein!

Der Archäologe Isidoro Falchi entdeckte auch dieses Grab, das wohl einem einflussreichen Mitglied der Etruskergemeinde gehörte. Zur zentralen Kammer führte ein fast 40 m langer Dromos. So nennt man einen Korridor, der zu einem zentralen Raum führt. Bei dieser Stätte sind etwa 15 m des Dromos überdacht. Das sich an den Korridor anschließende Gewölbe wurde durch eine zentrale Säule oder einen Pfeiler gestützt, von dem allerdings nur noch der Sockel zu sehen ist.

Ein genereller Tipp: Besuchen Sie etruskische Gräber besser nicht mit Badeschlappen oder gar barfuß. Nicht selten verstecken sich in den feuchtkühlen Innenräumen Tiere, die unangenehm reagieren könnten. Beispielsweise Schlangen und Skorpione. Tragen Sie beim Besuch archäologischer Nekropolen also festes Schuhwerk!

Tomba del Diavolino ▶
Tomba del Belvedere

Nicht weit entfernt von der Teufelchenanlage befindet sich die **Tomba del Belvedere**. Sie ist der eindrucksvolle Rest einer quadratischen Grabkammer, deren Entstehungsdatum unklar ist. 60 m Durchmesser hat die **Tomba della Pietrera**. Ihr Eingangskorridor ist 28 m lang. Sie präsentiert sich Ihnen als ungefähr 14 m hoher Erdhügel, der ebenfalls bewachsen ist. Der Innenraum birgt eine Überraschung. Er besteht aus gleich zwei Grabkammern,

einer runden und einer leicht rechteckigen. Die eine liegt dabei über der anderen. Das ist auf etruskischen Friedhöfen eher eine Seltenheit. Erklärt wird dieses Kuriosum mit dem Umstand, dass die Decke des ersten Raums noch zur Zeit der Etrusker zusammenstürzte und man darauf einen zweiten errichtete. Sie können also heute – dank der Grabungsarbeiten – ein zweistöckiges Grab besichtigen.

Egal welche etruskische Nekropole Sie in der Toskana besuchen: Alle ähneln sich ein wenig. Und fast alle liegen in ländlicher Umgebung und müssen zu Fuß erkundet werden – was sehr angenehm sein kann. Nehmen Sie sich Verpflegung und vor allem zu trinken mit. Auch wenn sich die Gräber in archäologischen Parks befinden, gibt es in der Nähe oft keine Möglichkeit, sich mit Getränken zu versorgen. Und wie gesagt: nie festes Schuhwerk vergessen!

Ruinen antiker Atriumhäuser in Vetulonia (▶ S. 154). Die einst mächtige Etruskerstadt erlebte ihren Höhepunkt zwischen dem 6. und 7. Jh. v. Chr., als sie gegen Rom zu Felde zog.

MAREMMA – KÜSTE ZWISCHEN MEER UND HÜGELN

CHARAKTERISTIK: Ein Landstrich mit besonders vielen Naturschutzgebieten und ein Stück Toskana für Eingeweihte **DAUER:** 1 Tag **LÄNGE:** ca. 150 km **EINKEHR-TIPPS:** Il Frantoio, Capalbio, Piazza della Provvidenza 10, Tel. 05 64 89 64 84, www.frantoioincapalbio.com, €€; klassische Gerichte der Region, man speist Fischgerichte und handgemachte Nudeln in einer alten Ölmühle | Oasi, Follonica, Viala Italia 217, www.oasiristorantebahno.it, €; ein Lokal direkt am Strand, beste Fischküche, im Sommer isst man draußen | Aurora, Magliano in Toscana, Chiasso Lavagnini 12, Tel. 05 64 59 20 30, €€; Feinschmeckergerichte in historischen Gemäuern des 15. Jh. mit  fantastischen Nudel- und Fleischspeisen, dazu Weine der Maremma! **AUSKUNFT:** www.turismoinmaremma.it

B 6–D 8

»Warum ausgerechnet die Maremma?« Piero versteht die Frage nicht ganz. Der rund 50-Jährige sitzt stolz im Sattel seines Pferdes, des sogenannten »maremmano«, und schüttelt seinen Kopf über die dumme Frage. Schließlich entscheidet er sich doch zu antworten. »Schauen Sie sich doch um«, sagt er und streichelt sein Pferd, das wie alle Maremmano-Pferde wild geboren wurde und erst gezähmt werden musste.

Pietro ist ein »buttero«. So nennt man in der Toskana die Cowboys, die Hirten, die sich um die Herden der breithörnigen Maremma-Rinder kümmern. Und wie ein echter »buttero« ist Piero mit einer Peitsche ausgerüstet und in eine Cordjacke gekleidet. Auf dem Kopf trägt er eine schwarze Kappe. Wenn es regnet, hüllt er sich in einen breiten Mantel, »pastràno« genannt, der an die Ponchos der Gauchos erinnert.

Wir treffen Piero an einem wildromantischen Strandabschnitt im Parco Nazionale della Maremma, einem der schönsten, weil naturbelassensten Orte der ganzen Toskana. Ein Strand ohne Gebäude oder Buden und Geschrei von Urlaubern. Ein sauberer Strand in einem Naturschutzgebiet südlich der Provinzhauptstadt Grosseto.

Der große Park gehört zur Maremma, jenem toskanischen Küstenabschnitt, der sich zwischen **Follonica** im Norden und **Capalbio** im Süden erstreckt. Im Osten reicht die Maremma bis nach **Pitigliano** und **Roccastrada**, im Westen wird sie durch die Küste begrenzt.

Eine der ganz wenigen Landschaften in der ansonsten sündhaft teuren Toskana, wo man noch alte Bauernhäuser zu halbwegs akzeptablen Preisen ergattern kann. Aus unbegreiflichen Gründen hat der große Run auf die Maremma noch nicht eingesetzt, jedenfalls nicht durch Ausländer. Noch ist von einem Maremmashire keine Rede, und die Kinder der Toskanafraktion haben dieses Gebiet noch nicht für sich entdeckt. Von Siena und Umgebung aus erreichen Sie die Maremma in kurzer Zeit. Ein Tagesausflug bietet sich an, doch vielleicht wird Ihnen schnell bewusst werden, dass man doch besser auch noch über Nacht bleiben sollte.

Follonica ▶ Castiglioncello della Pescaia

Beginnen Sie Ihre Maremma-Tour im Norden. Am besten bei Follonica, bequem zu erreichen, wenn Sie von Massa Marittima kommen. Aber auch von Siena ist es nicht allzu weit: 1 Std. 20 Min. Fahrt müssen Sie einplanen.

Die Kleinstadt Follonica hat nichts Besonderes zu bieten, dafür aber die Umgebung. Maremma heißt ja vor allem: Natur, wilde Natur. Mit sanften Hügeln, die dicht bewaldet sind und von denen aus man umwerfende Panoramablicke auf die Küste genießen kann. Und Maremma bedeutet auch: Es gibt relativ unberührte Natur an der Küste. Fahren Sie also von Follonica aus direkt zur **Riserva Naturale Dune di Follonica**: sandige Dünen und Pinien direkt am Strand. Doch halten Sie sich nicht allzu lange hier auf. Es wird nämlich noch viel besser kommen!

Südlich von Follonica stoßen Sie auf die Straße SP Punta Ala. Sie bringt Sie auf die ungemein malerische und bis in Strandnähe mit Bäumen bewachsene Halbinsel mit dem kleinen Hafen **Punta Ala**. Ein Jachthafen, umgeben von mediterraner Flora und folglich während der Sommermonate auch mit viel schickem italienischen Publikum und nicht wenig Verkehr. Aber sobald Sie Punta Ala verlassen haben, sind Sie wieder mitten in der Natur.

Zurück über die SP Punta Ala zur Provinzstraße Richtung Süden und weiter nach **Castiglioncello della Pescaia**. Bei diesem mittelalterlich anmutenden Ort erstreckt sich etwa 10 km lang an der Küste die Pineta del Tombolo: zahllose Pinien direkt am Wasser! Ideal für einen Spaziergang mit nackten Füßen im

Ein Bild wie aus längst vergangenen Zeiten: »Butteri«, die italienischen Cowboys, hüten im Naturpark der Maremma (▶ S. 160) die einer sehr alten Rasse zugehörigen Maremma-Rinder.

Der Hafen von Porto Ercole auf der Halbinsel Monte Argentario (▶ S. 121) wird von Festungs-anlagen aus dem 16. Jh. überragt. Heute herrscht rund um die Stadt ein reger Badebetrieb.

Sand. Die vielen Bäume laden an sonnigen und heißen Tagen zur erfrischenden Rast im Schatten ein.

Castiglioncello della Pescaia ▶ Grosseto

Genau zwischen Castiglioncello della Pescaia und Grosseto stoßen Sie auf der SP Trappola auf die **Riserva Naturale Diaccia Botrona** (Tel. 05 64 48 45 80/1/2, www.parks.it/riserva.diaccia.botrona). Dieses Naturreservat besteht aus rund 120 qkm mit Sümpfen und Pinien. Die bis zu 40 cm tiefen Sümpfe stehen in direktem Kontakt mit dem nahen Meer. Nicht selten waten hier im Wasser die mächtigen Büffel, kontrolliert von »butteri« wie Piero.

Obwohl nicht an der Küste gelegen: Machen Sie doch auch einen Sprung nach **Grosseto**. Der Ort ist, wenn man so will, die Hauptstadt der Maremma. Besichtigen Sie den gut erhaltenen und restaurierten romanischen Dom und auch das Museo archeologico e d'Arte, das einige wichtige Kunstwerke der Frührenaissance ausstellt. Doch halten Sie sich nicht zu lange in Grosseto auf. Kehren Sie in die Natur zurück, die Maremma hat viel davon zu bieten.

Grosseto ▶ Parco Naturale della Maremma

Nehmen Sie von Grosseto aus die SS 1 Richtung Süden. Hier erstreckt sich eines der ausgedehntesten Naturschutzgebiete Italiens, der **Parco Naturale della Maremma**, wo »butteri«-Cowboys wie Piero arbeiten (www.parco-maremma.it). Der Naturschutzpark umfasst eine Fläche von etwa 9800 ha entlang der Küste. Es handelt sich um eines der naturbelassensten und intaktesten Ökosysteme Italiens.

Hier können Sie, mit festem Schuhwerk ausgestattet, alle für die Maremma typischen Landschaftsformationen erwandern. Dazu gehören bei Alberese dichte

Pinienwälder und die von den »butteri« bewirtschafteten Weiden. Dazu gesellen sich im Mündungsgebiet des Flusses Ombrone flache Binnenseen, kleine Dünen und Sümpfe. Hier brüten und leben zahllose geschützte Vogelarten. Die felsigen Hänge des Parks gehören zu den rund 400 m aufragenden Hügeln Monti della Uccellina. Sie sind mit der für das Mittelmeer typischen Macchia-Vegetation und Steineichen bewachsen. Reizvoll ist außerdem, dass sich mitten in dieser abwechslungsreichen Natur von Menschen geschaffene Sehenswürdigkeiten erheben, darunter mehrere Wachtürme aus pisanischer Zeit. Die Toskana wurde oft von räuberischen Sarazenen vom Meer aus angegriffen. Besonders schön sind die **Torre di Castel Marino** aus dem 13. Jh. wie auch die **Torre Cala di Forno** aus der Zeit von Medici-Fürst Cosimo I. Aus dem 11. Jh. stammt die beeindruckende Abteiruine von **San Rabano**. Die Klosterkirche ist als Ruine erhalten und wirkt ungemein romantisch.

Dass Menschen im Gebiet des heutigen Naturschutzparks lebten, beweisen Funde aus prähistorischen Höhlen, die schon vor rund 12 000 Jahren bewohnt waren. In der pittoresken **Grotta della Fabbrica** im nördlichen Teil des Parks entdeckte man Werkzeuge aus der Mittel- und Jungsteinzeit, also aus der Epoche vor rund 5000 Jahren. Diese Grotte ist von der Straße an der Marina Alberese aus gut mit dem Wagen zu erreichen. Ein Besuch des Parks ist zu jeder Jahreszeit reizvoll. Allerdings kann es in den Sommermonaten sehr heiß und – wegen des vielen Wassers – sehr schwül werden. Empfehlenswert ist eine Tour durch den Park aber nicht nur wegen

seiner Flora, sondern auch wegen der vielen Tiere. Zu den Bewohnern zählen Wildschweine, Steinmarder und sogar Wildkatzen. Im Park leben viele Singvogelarten, und die Feuchtgebiete sind ein Paradies für Grau- und Silberreiher. In den vergangenen Jahren ist es gelungen, den Fischadler wieder anzusiedeln.

Parco Naturale della Maremma ▶ **Capalbio**

Südlich des Maremma-Parks geht es weiter mit der geschützten Natur. Die **Riserva Naturale Laguna di Orbetello** (Info: www.parks.it/riserva.laguna.orbetello) unterscheidet sich grundlegend von allen anderen Naturschutzgebieten der Maremma. Zu Wanderungen eignen sich Dünen und Pinienwälder, Sümpfe und Weideflächen. Die landschaftliche Vielfalt wird durch die geografische Zerrissenheit dieser Gegend verstärkt. Die Halbinsel **Monte Argentario** ist mit dem Festland durch zwei schmale Streifen Land verbunden. Der südliche Bereich ist als **Riserva Naturale Duna Feniglia** geschützt. Saubere Dünen und Wälder wechseln sich hier ab. Aber auch die Halbinsel mit der Ortschaft **Orbetello** und die Saline Sadun sind landschaftlich geschützt. Wegen der schmalen Landzungen, die die Lagune einrahmen, hat der Besucher immer auch das Meer vor Augen.

Die Maremma endet im Süden bei **Capalbio**. Die mittelalterliche Ortschaft in den Hügeln unweit der Küste, mit historischem Ortskern und Wehrmauern, ist seit Jahren der sommerliche Rückzugsort vor allem der linken italienischen Schickeria. Wer baden will: Zum nahen Meer mit mehreren sauberen Sandstränden bei Capalbio Marittima ist es nicht weit.

ELBA  – DIE PERLE IM MITTELMEER

CHARAKTERISTIK: Von wegen nur Strände! Elba ist eine ungemein vielfältige Insel, auf der man nicht einfach nur faul in der Sonne liegen sollte **DAUER:** 1–2 Tage **LÄNGE:** ca. 100 km **EINKEHRTIPPS:** Caffescondido, Portoferraio, Via del Carmine 65, Tel. 3403400881, €€; etwas außerhalb der Hafenstadt gelegen mit toller Aussichtsterrasse, guter Fischküche und einer Auswahl an Inselweinen | La Botta Gaia, Viale Europa 5–7, Tel. 0565956 07, www.labottegaia.com, €€; eine der besten Adressen Elbas! Ausgezeichnete Nudelgerichte und Suppen, viele lokale Weine | Villa Ottone, Portoferraio, Località Ottone, Tel. 0565 933042, www.villaottone.com, 7 Zimmer, €€€; prächtige historische Villa direkt am Meer | Hotel Andreina, Marciana Marina, Località La Cala, Tel. 0565908150, www.hotelandreinaelba.it, 10 Zimmer, €/€€; einsam gelegenes Hotel, entweder über einen Wanderweg oder, sehr reizvoll, über das Meer zu erreichen **AUSKUNFT:** www.aptelba.it **KARTE ▶ S. 165, d 2**

Die Überfahrt von **Piombino** aus ist ein Katzensprung. Machen Sie nicht den Fehler, den viele Besucher begehen, und halten Sie die mit ihren 225 qkm im Vergleich zu Sardinien nicht gerade riesige Insel für einen Winzling. Denn auf Elba kann man Tage damit verbringen, immer wieder Neues zu entdecken. Die Insel droht zwar in den Sommermonaten vor Touristen geradezu zu platzen. Im Winter hingegen wohnen hier weniger als 35 000 Menschen, also ist es weitaus reizvoller, außerhalb der Hochsaison anzureisen.

Die Inselhauptstadt Portoferraio

Sie kommen mit der Fähre in **Portoferraio** an, dem Hauptort der Insel. Hier war der abgesetzte Napoleon gezwungen auszuharren. Die **Casa di Napoleone** gibt einen guten Einblick in das Ambiente, mit dem sich der einstige Kaiser der Franzosen vor Ort zufriedengeben musste. Eine weitere Residenz stand dem Gestürzten etwas außerhalb der Hafenstadt zur Verfügung: die prächtige **Villa Napoleone**.

Besuchenswert ist in Portoferraio auch die lokale **Pinacoteca Foresiana**, mit einer beachtlichen Gemäldesammlung aus dem 19. Jh., darunter Werke von Jacques-Louis David, Giovanni Fattori und Telemaco Signorini. Doch jetzt genug mit der urbanen Besichtigung! Elba ist ein zauberhaftes Naturparadies – vorausgesetzt Sie kommen außerhalb der Sommermonate Juli bis Ende August. In der Hochsaison wird es schwierig werden, einsame oder nur wenig besuchte Gegenden zu finden.

Portoferraio ▶ Biodola

Nehmen Sie im Westen von Portoferraio die einzige wichtige Landstraße der Insel. Sie wird Sie zielsicher rund um Elba führen, mit immer neuen Buchten, Aussichtspunkten, Bergen oder kleinsten Ortschaften. Wie z. B. das ungemein malerische **Biodola** mit seinem breiten Sandstrand. Die kleine Ortschaft scheint sich zwischen Pinien verstecken zu wollen. Nicht zu Unrecht wird dieser Golf als einer der schönsten der Insel bezeichnet.

An der 147 km langen Küste von Elba (▶ MERIAN TopTen, S. 162) finden sich weitläufige Sandstrände, aber auch einsame Buchten zwischen Felsklippen – im Bild der Strand von Cavoli.

Biodola ▶ Zanca Sant'Andrea

Nicht unähnlich und beinahe genauso
schön ist etwas weiter westwärts auf der
Inselroute **Procchio** mit der gleichnamigen Bucht. Ein breiter Strand mit gepflegten Strandbädern. Ideal für Besucher, die es am Wasser bequem mögen.
Von Procchio aus fahren Sie über eine
pittoreske Straße, die sich über dem
Wasser an der Küste entlangschlängelt,
zum kleinen Hafen **Marciana Marina**.
Von hier aus bringt Sie unsere Route
in die Berge, um sich anschließend in
vielen Windungen wieder hinab nach
Zanca Sant'Andrea zum Meer zu be-

wegen. Eine Ortschaft plus Strand wie
aus dem Bilderbuch. In der Nebensaison fühlt man sich wie im Paradies.

Zanca Sant'Andrea ▶ Fetovaia

Entlang der Westküste stoßen Sie oft
auf verschwiegene Badebuchten. Parken Sie den Wagen irgendwo. Es ist in
der Regel nicht gefährlich für das Auto,
lassen Sie allerdings nie Taschen oder
Kleidungsstücke auf den Sitzen liegen.
Mit gutem Schuhwerk, Badeschlappen
sind nicht geeignet, erreichen Sie auch
die einsamsten Buchten, wo Sie sogar
während der Sommersaison nicht selten allein sein können.

Nicht überall gibt es Sandstrände. An der westlichen Küste zwischen **Colle d'Orano** und **Chiessi** dominieren die Felsen. Nichts für kleine Kinder und jene Badegäste, die bequem ins Wasser gleiten wollen.

Eigentlich ist die ganze Insel reizvoll, aber es gibt immer wieder Straßenabschnitte, wie zwischen **Pomonte** und **Fetovaia**, wo man in bestimmten Momenten die Küste für sich allein hat. Mit nur wenig Verkehr. Immer wieder kann man hier anhalten, Fotos machen oder auch kleine Spaziergänge zu felsigen Buchten unternehmen.

Fetovaia ▶ Campo nell'Elba

Fetovaia an der Südküste bietet, direkt im Ort, wieder einen breiten und sauberen Sandstrand. Hier heißt die Küstenstraße Via della Costa und bringt Sie nach **Seccheto**. Kurz darauf folgt **Cavoli** mit seinem feinen Sandstrand. Ein Ort scheint schöner als der andere zu sein. Am besten fahren Sie alle nacheinander ab und erleben auf diese Weise, wie sich die Geografie der Insel ständig verändert. Der südliche Teil von Elba ist dichter als der westliche besiedelt. Und doch können auch die Strände von **Marina di Campo** und **Campo nell'Elba**, mehr als 1 km lang, bedenkenlos zum Baden empfohlen werden. Auch hier gilt aber: nie in der Sommersaison …

Raue Natur bietet die südöstliche Spitze der Insel. Mit schmalen Straßen und einsamen Badebuchten. Sie haben die Qual der Wahl, wenn es darum geht, sich einen Ort zum Schwimmen oder Sonnenbaden auszusuchen.

Abstecher ins Inselinnere

Jenseits des Strandlebens können Sie aber auch ganz andere Strecken auf Elba befahren. Straßen, die man so hier nie vermuten würde. Durch das Inselinnere, mit Bergen und wilden Tälern, führen kleine Wege zu Einsiedeleien.

In einem Kastanienwald im Nordwesten bei der Ortschaft Marciana erhebt sich in eindrucksvoller Einsamkeit, sogar in der Hochsaison, das **Romitorio di San Cerbone**. Man erzählt sich, dass der hl. Cerbone hier Zuflucht fand vor den wilden Horden des Langobarden Gummarith. Ein zauberhafter Ort! Die Kirche wurde im 15. Jh. errichtet.

Von der Ortschaft Marciana aus – fragen Sie am besten Einheimische nach der Route – führt ein kurzer Wanderweg mit Kreuzwegstationen zum **Santuario della Madonna del Monte**. Dieses katholische Heiligtum befindet sich am Fuße des Monte Giove. Hier wohnte für 13 Tage Napoleon.

Im Südwesten der Insel erheben sich bei Chiessi die malerisch gelegenen Reste der Kirche **Chiesa di San Bartolomeo** aus dem 13. Jh., in der Nähe des gleichnamigen Berges. Ein magischer Ort. Nicht leicht zu finden und empfohlen nur jenen Besuchern, die gut zu Fuß sind. Aber ein Fleckchen Erde, das einen ungewöhnlichen Zauber ausstrahlt, so ganz anders als das Elba der Strände und Badebuchten.

INFORMATIONEN

Casa di Napoleone – Museo Nazionale della Villa dei Mulini ▶ S. 165, d 2

Portoferraio | Piazzale Napoleone | Tel. 05 65 91 58 46 | Di–Fr 9–19, Sa, So 9–13 Uhr | Eintritt 7 €, Kinder frei

Pinacoteca Foresiana ▶ S. 165, d 2

Portoferraio | Centro Culurale de Laugier (2. Stock) | Tel. 05 65 94 55 28 | Mo, Mi, Fr 9–12 Uhr | Eintritt 7 €

Toskana-Impressionen wie aus dem Bilderbuch: im Val d'Orcia (▶ S. 7).

DIE TOSKANA
ERFASSEN

AUF EINEN BLICK

Hier erfahren Sie alles, was Sie über die Region Toskana wissen müssen – kompakte Informationen über Land und Leute, von Bevölkerung und Sprache über Geografie und Politik bis Religion und Wirtschaft.

BEVÖLKERUNG

Seit den 1970er-Jahren fällt die Geburtenrate, aber durch Zuzug von Ausländern aus Nordeuropa und den USA sowie anderen Einwanderern steigt seit den 1990er-Jahren die Bevölkerungszahl wieder. Trotzdem kann man von einer tendenziellen Überalterung der Region sprechen. Die Bevölkerungsdichte beträgt 159 Einwohner/qkm. Rund 365 000 Ausländer sind Burger der Toskana; unter den fest in der Region wohnenden Immigranten dominieren Menschen aus Osteuropa.

LAGE UND GEOGRAFIE

Die Region Toskana grenzt im Norden an die Regionen Emilia-Romagna und Ligurien, im Osten an die Marken, im Südosten an Umbrien und im Süden an Latium. Von Touristen werden vor allem das Chianti, Florenz, Siena, die Maremmaküste und die Etruskische Riviera zwischen Grosseto und Livorno besucht. Der toskanische Archipel umfasst zahlreiche Inseln, von denen allerdings nicht alle betreten werden können. Elba ist mit 224 qkm die größte toskanische Insel.

◀ Das Chianti (▶ MERIAN TopTen, S. 111)
steht ganz im Zeichen hochwertiger Weine.

POLITIK UND VERWALTUNG

Florenz ist das Verwaltungszentrum der Toskana. Nach den letzten Parlaments- und Regionalwahlen 2013 behauptet sich die Toskana immer noch als Hochburg der Sozialdemokraten des Partito Democratico (PD). Die Linksregierungen haben zu einem für Italien beträchtlichen Anstieg von Frauen in politischen Ämtern geführt (ca. 25 %).

RELIGION

Rund 85 % aller Toskaner sind römisch-katholisch getauft, was aber nicht heißt, dass sie auch praktizierende Katholiken sind. Im Gegenteil. Wie in ganz Italien nehmen weniger als 50 % aller Katholiken regelmäßig an der Messe teil. Verschwindend gering ist die Zahl der Protestanten und Juden in der Bevölkerung. Vor allem in Florenz leben die meisten der wenigen Protestanten. Die muslimische Bevölkerung wächst dagegen ständig. Genaue Zahlen liegen nicht vor, aufgrund der vielen untergetauchten illegalen Einwanderer. In Pomaio befindet sich eines der wichtigsten buddhistischen Zentren Europas (▶ S. 144).

SPRACHE

Was Reisenden gleich auffallen wird: das aspirierte »h« nach Konsonanten! Es ist typisch für den Florentiner und überhaupt toskanischen Dialekt. So sagt der typische Toskaner nicht »Cappuccino«, sondern spricht das Wort »hapuccino« aus. Das Toskanische, das sich neben dem Sardinischen am wenigsten von der lateinischen Sprache entfernt hat, gilt als Grundlage des modernen Italienisch – vor allem dank toskanischer Autoren wie Dante Alighieri, Petrarca, Boccaccio und Macchiavelli. Der toskanische Dialekt teilt sich in 18 lokale Unterdialekte auf.

WIRTSCHAFT

Zu den wichtigsten Wirtschaftszweigen gehören in der Toskana neben dem Tourismus, der seit einigen Jahren leicht rückgängig ist, vor allem der Weinanbau und die Produktion von Olivenöl. Das Chianti gilt als größte Weinanbauzone der Region. Hier finden sich die meisten der international angesehenen Weingüter. In und um Prato werden seit dem Mittelalter Textilien verarbeitet, ein Wirtschaftszweig, der zunehmend von chinesischen Einwanderern dominiert wird. Eisen- und Stahlverarbeitung bestimmt die Wirtschaft in den Küstenstädten Piombino und Livorno. In den Apuanischen Alpen wird seit der Antike Marmor abgebaut. Noch heute kommen von hier rund 500 000 t dieses begehrten Steins. Etwa 60 % aller Beschäftigten arbeiten im Dienstleistungsbereich, in der Industrie hingegen nur 35 % und 5 % in der Landwirtschaft, die sehr industrialisiert ist. Mit etwa 6,5 % liegt die Arbeitslosenquote in der wohlhabenden Region Toskana unter dem italienischen Durchschnitt von 12 %.

AMTSSPRACHE: Italienisch
EINWOHNER: 3,69 Mio.
FLÄCHE: 22 990 qkm
GRÖSSTE STADT: Florenz (366 000 Einwohner)
HÖCHSTER BERG: Monte Prado, 2054 m
INTERNET: www.regione.toscana.it
RELIGION: v. a. römisch-katholisch
WÄHRUNG: Euro

GESCHICHTE

Fast 4000 Jahre Kulturgeschichte und beileibe nicht nur die Renaissance in Florenz. Die Vergangenheit begleitet einen auf Schritt und Tritt, und aus den meisten Epochen lassen sich Ruinen, Burgen, Schlösser, Kirchen und ganz viel Kunst besichtigen.

2. Jt. v. Chr. Die ersten Toskaner

Die allerersten Funde menschlicher Besiedlung stammen aus der Bronze- und Eisenzeit. Es handelt sich um primitive Ansammlungen aus Holzhäusern, die fast immer an Seeufern lagen und von denen bescheidene Reste in den letzten Jahren ausgegraben wurden. Die im Gebiet der Toskana entstandene eisenzeitliche **Villanova-Kultur**, die sich in ganz Mittelitalien bis ins heutige Gebiet von Neapel ausbreitete, verschwand im 5. Jh. v. Chr. Sie wurde von den **Etruskern** abgelöst, deren kulturelle und technische Basis sie bildete. Aus der Zeit um 900 v. Chr. stammen die ersten historischen Zeugnisse der etruskischen Zivilisation. Dieses Volk nannte sich selbst Rasna oder Rasenna, ein Wort, von dem der Name Etruria, die antike Bezeichnung der Toskana, abstammte.

600–300 v. Chr. Blütezeit der etruskischen Kultur

Die Herrschaft der Etrusker reichte von der padanischen Tiefebene am Po im Norden bis zur heutigen Region Kampanien bei Neapel. Bau erster Straßen aus Stein, von denen sich einige, bei Sovana, Pitigliano und Sorana, bis heute erhalten haben, und erster Thermen wie bei Sasso Pisano. Beginn der Trockenlegung von Sümpfen und Errichtung von Städten, wie das spätere Pisa, Arezzo, Volterra. Diese Kommunen taten sich zum **Zwölfstädtebund** zusammen, der

2. Jt. v. Chr.

Die allerersten Funde menschlicher Siedlungen stammen aus der Bronze- und Eisenzeit.

600 v. Chr.

Blütezeit der Etrusker. Gründung des Zwölfstädtebundes, der die Basis der etruskischen Herrschaft bildet.

351 v. Chr.

Sieg der Römer über den etruskischen Zwölfstädtebund.

die Basis der etruskischen Herrschaft bildete. 396 v. Chr. traten die **Römer** von Latium aus auf die politische Bühne: Sie zerstörten die etruskische Stadt Veji im Norden Roms und leiteten damit die römische Eroberung Etruriens ein. Im 3. Jh. v. Chr. besiegten die Römer den etruskischen Zwölfstädtebund. Sie besiedelten die Region und schufen neue Städte, wie Fiesole bei Florenz.

59 v. Chr. Colonia florentia

59 v. Chr. wurde die Veteranenkolonie »Colonia florentia« gegründet. Aus ihr ging die spätere Stadt **Florenz** hervor. Die Toskana, Etrurien genannt, wurde zum VII. Verwaltungsbezirk des Römischen Reichs. Fortan durchlebte die Region das Auf und Ab des Imperiums. Und so kam es nach dem Jahr 395, nach der Teilung in das West- und Oströmische Reich, zu dramatischen politischen Wirren. Sie gipfelten in den ersten Einfällen von Vandalen und Goten. Die Folge waren soziale und politische Unsicherheiten und der komplette Zusammenbruch römischer Organisationsstrukturen in Politik, Wirtschaft und Kultur. 475 endete das Weströmische Reich. Etrurien gelangte unter die Herrschaft der Ostgoten und der Byzantiner des Oströmischen Reichs.

569–1115 Unsicherheiten

569 wurde die Toskana durch die **Langobarden** erobert. Sie machten Lucca zur Hauptstadt ihres Herzogtums. In den folgenden Jahrhunderten entwickelten sich einzelne Städte zu wirtschaftspolitischen Schwergewichten. Vor allem **Pisa**: Im 9. Jh. wurde die Hafenstadt zur mächtigsten Wirtschaftsmacht der Toskana, vor allem dank einer großen und wendigen Mittelmeerflotte. Doch Pisa konnte sich gegenüber konkurrierenden Städten nicht auf Dauer durchsetzen. Immer war die territoriale Vorherrschaft in Gefahr. Etwa durch die langobardische Familie Aldobrandini. Sie kontrollierte um die Jahrtausendwende die südliche Toskana. Eine entscheidende historische Wende brachte eine Schenkung. 1115 vermachte Markgräfin **Matilde von Canossa** ihre toskanischen Besitzungen dem Papst in Rom. Das führte zu einem jahrzehntelangen

Julius Cäsar gründet die Colonia florentia: die Geburtsstunde von Florenz.

Eroberung der Toskana durch die Langobarden.

569

59 v. Chr.

475

Ende des Weströmischen Reichs. Die Region gelangt unter die Herrschaft der Ostgoten und der Byzantiner des Oströmischen Reichs.

1115

Markgräfin Matilde von Canossa vermacht ihre toskanischen Besitzungen dem Papst in Rom.

Kampf zwischen den Päpsten und Kaisern um das Erbe. Es kam zu gewaltsamen Auseinandersetzungen zwischen verschiedenen toskanischen Fraktionen, die entweder kaisertreu (Ghibellinen) oder papsttreu (Guelfen) waren.

12. Jh.–1406 Freie Städte

Die große Zeit der »liberi comuni«, der **freien Städte**, die von Patriziern regiert wurden. Pistoia war der erste Ort Italiens, der sich eine Art Kommunalverfassung gab. Auf diese Weise entstanden stolze und politisch, wirtschaftlich wie kulturell unabhängige Stadtstaaten. Der Aufstieg von Florenz zur dominierenden Macht nahm seinen Anfang, zunächst vor allem auf wirtschaftlichem Gebiet. Der Boom hatte politische und soziale Folgen: 1282 setzten sich die Handwerkszünfte gegen den Adel durch und stellten die Regierung. Die Konflikte zwischen Kaiser- und Papsttreuen kulminierten. Um 1300 kam es in Florenz zu schweren Auseinandersetzungen zwischen den Guelfenfraktionen, in deren Folge auch der Dichter Dante Alighieri aus der Stadt fliehen musste.

1434 Die Medici an der Macht

Die aus einer Bankiersfamilie hervorgegangene Dynastie der **Medici** übernahm Mitte des 15. Jh. in Florenz das politische Ruder: bis auf zwei kurze Unterbrechungen für die kommenden 300 Jahre. Vor allem unter Medici-Fürst **Lorenzo il Magnifico**, dem Prächtigen (1469–1492), wurde Florenz zum »neuen Athen«: Es war die Blüte der Renaissance und aller Künste. Ihr für die damalige Zeit einmaliges Mäzenatentum finanzierten die Medici vor allem über ungeheure Einnahmen in der Folge ihrer territorialen Eroberungen in der Toskana. Eine nach der anderen fielen die bis dato politisch unabhängigen Kommunen in ihre Hände. Unter der zentralistischen Regierung flossen die meisten Finanzmittel nach Florenz.

1494–1512 Radikales Intermezzo

Aus der Traum von der kunstsinnigen und lustvollen Renaissance am Arno. Der religiöse Eiferer **Girolamo Savonarola** richtete in Florenz ein Schreckensregiment ein, die Medici wurden vertrieben. Unter Savonarola und seinen

12. Jh.

Die große Zeit der »liberi comuni«, der freien Städte, die von Patriziern regiert werden.

Um 1300

Die Stadt Florenz zählt etwa 100 000 Einwohner.

1469–1492

Unter Medici-Fürst Lorenzo il Magnifico, dem Prächtigen, wird Florenz zum »neuen Athen«.

fanatischen Anhängern war jede Form der Zurschaustellung von Luxus in Form von Kleidung, Schmuck, Musik und Theater sowie Kunst bei Lebensgefahr verboten. Die Florentiner passten sich zunächst dem religiösen Fundamentalismus an, hatten doch nicht wenige von ihnen zuvor die Medici als immer autokratischer regierende Herrscher scharf verurteilt. 1498 endete der Spuk Savonarolas: Der Hassprediger wurde hingerichtet. Erst 1512 kehrten die Medici nach Florenz zurück.

1737 Das Ende der Medici

Zunächst hatten sie es nicht leicht. Nach dem Tod Savonarolas versuchten sich die wohlhabenden und stolzen Florentiner Patrizier gegenüber den Medici durchzusetzen. Es kam zu heftigen Kämpfen um die Macht, bei denen die Medici schließlich dank ihres politischen Pragmatismus die Oberhand behalten konnten. Hinzu kamen wirtschaftliche und militärische Erfolge. 1550 fiel der wichtigste Gegner von Florenz: **Siena** gelangte unter die Medici-Herrschaft. Im 17. Jh. sank die Toskana dann im Spiel europäischer Großmächte fast zur politischen Bedeutungslosigkeit ab. 1737 endete mit dem Ableben von Gian Gastone de' Medici, der keine Erben hatte, die Dynastie der Medici.

Nach dem Tod Gastones fiel die Toskana an **Franz Stefan von Lothringen**, den Ehemann von Kaiserin Maria Theresia von Österreich. Er setzte nie einen Fuß in die Toskana und ließ die Region von seinem Sohn **Pietro Leopoldo**, dem späteren Kaiser Leopold II., verwalten.

1801–1814 Herrschaft Napoleons

Napoleon Bonaparte wirbelte auch in Italien politisch alles durcheinander – mit Konsequenzen für die Toskana, deren Fremdherrschaft durch »Ausländer« bestätigt wurde. Im **Frieden von Luneville** 1801 zwischen Napoleons Frankreich und den österreichischen Habsburgern wurde die Toskana dem Haus Bourbon-Parma zugesprochen. Es entstand das kurzlebige **Königreich Etrurien**. Doch bereits 1807 wurde die Region unter Napoleon Teil von Frankreich. Zum ersten Mal setzten sich in Italien die Ideen von Freiheit, Gleich-

Fall Sienas durch Florentiner Truppen. Die Schwesterstadt gelangt unter die Herrschaft der Medici.

Unter Napoleon wird die Toskana Teil des französischen Kaiserreichs.

1807

1550

1737

Ende der Medici-Dynastie nach dem Tod von Gian Gastone de' Medici, der keine Erben hinterlässt. Die Toskana fällt an Österreich.

1814

Die napoleonischen Truppen ziehen ab. Die Toskana gelangt erneut unter österreichische Kontrolle.

heit und Brüderlichkeit durch. Doch der napoleonische Traum endete wenige Jahre später. 1814 wurde die Toskana erneut österreichisch. Dass sich die Region bis heute in Sachen Verwaltung und Organisation positiv von anderen italienischen Landesteilen abhebt, führen nicht wenige Soziologen und Historiker auf die nachwirkende Präsenz der Habsburger zurück.

1848–1865 Risorgimento

Die meisten Italiener, auch im ebenfalls von Österreich besetzten Norditalien zwischen Mailand und Venedig, begehrten gegen die ausländische Fremdherrschaft auf. Es entstand auch in der Toskana die Bewegung des Risorgimento, die die Schaffung eines italienischen Einheitsstaats verlangte. Sie standen für eine Revolution bürgerlicher Kreise, die zunächst eine Republik anvisierten. Das Risorgimento trug schließlich unter der politischen und militärischen Führung des Herrscherhauses der **Savoyer** aus Piemont den Sieg davon. 1860 entschied sich eine Mehrheit der Bürger der Toskana für den Anschluss ihrer Region an

das neu gegründete Königreich Italien. Nach Turin wurde Florenz zur Hauptstadt des neuen Einheitsstaats bestimmt. König **Vittorio Emanuele II.** residierte im Palazzo Pitti. Nach der Eroberung Roms und dem Ende der Papstherrschaft hingegen zog der König 1871 in die Hauptstadt an den Tiber um.

1922–1946 Mussolini und Krieg

Die Toskana erliegt dem Faschismus. 1922 marschierte der ehemalige Radikalsozialist **Benito Mussolini**, inzwischen zum rechtsradikalen autoritären Machtmenschen gewandelt, durch die Toskana auf Rom zu. Auch dort wurde er bejubelt, und die Schwarzhemden des »Duce« setzten sich schließlich durch. Interessant ist, dass auch in der Toskana, wo besonders viele jüdische Bürger lebten, eine Mehrheit von ihnen geschlossen hinter dem Diktator stand. Bis 1938, als Mussolini, um Hitler zu imitieren, die Rassengesetze einführte. Nach dem Sturz des Duce besetzten deutsche Truppen Mittelitalien. In der Toskana kam es nicht nur zu blutigen Kämpfen zwischen Deutschen und Al-

1860

Ein Referendum in der Toskana bringt den Anschluss an das neu gegründete Königreich Italien.

1865–1871

Florenz ist Hauptstadt Italiens. König Vittorio Emanuele II. residiert im Palazzo Pitti.

1922

Benito Mussolini übernimmt als »Duce« die Herrschaft und führt den Faschismus ein.

liierten, sondern auch zu Verbrechen deutscher Soldaten gegen die Zivilbevölkerung. Die meisten dieser Verbrechen wurden nie strafrechtlich verfolgt.

1946–1986 Blühende Wirtschaft

1945 endete der Spuk des Krieges in der Toskana. In den letzten beiden Jahren des Weltkriegs war die Gegend zu einem wichtigen Zentrum des bewaffneten antifaschistischen Widerstands gegen die deutschen Besatzer geworden. 1946 wurde das Verwaltungssystem der Regionen geschaffen, doch erst 1970 kam es zur endgültigen Etablierung der **Region Toskana**. Der Tourismus, zahllose Handwerksbetriebe sowie Unternehmen führten in den 1950er- und 1960er-Jahren zu erstaunlichem Wohlstand. Einen gravierenden Einschnitt stellte aber 1966 die schwere **Flutkatastrophe** in Florenz dar. Infolge eines epochalen Hochwassers des Arno kam es zur Zerstörung und Beschädigung zahlreicher bedeutender Kunstwerke. Aus aller Welt reisten junge Menschen an, um, knietief im Wasser stehend, zu retten, was zu retten war.

2009–2014 Linke Zukunft?

Unter den traditionellen Linksregierungen der Toskana, zunächst der gemäßigten Kommunisten der KPI und dann der Sozialdemokraten des PD, wurde die Region ein italienisches Paradebeispiel für bürokratische Organisation und Verwaltung. Nicht wenige Italiener aus Latium fahren beispielsweise in die benachbarte Toskana, wenn sie sich in einem Krankenhaus behandeln lassen wollen. Die Toskana ist sozusagen zum linkspolitischen Experimentierfeld geworden.

Das macht auch die politische Karriere des Sozialdemokraten **Matteo Renzi** deutlich, der 2009 bis 2014 Bürgermeister von Florenz war und als Hoffnungsträger vieler italienischen Linken gilt. Renzi wird bei einer Parteimitgliederbefragung Vorsitzender des PD, der jüngste in der Parteigeschichte. Im Februar 2014 entmachtet er vollkommen überraschend den amtierenden Regierungschef und Parteikollegen Enrico Letta. Als neuer Ministerpräsident übernimmt der Toskaner die Geschäfte einer Neuauflage der großen Koalition.

In Italien wird nach einer Volksabstimmung die Republik ausgerufen.

2009
Der Sozialdemokrat Matteo Renzi, Hoffnungsträger der italienischen Linken, wird Bürgermeister von Florenz.

1946

1966
Flutkatastrophe in Florenz durch Hochwasser des Arno. Zerstörung und Beschädigung zahlreicher Kunstwerke.

2013
Regionalwahlen: In fast allen Städten werden die Sozialdemokraten des PD im Amt bestätigt.

KULINARISCHES LEXIKON

A

acquacotta – »gekochtes Wasser« – Gemüsesuppe mit Brot und Ei

animelle – Kalbsbries

anitra/anatra all'arancia – Ente mit Orangen

arista – Schweinskarree

arrosto – am Spieß gegart

asparagi alla fiorentina – grüner gekochter Spargel mit geriebenem Käse in Butter und Spiegelei

B

baccalà – Stockfisch

baccelli – junge Saubohnen

berlingozzi – Karnevalsgebäck

biadina – Cocktail aus Lucca

biroldo – Blutwurst

bischeri – süße Teigröllchen

biscotti di Prato – Mandelkekse

bistecca alla fiorentina – Steak eines jungen Rindes mit Knochen

bollito misto – verschiedene gekochte Fleischsorten

borlotti – Bohnenkerne

braciola – Kotelett

brigidini – hauchdünnes Anisgebäck

bruschetta – Bauernbrot geröstet, mit Knoblauch und Öl

buccellato – süßes Brot mit Anis und Rosinen (Hefekranz)

C

cacciucco – Fischsuppe

caciotta – frischer Schafkäse

cannellini – kleine toskanische Bohnen

cantucci – Mandelgebäck

cappelletti – gefüllte Teighütchen

capretto – Zicklein

carciofi – Artischocken

carpaccio – rohe Rindfleischscheiben mit Öl, Zitronensaft und Parmesan

castagnaccio – Kastanienmehlfladen

cavallucci – Gebäck mit Nüssen

cavolo – Kohl

– con le fette – Kohlbrote

cervello – Hirn

chianina – Rinderrasse

chioccole – Schnecken

cibreo – Hühnerragout (Leber, Nieren, Kämme)

cinghiale – Wildschwein

coniglio – Kaninchen

copata – eine Art »torrone« (Nougat) aus Honig, Nüssen, Anis

coratelle – Innereien

crostini – geröstete Brotschnitten

F

fagioli all'uccelletto – weiße Bohnen in Tomatensauce mit Salbei

faraona – Perlhuhn

farro – Dinkel

fave – Saubohnen

fegatelli alla toscana – Schweineleber mit Knoblauch und Lorbeerblatt, im Schweinenetz gegart

fegatini – Hühnerleber

fettunta – geröstete Brotscheibe mit Öl

finocchiona – Wurst mit Fenchelsamen

francesina – Siedfleischpfanne

frantoiana – Gemüsesuppe, die mit Olivenöl aus Lucca gekocht wird

frattaglie – Geflügel-Innereien

fritto fiorentino – frittiertes Gemüse (auch Fleisch) nach Florentiner Art

frittura – ausgebackene Speisen

fruttini – Mandelgebäck aus Livorno

G

garmucia – dicke Bohnensuppe
ghirighio – Kastanienkuchen
ginestrata – süße Creme

L

lampredotto – Kutteln
laudemio – exzellentes Olivenöl aus
    dem Anbaugebiet des Rufina
lepre – Hase
lombata – Lende, Filet
lumache – Schnecken

M

maiale ubriaco – mit Chianti über-
    gossenes Schweinekotelett
marzolino – frischer Schafkäse
meringa – Baiser (Torte)
mostarda toscana – Senffrüchte, in
    Wein und Traubensaft

N

necci – Gebäck aus Kastanienmehl
nodino di vitello – Kalbskotelett

O

ossi di morto – Gebäck
ossobuco – Kalbshaxenscheibe

P

pancetta – gerollter Bauchspeck
pandiramerino – Rosmarinbrot
pane senza sale – typisch toskanisches
    Landbrot ohne Salz
panforte – Pfefferkuchentorte
panna cotta – »gekochte« Sahne
panzanella – Brotsalat
pappa al pomodoro – Tomatensuppe
pappardelle alla lepre – sehr breite
    Bandnudeln mit Hasenragout
pesce – Fisch
polpetta – Fleischklößchen
porchetta – Spanferkel

R

ramerino – Rosmarin
ribollita – Bohnen-Brot-Gemüsesuppe
    mit Schwarzkohl
ricciarelli – weiches Mandelgebäck
rognoni – Nieren
rosticini – Fleischspieße vom Grill

S

salame di cinghiale – Wildschwein-
    wurst
saraceno – Buchweizen
schiacciata all'uva – flacher Trauben-
    kuchen (meist aus Hefeteig)
scottiglia – Fleischtopf
semifreddo – halb gefroren
soppressata – Schwartenmagen
    (Presssack)
spezzatino – Gulasch (oft vom Kalb)
stracotto alla fiorentina – gespickter, in
    Chianti geschmorter Rinderbraten
stufatino – geschmortes Rindfleisch

T

tortelli – Ravioli
toscanelli – Bohnenkerne
triglie alla livornese – Meerbarben
    nach Livorneser Art
trippa alla fiorentina – Kutteln nach
    Florentiner Art (mit Tomaten)

V

Vin Santo – Dessertwein

Z

zonzelline – ausgebackene (frittierte),
    kleine längliche Brötchen
zuccotto toscano – halb gefrorener
    Biskuit-Creme-Kuchen
zuppa alla frantoiana – Brotsuppe mit
    Bohnen und Kräutern
zuppa inglese – Nachtisch aus Biskuit,
    Likör, Creme und Früchten

SERVICE

Anreise und Ankunft

MIT DEM AUTO

Von wegen drei oder vier Glas besten Toskanawein und dann mit dem Wagen los! Alkoholkontrollen finden in Italien nicht oft statt, aber wenn sie denn durchgeführt werden, gehen die »vigili«, wie man die weiß gekleideten Verkehrspolizisten nennt, sehr streng vor. Auch der Verzicht auf das Anschnallen und das Vergessen des Führerscheins im Hotel oder in der Ferienwohnung kann Ihnen unter Umständen teuer zu stehen kommen. Das Gleiche gilt für zu schnelles Fahren vor allem in Ortschaften und auf Landstraßen, wo Geschwindigkeitskontrollen keine Seltenheit sind. Für die Transitländer Österreich und Schweiz benötigen deutsche Reisende eine Vignette. Autobahnen sind in Italien kostenpflichtig und nicht preiswert. Alle anderen Schnellstraßen sind gratis. Die Viacard für häufiges Autobahnfahren bringt preisliche Vorteile, lohnt sich aber wahrscheinlich nicht für Urlauber. Es sei denn, Sie wollen gleich einige Monate in der Toskana bleiben. Allerdings erspart die Viacard gerade im Sommer, wenn es an den Mautstellen sehr voll werden kann, lange Warteschlangen. Solche Wartezeiten verkürzen sich auch dann erheblich, wenn man mit Kreditkarten bezahlt, was nur wenige Italiener machen. Die meisten von ihnen ziehen es aus unbegreiflichen Gründen vor, die Autobahngebühren in bar zu entrichten, und nehmen dafür sogar lange Warteschlangen in Kauf.

Die Hauptroute von Deutschland und Österreich aus führt an Innsbruck vorbei über den Brennerpass durch Südtirol Richtung Verona, Modena, Bologna und Florenz. Von der Schweiz aus geht es via San Bernardino oder Gotthardtunnel über Chiasso, Mailand und Modena in die Toskana. Man kann nach Mailand aber auch auf die Küste stoßen und von dort aus die Toskana erreichen. Die Strecke über die sogenannte »Autostrada del Sol«, die vom Brenner aus Richtung Süden in die Toskana führt, ist im Sommer extrem stark befahren. Immer wieder kommt es zu Unfällen, weshalb man zwischen Juni und September sehr vorsichtig fahren sollte.

MIT DER BAHN

Von München aus geht es bequem durch Südtirol nach Florenz. Oder von Basel aus über Mailand. Ankunft im Florentiner Hauptbahnhof Santa Maria Novella oder in Pisa-Campo di Marte.

MIT DEM FLUGZEUG

Aeroporto A. Vespucci, Florenz

4 km nordwestl. des Zentrums | Tel. 05 53 06 15 | www.aeroporto.firenze.it

Aeroporto Galileo Galilei, Pisa

2 km südl. des Zentrums | Tel. 0 50 84 9111 | www.pisa-airport.com

Toskanaflieger, die eine Spende für den Klimaschutz zur Reduzierung der CO_2-Emission machen wollen, sollten dafür auf die Websites www.atmosfair.de und www.myclimate.org gehen.

Auskunft

IN DEUTSCHLAND, ÖSTERREICH UND
DER SCHWEIZ

Italienische Zentrale für Tourismus ENIT

– Barckhausstr. 10 | 60325 Frankfurt |
Tel. 069/237434 | www.enit.de
– Mariahilfer Str. 1b | 1010 Wien |
Tel. 01/5051639 | www.enit.at
– Uraniastr. 32 | 8001 Zürich |
Tel. 043/4664040 | www.enit.ch

IN DER TOSKANA

Die Adressen der verschiedenen Tourismusbüros finden Sie bei den jeweiligen Ortschaften im Kapitel »Die Toskana erkunden«.

Firenzeturismo (zentrales Tourismusbüro) 🚩 D3

Via Manzoni, 16 | Florenz | Tel. 05529
0832/3 | www.firenzeturismo.it

Buchtipps

Barbara Bronnen: Gebrauchsanweisung für die Toskana (Piper 2008). Die Schriftstellerin Bronnen liefert eine wirklich lesenswerte Insider-Einführung in Kultur, Geschichte und Gebräuche der Region. Eine leichte Lektüre, perfekt für den Strand geeignet.
Hermann Hesse: Bilder aus der Toskana – Von Florenz bis Siena (Insel 2010). Zwischen 1901 und 1914 bereiste der Literaturnobelpreisträger mehrfach die Toskana und zeichnete ein untouristisch eigenwilliges Bild der Region. Ein tiefsinniges Toskanabuch und ein Klassiker für Hermann-Hesse-Fans.

Reinhard Keller u.a.: Spaß mit Kunst und Kultur in der Toskana: Pollino und Pollina entdecken die Welt. Ein Reiseführer für Kinder und die ganze Familie (edizione kappa 2005). Die beiden Protagonisten des Buches, die unternehmungslustigen Geschwister Pollino und Pollina, nehmen den Leser bei drei Rundgängen durch Florenz an die Hand und erzählen interessante Geschichten von Menschen früher und heute. Ideal zum gemeinsamen Lesen mit den Kindern.
Frances Mayes: Die Sonne der Toskana (Droemer Knaur 1997). Dieser Bestseller der US-amerikanischen Autorin, er spielt in Cortona, wo Mayes lebt, löste einen internationalen Toskanaboom aus. Erzählt wird die Geschichte einer enttäuschten Amerikanern, die in der Toskana ihr Glück sucht, Liebe findet und sich dort niederlässt. Wie auch die Autorin, die zusammen mit ihrem Mann bei Cortona lebt.
Magdalen Nabb: Vita Nuova – Guarnaccias vierzehnter Fall (Diogenes 2009). Was Donna Leon für Venedig ist, war die Britin Nabb (1947–2007) für Florenz. Die Krimis um ihren liebenswerten und schlitzohrigen Kommissar Maresciallo Guarnaccia führen den Leser in das Innenleben der Stadt am Arno ein. Im Unterschied zu den Romanen von Donna Leon bietet Nabb mehr psychologischen Tiefgang, und ihre Figuren zeigen überraschendere Seiten als die ihrer amerikanischen Kollegin.

Iris Origo: Im Namen Gottes und des Geschäfts. Lebensbild eines toskanischen Kaufmanns der Frührenaissance (Wagenbach 2009). Charakterstudie eines Geschäftsmanns, der typisch für das Bürgertum im Florenz der Renaissance war – anhand von Originaldokumenten. Obwohl es sich um ein historisches Sachbuch handelt, liest es sich einfach – auch deshalb eine ideale Sommerlektüre. Das Buch erklärt auf faszinierende Weise, wie es der Klasse gewitzter Kaufleute gelang, aus der Toskana eine der fortschrittlichsten Gegenden Europas zu machen.
Andrea Thiele: Ein Jahr in der Toskana – Reise in den Alltag (Herder, 2009). Die Journalistin berichtet von ihren alltäglichen und teils höchst amüsanten Erlebnissen nach ihrem Umzug in die Toskana. Eine entspannende Lektüre für den Strand. Außerdem ist zur Toskana ein **MERIAN-Magazin** erhältlich (2010).

Diplomatische Vertretungen
Konsulat der Bundesrepublik Deutschland D 3
Florenz | Corso dei Tintori, 3 | Tel. 0552 343543 | E-Mail: florenz@hk-diplo.de | Mo–Fr 9.30–12.30 Uhr

Konsulat Österreichs D 3
Florenz | Lungarno A. Vespucci, 58 | Tel. 0552 654222 | Mo–Fr 10–12 Uhr

Konsulat der Schweiz D 3
Florenz | c/o Hotel Park Palace | Piazzale Galileo, 5 | Tel. 055222 2434 | Di–Fr 16–17 Uhr | www.eda.admin.ch/roma

Feiertage
1. Januar Capodanno (Neujahr)
6. Januar Epifania di Gesù (Dreikönigstag)
Ostermontag Pasqua
25. April Anniversario della Liberazione (Jahrestag der Befreiung von der deutschen Besatzung)
1. Mai Festa del Lavoro (Tag der Arbeit)
15. August Ferragosto (Mariä Himmelfahrt)
1. November Festa di Ognissanti (Allerheiligen)
8. Dezember Immacolata Concezione (Mariä Empfängnis)
25. Dezember Natale (Weihnachten)

Geld
Die Banken öffnen in der Regel Mo–Fr 8.30–12.30/13 bzw. 14.30–16.30 Uhr. Fast alle verfügen über einen Geldautomaten. Sämtliche gängigen Kreditkarten können benutzt werden, AMEX nur mit Einschränkungen. Ausländische Währungen und Euro-Bargeld dürfen nur begrenzt eingeführt werden. Ein heikles Thema, denn die Regierung ändert alle paar Monate die Höchstgrenzen (in der Regel maximal 5000 €).

Kuren
Die Toskana ist eine der an Thermen reichsten Regionen Italiens. Ob nun Nieren- oder Atemwegserkrankungen, Bluthochdruck, dermatologische oder sonstige Pathologien: Für jede Erkrankung findet sich die passende Adresse.
Terme di Bagni di Lucca
Kleine Thermenanlage, die deshalb auch weitaus preiswerter ist als andere Thermen der Toskana. Angesagt bei Haut- und Atemwegsproblemen.
www.termebagnidilucca.it

Terme di Bagno Vigoni
Moderne Thermenanlage für Wellness und Entspannungskuren.
www.termedibagnovigoni.it

Terme di Casciano
Ideal für Patienten mit dermatologischen Erkrankungen. Die Einrichtung existiert seit rund 1000 Jahren.
www.termedicasciano.it

Terme di Chianciano
Moderne Anlage zur Behandlung von Krankheiten innerer Organe.
www.termechianciano.it

Terme di Montecatini
Italiens architektonisch schönste und prächtigste Thermenanlage. Empfiehlt sich bei Atemwegserkrankungen.
www.termemontecatini.it

Terme di Montepulciano
Mitten im Weinbaugebiet; vor allem bei Pathologien der Atemwege.
www.termemontepulciano.it

Terme di San Giovanni Isola d'Elba
In Portoferraio am Meer gelegen. Wird bei muskulären Problemen empfohlen.
www.termelbane.com

Terme di Sorgenti San Carlo, Massa
Kleine Therme, die sich aber einen großen Namen mit Anwendungen gegen Gallensteine und Pathologien des Verdauungsapparats gemacht hat.
www.termedisancarlo.it

Links und Apps

LINKS

www.toskana-online.de
Generelle Reiseinfos in Deutsch. Wichtig zur Vorbereitung der Reise. Viele Tipps für den preiswerten Urlaub (Jugendherbergen, Campingplätze etc.).

www.turismo.intoscana.it
Offizielle Webseite der Region Toskana und konzentriert auf nachhaltigen Tourismus. Auch in deutscher Sprache. Wirklich gut für Informationen aus diversen Bereichen wie Wellness, Kurse, Museen etc. Viele Kontaktinfos.

www.regione.toscana.it
Alles Wichtige über die Toskana, allerdings nur in Italienisch. Es handelt sich um die offizielle Website der Regionalverwaltung, es werden viele logistische Informationen geboten, die zur Vorbereitung einer Reise oder in Notsituationen hilfreich sein könnten.

www.museicivicifiorentini.it
Auch in Deutsch: Aufgelistet und beschrieben werden sämtliche städtischen Museen von Florenz. Die Informationen wie Öffnungszeiten haben einen offiziellen und verbindlichen Charakter. Interessant sind Beschreibungen kleinerer, selten besuchter Museen.

www.ilnavicello.it
Nur in Italienisch. Viele Details zu Pisa und Lucca. Reizvoll: Informationen über eine Dampferfahrt auf dem Fluss Arno in Florenz und bei Pisa.

www.elba-online.com, www.aptelba.it
Auch auf Deutsch: die wichtigsten Infos, von Essen bis Wandern, über Elba. Das offizielle Elba-Portal.

www.cioccolosita.it
Drei Tage Schokoladenfestival in Monsummano Terme, das zum sogenannten Choco-Valley mit einer Vielzahl von Chocolatiers gehört. Generelle Auskunft zum Choco-Valley bei Pistoia.

www.renaioli.it
Lust auf eine Bootstour auf dem Arno bei Florenz? Auf dieser Site (Italienisch) stellt sich der lokale Ruderclub mit seinen sommerlichen Boottouren vor.

www.biodomenica.it
Unerlässlich für Freunde biologischer Lebensmittel. Infos über die aktuellen

Biosonntage, an denen auf über 100 Plätzen in der Toskana Biolebensmittel zu bekommen sind. Nur Italienisch.
www.terresiena.it
Alle wichtige Infos zu Siena und Umgebung. Kurios: das Angebot von »Urban Trekking« – das sind Wanderungen über die Hügel der Innenstadt.
www.parchinaturali.toscana.it
Die Toskana verfügt über mehrere herrliche Naturschutzparks. Bei dieser Adresse erfährt man viel Wissenswertes über diese Parks. Wichtig zur Vorbereitung von Wanderungen.
www.adsitoscana.it
Die Website gibt Infos über sämtliche historischen Villen und Residenzen der Toskana, nach Unterregionen geordnet, die besichtigt werden können. Man erfährt auch einiges über Veranstaltungen in diesen Villen.

APPS

Firenze Giracittà – Audioguide (App)
Liefert wichtige Florenz-Infos und führt durch die Stadt zu historischen Monumenten. In englischer und italienischer Sprache. Es gibt auch Ausgaben für Siena, Pisa und Lucca.
Für iOS und Android | 4,49 €
AppShopper Toskana (App)
Organisiert von deutschsprachigen Toskanafans, die Auskunft zu Übernachtungen, Gastronomie, Veranstaltungen und Wetter bieten.
Für iOS und Android | gratis
Tuscany plus (App)
Von der Region Toskana herausgegeben. Interaktive App, die, dank GPS, Informationen zu Orten und historischen Monumenten liefert, wenn diese über das Handy lokalisiert werden.
Für iOS und Android | gratis

VVC Card (App)
Von der Regionalverwaltung publizierte App mit allen Infos zur Toskana: Wetter, Audioguide, Veranstaltungen und Hilfe. Nur in Italienisch.
Für iOS und Android | gratis

Medizinische Versorgung

KRANKENVERSICHERUNG

Bei Arztbesuchen und in öffentlichen Krankenhäusern reicht die Vorlage der Europäischen Krankenversicherungskarte (EHIC) plus Personalausweis aus. Als zusätzlicher Versicherungsschutz empfiehlt sich aber der Abschluss einer Auslandskrankenversicherung, da diese Krankenrücktransporte mitversichert.

KRANKENHAUS

In fast allen Kleinstädten existiert eine private Klinik (»clinica«) oder ein Krankenhaus (»ospedale«). Beachten Sie: Notaufnahmen gibt es nur in staatlichen Krankenhäusern – etwa in Florenz, Pisa oder Siena.

APOTHEKEN

Öffnungszeiten sind in der Regel Mo–Sa 9–12/13 und 16–19/20 Uhr. Symbol: ein rotes oder grünes Kreuz auf weißem Grund. Die Aufschrift »turno« weist auf Apotheken mit Notdienst hin.

Nebenkosten

1 Tasse Kaffee	2,50–5,00 (1,50) €
1 Glas Bier	3,00–6,00 (2,00) €
1 Glas Wein	4,00–8,00 (3,00–5,00) €
1 Cola	2,50–3,50 (2,00) €
1 Schachtel Zigaretten	3,50 €
1 Taxifahrt (pro km)	2,00 €
1 Liter Benzin	1,80 €
Mietwagen/Tag	ab 50,00 €

In Klammern: am Tresen, sonst sitzend

Notruf

Euronotruf Tel. 112
(Polizei, Feuerwehr, Rettungsdienst)

Post

Italiens Briefkästen sind rot. Briefmarken gibt es bei der Post oder in den Tabakläden (»tabacchi«). Eine Postkarte nach Deutschland, Österreich und in die Schweiz kostet 0,75 €.

Reisedokumente

Es reicht ein gültiger Personalausweis. Kinder unter 16 Jahren müssen im Reisedokument eines Elternteils eingetragen sein oder brauchen einen Kinderausweis.

Reiseknigge

Alkohol: Italiener betrinken sich nicht und mögen Ausländer nicht, die aufgrund erhöhten Alkoholkonsums über die Stränge schlagen. In der Tat: Fast nie sieht man betrunkene Toskaner.
FKK: Das Nacktbaden ist, wenn nicht ausdrücklich erlaubt, unerwünscht. Es sei denn an bestimmten und als solche gekennzeichneten Strandabschnitten.
Kleidung: Niemals mit Shorts in katholische Kirchen und Klöster! Nicht selten wird man aufgefordert, die nackte Beinhaut zu bedecken. Das Gleiche gilt für nackte Oberkörper oder Schultern. Das Shoppen in Badeorten in Badehose oder Bikini gilt als unhöflich. Einige Versilia-Orte haben sogar städtische Gesetze gegen halbnackte Gäste.
Mobiltelefon: Laute Signale sollte man in Restaurants herunterdrehen. Auch wenn Italiener immer noch gern in ihre Handys schreien, setzt sich langsam, aber sicher der Trend zu einem diskreteren Sprechen durch.
Rauchen: Auch wenn Italiener sonst Regeln gern umgehen – Rauchen ist an allen öffentlichen Orten wie Bars und Restaurants streng untersagt. Wer dieses Verbot missachtet, kann sich eine Anzeige einhandeln.
Im Restaurant: Wann ist die richtige Zeit für den Cappuccino? Ihren Cappuccino genießen Italiener zum Frühstück oder allerhöchstens am Nachmittag zu einem Stück Kuchen, aber nie nach dem Mittag- oder Abendessen.

Reisezeit

Die Toskana ist am schönsten und am wenigsten überfüllt zwischen März und Ende Juni und von Mitte Septem-

Klima (Mittelwerte)

	Januar	Februar	März	April	Mai	Juni	Juli	August	September	Oktober	November	Dezember
Tages-temperatur	8	10	14	19	23	28	31	30	26	19	13	9
Nacht-temperatur	2	3	6	9	13	16	19	19	16	12	7	3
Sonnen-stunden	4	4	5	7	9	9	11	9	8	6	4	3
Regentage pro Monat	9	7	8	8	9	6	3	4	6	9	11	9

ber bis Ende Oktober. Aufgrund des Klimawandels, der sich in Italien seit einigen Jahren verstärkt bemerkbar zu machen scheint, kann es auch in Frühjahr und Herbst schlechtes Wetter geben. Für Kenner ist die Toskana besonders reizvoll im Januar und Februar, wenn ein besonders klares Licht herrscht. Im Winter kann es auch recht kalt werden (bis −10 °C). Richtig heiß wird es im August (maximal 40 °C).

Sicherheit

Nie in überfüllten Orten Fotoapparate oder Handtaschen lässig über die Schultern hängen oder die Geldbörse in die Gesäßtasche einer Hose stecken: Taschendiebe warten nur auf solche Gelegenheiten. Und Wertsachen natürlich niemals offen sichtbar im geparkten Auto zurücklassen.

Strom

Steckadapter braucht man in der Regel in der Toskana nicht.

Telefon

VORWAHLEN

D, A, CH ▶ Italien 00 39
Italien ▶ D 00 49
Italien ▶ A 00 43
Italien ▶ CH 00 41

Da es immer weniger öffentliche Telefonzellen gibt (in Kaffeebars und Poststellen kann man sie noch finden), ist es in den meisten Fällen nicht ratsam, eine Telefonkarte zu erwerben. Man sollte sich vor der Reise nach den Roaminggebühren seines Handyanbieters erkundigen – oder sich vor Ort bei TIM, Vodafone u. a. eine italienische SIM-Karte fürs eigene Handy besor-

gen, die für einige Tage oder Wochen gilt und Gespräche billig macht.

Tiere

Hunde und Katzen benötigen zur Einreise einen EU-Heimtierausweis (stellt der Tierarzt aus) mit Nachweis einer Tollwutimpfung. Das Tier muss durch einen Mikrochip identifizierbar sein.

Trinkwasser

Leitungswasser kann überall getrunken werden. In manchen Ortschaften hat es sogar Mineralwasserqualität. Die Toskaner bestellen es nicht selten in Karaffen zum Essen in Lokalen.

Verkehr

AUTO

Das bequemste Transportmittel, weil sich so auch die hintersten Winkel der Toskana erreichen lassen. Ausgezeichnetes Kartenmaterial gibt es vom Istituto Geografico Militare (www.igmi.org) und in gut sortierten Buchhandlungen. Der Automobilclub Touring Club Italiano vertreibt gute Toskanakarten (auch an Tankstellen erhältlich). Die Tankstellen (»benzinaio«) sind in der Regel von 7.30–12.30/13 und von 14/14.30–20/21 Uhr geöffnet. Fast alle akzeptieren Kreditkarten.

FAHRRAD

Für trainierte Radler ist die Toskana mit ihren zahllosen Landstraßen ein Paradies. Sie sollten jedoch immer auf die motorisierten Raser aufpassen.

MIETWAGEN

Sie können in Florenz und anderen größeren Städten problemlos gebucht werden. In der Hochsaison vorbestellen!

ÖFFENTLICHE VERKEHRSMITTEL

Schnellzüge können via Internet (www.trenitalia.it) gekauft werden. Regional- und Lokalzüge nur im Bahnhof oder am Automaten. Fast jeder Ort der Toskana ist mit öffentlichen Bussen erreichbar, doch die landesweiten Sparmaßnahmen führen zu Streckenstreichungen und reduzierten Fahrten. Die Toskana nur auf diese Weise zu besichtigen ist möglich, aber zeitaufwendig.

– ACIT | Linienverkehr Pisa | Piazza Sant'Antonio 1 | Tel. 0 50 50 55 11
– ATAF | Florenz und Umgebung | Piazza Stazione/Rampa dell'Orologio | Tel. 05 55 65 04 62 | www.ataf.net
– ATAM | Linienverkehr Arezzo | Via Sette Ponti | Tel. 05 75 98 45 20 | www.atamarezzo.it
– COPIT | Pistoia und Umgebung | Piazza San Francesco di Paola | Tel. 05 73 21 70
– Lazzi | verkehrt zwischen den Provinzhauptstätten | www.lazzi.it
– SITA | Linienverkehr in der gesamten Toskana | www.sitabus.it
– TRA-IN | Stadtlinien | www.trainspa.it

Zoll

Reisende aus Deutschland und Österreich dürfen Waren abgabefrei mit nach Hause nehmen, wenn diese für den privaten Gebrauch bestimmt sind. Bestimmte Richtmengen sollten jedoch nicht überschritten werden (z. B. 800 Zigaretten, 90 l Wein, 10 kg Kaffee). Weitere Auskünfte unter www.zoll.de und www.bmf.gv.at/zoll.

Reisende aus der Schweiz dürfen Waren im Wert von 300 SFr abgabefrei mit nach Hause nehmen, wenn diese für den privaten Gebrauch bestimmt sind. Tabakwaren und Alkohol fallen nicht unter diese Wertgrenze und bleiben in bestimmten Mengen abgabefrei (z. B. 200 Zigaretten, 2 l Wein). Weitere Auskünfte erhalten Sie unter www.zoll.ch.

Entfernungen (in km) zwischen wichtigen Orten

	Arezzo	Florenz	Livorno	Lucca	Montepulciano	Pienza	Pisa	Pistoia	Siena	Volterra
Arezzo	–	82	161	151	46	56	175	113	64	144
Florenz	82	–	80	70	124	134	80	32	69	76
Livorno	161	80	–	38	212	222	17	85	116	75
Lucca	151	70	38	–	193	203	24	38	137	113
Montepulciano	46	124	212	193	–	10	217	217	76	131
Pienza	56	134	222	203	10	–	227	227	86	141
Pisa	175	80	17	24	217	227	–	62	116	89
Pistoia	113	32	85	38	217	227	62	–	99	107
Siena	64	69	116	137	76	86	116	99	–	56
Volterra	144	76	75	113	131	141	89	107	56	–

ORTS- UND SACHREGISTER

Wird ein Begriff mehrfach aufgeführt,
verweist die **fett** gedruckte Zahl auf die Hauptnennung.
Abkürzungen: Hotel [H] · Restaurant [R]

Liebe Leserinnen und Leser,

vielen Dank, dass Sie sich für einen Titel aus unserer Reihe MERIAN *momente* entschieden haben. Wir wünschen Ihnen eine gute Reise. Wenn Sie uns nun von Ihren Lieblingstipps, besonderen Momenten und Entdeckungen berichten möchten, freuen wir uns. Oder haben Sie Wünsche, Anregungen und Korrekturen? Zögern Sie nicht, uns zu schreiben!

Alle Angaben in diesem Reiseführer sind gewissenhaft geprüft. Preise, Öffnungszeiten usw. können sich aber schnell ändern. Für eventuelle Fehler übernimmt der Verlag keine Haftung.

© 2014 TRAVEL HOUSE MEDIA GmbH, München
MERIAN ist eine eingetragene Marke der GANSKE VERLAGSGRUPPE.

TRAVEL HOUSE MEDIA
Postfach 86 03 66
81630 München
merian-momente@travel-house-media.de
www.merian.de

Alle Rechte vorbehalten. Nachdruck, auch auszugsweise, sowie die Verbreitung durch Film, Funk, Fernsehen und Internet, durch fotomechanische Wiedergabe, Tonträger und Datenverarbeitungssysteme jeglicher Art nur mit schriftlicher Genehmigung des Verlages.

BEI INTERESSE AN MASSGESCHNEIDERTEN MERIAN-PRODUKTEN:
Tel. 0 89/4 50 00 99 12
veronica.reisenegger@travel-house-media.de

BEI INTERESSE AN ANZEIGEN:
KV Kommunalverlag GmbH & Co KG
Tel. 0 89/9 28 09 60
info@kommunal-verlag.de

1. Auflage

VERLAGSLEITUNG
Dr. Malva Kemnitz
REDAKTION
Susanne Kronester
LEKTORAT
Ewald Tange, tangemedia, München
BILDREDAKTION
Tobias Schärtl
SCHLUSSREDAKTION
Ulla Thomsen
HERSTELLUNG
Bettina Häfele, Katrin Uplegger
SATZ/TECHNISCHE PRODUKTION
Ewald Tange, tangemedia, München
REIHENGESTALTUNG
Independent Medien Design, Horst Moser, München (Innenteil), La Voilà, Marion Blomeyer & Alexandra Rusitschka, München und Leipzig (Coverkonzept)
KARTEN
Gecko-Publishing GmbH für MERIAN-Kartographie
DRUCK UND BINDUNG
Firmengruppe APPL, aprinta Druck, Wemding

Ein Unternehmen der
GANSKE VERLAGSGRUPPE

PEFC/04-32-0928

BILDNACHWEIS
Titelbild (Im Parco Nazionale della Maremma), look-foto
Bildagentur Huber: M. Rellini 4, 5, M. Carassale 38, 159, P. Del Duca 47, Gräfenhain 62/63, 82, 104, 124, G. Greco 109, D. Colin 116, Bernhart 141, S. Torrione 144, D. Erbetta 163 | Bilderberg: H.-J. Ellerbrock 2, 6, 92 | mauritius images: Alamy 12, 157, H. Higuchi 69, United Archives 112, M. Moxter 136, R. Mattes 151, CuboImages: E. Caracciolo 37, V. Sciosia 192u. | arcaidimages.com: R. Bryant 17 | B. Bruchi 26 | Classical Numismatic Group/CC BY-SA 3.0 172 | Corbis: D. Lees 96 | Corbis/Fotosearch Illustration 168, SOPA RF/SOPA: M. Rellini 101, P. Canali 160, The Art Archive: A. D. Orti 192o. | F l a n k e r /CC BY-SA 3.0 174l. | Fink & Ton: C. Anzenberger 22, 30, 41, 76, 133 | Fotolia: anghifoto 13l., Jovannig 14 | gemeinfrei 171r., 174r. | Getty Images: K. Sayer 99 | Getty Images: De Agostini, S. Vannini/Collection: De Agostini/Picture Library 102 | Grand Hotel Continental Siena 110 | Il Salviatino 16 | imago/blickwinkel 72 | G. Knoll 64, 67, 71 | La Foce: J. Hohmuth 25 | laif: F. Heuer 20, 21, H. Hoogte 50, F. Zanettini 58, H. Madej 61o., 139, F. Heuer 61u., B. Steinhilber 81, 88, H.-D. Zinn 118, M. Kirchner 121, R. Celentano 148/149, hemis.fr: P. Hauser 54, S. Torrione 130, Invision: Piccioni, Tiso 123 | look-foto 13r., 15 u., 32, 42, 166/167 | M. Hamel 18 | P. A. Agricola 19 | Prisma: W. Buss 48 | Shutterstock: Leonori 15o., foto76 34, Zerbor 59, Maridav 60, Wjarek 170, andersphoto 170l., R. Sedmakova 172r., Neftali 173 | SIME/Schapowalow: O. Fantuz 115, M. Rellini 129, S. Amantini 152 | stockphoto.com/ilbusca 175 | YourPhotoToday/PM: L. Matrisch 155

DIE TOSKANA GESTERN & HEUTE

Feste feiern, wie sie fallen. Das lässt man sich in den traditionsbewussten Städten der Toskana nicht zweimal sagen. Wie hier in **Siena**. Seit dem Mittelalter wird auf der zentralen Piazza del Campo das Pferderennen **Palio** (▶ S. 52) ausgetragen. Ein Umzug in historischen Gewändern, der Tausende Menschen anzieht. Im Unterschied zu Renaissance und Barock stehen heute viele Zuschauer in der Platzmitte. Im Wesentlichen hat sich aber am Palio im Lauf der Jahrhunderte nichts geändert.